Danksagung

Dieser erste Teil meines Buches ist der Familie meiner Tochter Annett gewidmet. Enkelin Melanie danke ich für ihre Teil-Rezensionen, die mir zum besseren heutigen Jugendverständnis verhalfen.

Autor: Heinz Hofmann

Ein Kriegskind packt aus
Teil 1 - 1940 bis 1989

Bibliografische Information der deutschen Nationalbibliothek:
Die Deutsche Nationalbibliothek verzeichnet diese Publikation
in der deutschen Nationalbibliografie, detaillierte bibliografische
Daten sind im Internet unter http://dnb.dnb.de abrufbar.

Herstellung und Verlag:
BoD – Books on Demand

ISBN: 9783751970389

Inhaltsverzeichnis

Einführung

1940, als eine Luftschlacht in einem bisher noch nicht gekannten Ausmaß über England tobte, wurde in Dresden ein Kind geboren, das bereits 1943 seinen Vater an der Ostfront verlor. Im Jahr 1945 überlebte dieses Kind zwei Luftangriffe und verlor 1946 seine Mutter. Das dabei Erlebte wird in diesem Buch authentisch geschildert. Fast verhungert gelangte der Knabe 1947 mit seinem Bruder in ein Heim für Schwererziehbare.

Sein weiterer Lebensweg, eingebettet in die geschichtlichen Randbedingungen, wie es ihm nach Aufnahme bei Pflegeeltern gelingt einen Abitur- und Studienabschluss zu erreichen, erfolgreich in der Chemieanlagen- Forschung tätig zu sein und schließlich den totalitären DDR-Staat zu verlassen, ist Inhalt dieses Buches Teil 1.

Kapitel 1: *1940 - 1946 Kindheit Teil 1*

1.1 Erste Eindrücke aus der Erinnerung eines Kindes

1940 war der 2. Weltkrieg im vollen Gange. Über England tobte zu dieser Zeit der Luftkrieg mit riesigen Verlusten auf beiden Seiten. Der in Hitler-Deutschland zuständige Luftwaffengeneral Hermann Göring verstieg sich im Radio zu der Behauptung: „wenn je ein feindliches Flugzeug die deutsche Grenze überfliegt, will ich Meier heißen". Deshalb wurde er später häufig im Volksmund auch Meier genannt.

In diese Zeitläufte hinein wurde ich am 17. Oktober 1940 in Dresden geboren. Mein Bruder war da schon dreieinhalb Jahre alt und Vater seit Frühjahr 1940 als Soldat an den Kriegsfronten.

Wir wohnten nahe dem Dresdener Hauptbahnhof auf der Ammonstraße im 4. Stock eines Mehrfamilienhauses.

Eines Tages im Herbst 1943 erinnere ich mich als im Radio (wurde im Volksmund als Goebbels-Schnauze bezeichnet) ein Lied ertönte zu dem meine Mutter sang „Mamatschi schenk mir ein Pferdchen…" und mich dabei auf den Arm nahm.

Da ich ein Foto besitze, auf dem mein Vater in Uniform mit meiner Mutter, meinem Bruder und mir zu sehen ist, muss mein Vater Mitte 1943 Front - Urlaub gehabt haben.

Heiligabend 1943 bleibt mir für immer in Erinnerung. Zwei uniformierte Männer hatten geklingelt, meine Mutter öffnete die Tür und dann hörte ich einen markerschütternden Schrei, den ich nie vergessen werde!

Es wurde mitgeteilt, dass ihr Ehemann für Führer, Volk und Vaterland an der Ostfront den Heldentod erlitten hat. Ich kann mich noch erinnern, dass meine Mutter in ihrer großen Trauer und Verzweiflung einige Worte negativer Art über den Führer, zum Krieg und zu den sinnlosen Opfern sagte, weil Ihr in dem Moment alles egal war und die Männer schroff antworteten: "Das wollen wir nicht gehört haben und ist nur ihrer Trauer geschuldet, denn sonst müssten wir sie sofort mitnehmen, doch sie haben zwei Söhne, die sie großziehen sollen".

Das Original der Wehrmachts-Todesmitteilung ist im Anhang zu lesen.

Seitdem war meine Mutter nur noch niedergedrückt und traurig, doch Kinder sind sich in dem Alter der Tragweite des Geschehens im Alltag keineswegs voll bewusst. Gern sind wir Buben zur nahegelegenen Eisenbahnbrücke gelaufen und haben dort dem Eisenbahn- und Rangierbetrieb zugeschaut. Damals gab es jede Menge Dampfloks und die dampfenden Schnellzugloks hüllten uns auf der Brücke mit ihrem Nebel ein, was uns immer viel Freude bereitete, vor allem, wenn im

Tandembetrieb Güterzüge durchfuhren. Eine Rangierlok mit hohem Schornstein hatte es mir besonders angetan, weshalb ich sie Posemuckel nannte.

Da die Schule in der mein Bruder lernte zu einem Lazarett umfunktioniert wurde, hatte sich Mutter entschieden, meinen Bruder zu den Großeltern in das Industriegelände Dresdens zu geben. So war ich als Kind darauf angewiesen mich verstärkt mit den Nachbarskindern anzufreunden, wobei jedoch meine Mutter sich immer wieder liebevoll mir zuwandte.

Auch kann ich mich erinnern an der Hand meiner Mutter an einer Veranstaltung der Hitlerjugend vorbei gelaufen zu sein, was für mich sehr interessant aussah. Ich wollte unbedingt sehen was da geschah, aber meine Mutter ließ dies nicht zu, mit dem Nazipack wollte sie nichts zu tun haben meinte sie und dass ich das später wohl verstehen werde, was ich heute unbedingt bestätigen kann. Dass meine Mutter schon vor meiner Geburt nichts mit den Nazis zu tun haben wollte resultiert daraus, dass ihr älterer Stiefbruder mit Beginn der Pubertät recht renitent zu ihrem Vater wurde und oft den Familienfrieden störte. Dieser Stiefbruder schloss sich bald der NSDAP an und versuchte deren menschenfeindliche Ideologie der Familie schmackhaft zu machen, was nicht akzeptiert wurde und zum Zerwürfnis führte. Anschließend machte er Karriere als Wehrmachtsoffizier und fiel an der Ostfront. Ihr Vater (mein Großvater) erkannte beizeiten, welch menschenverachtende Lebensform dem sogenannten Nationalsozialismus zu eigen ist.

Ab 1944 mussten wir häufiger nach dem Sirenengeheul, das vor nahenden Bombergeschwadern warnte, eiligst in den Luftschutzraum (LSR) in den Kellerbereich flüchten.

1.2 Der Bombenangriff auf Dresden

Bevor ich aus meiner Erinnerung von den Geschehnissen der Bombennacht vom 13. Februar 1945 berichte, möchte ich meine Ansichten zu diesen furchtbaren und verbrecherischen Geschehnissen darlegen.

Angefangen hatte der Luftkrieg auf die Bevölkerung durch die deutsche Wehrmacht mit einer Bombardierung Londons. Die englische Luftwaffe revanchierte sich daraufhin mit einem Angriff auf Berlin.

In der Nacht vom 14. auf den 15. November 1940 waren Coventrys Motorenfabriken Ziel eines Angriffs der deutschen Luftwaffe, wobei durch Brandbomben als „Kollateralschaden" auch drei Viertel der Wohngebiete getroffen wurden. Zynischerweise wurde dieses Vorgehen von den Nazis als „coventrieren" bezeichnet. Damit war der Grundstein dafür gelegt, dass Deutschlands Kriegsgegner nun mit gleicher Taktik antworteten und bewusst in Form eines Abnutzungskrieges die Zivilbevölkerung in die Bombardierung einbezogen und zwar in einem bisher noch nie gekannten Ausmaß. Im Jahr 2016 ist das Normalität, wie die Kriege in Syrien und der Ukraine zeigen. Im Februar 1943 nach der Niederlage und totalen Vernichtung der 6. Armee bei Stalingrad wurde von Hitler-Deutschland der totale Krieg ausgerufen, was nur noch zu mehr Opfern auch unter der Zivilbevölkerung führte, keinerlei Kriegsvorteile brachte, jedoch in gewisser Weise die grausamen Bombardements der Westmächte rechtfertigte. Hierbei darf nicht unerwähnt bleiben, dass mit dem Einsatz der V1- und V2-Raketen Nazi-Deutschland ebenfalls die Zivilbevölkerung bombardierte. Auch der U-Bootkrieg der Nazi-Wehrmacht passt genau in dieses Schreckensbild.

Inzwischen hatte in den USA der Bau der Atombombe begonnen (auch die Nazis bastelten an einer Wunderwaffe, was vermutlich die Atombombe war) und erste Versuchsergebnisse in Amerika zeigten, dass dieser Bombe eine ungeheure Zerstörungskraft inhärent ist, ohne genau zu wissen welche Zeitwirkung und Ausmaße die Radioaktivität hatte.

Für mich ist der Angriff auf die Kunst- und Kulturstadt Dresden im Februar 1945 nur so plausibel (da den Alliierten längst klar war, dass Deutschland diesen Krieg verliert; tatsächlich am 8. Mai 1945), in dem man in einer in einem Talkessel liegenden Großstadt mit konventionellen Mitteln so massiv wie es nur geht ein totales Bombardement ausführt, um im Vergleich mit den Atombomben, die später in Hiroshima und Nagasaki gezündet wurden, zu sehen, wie effektiv in der Massenvernichtung die neue Bombe ist. Hierbei ging es um den Einmaleffekt innerhalb von ca. 12 Stunden, denn Angriffe auf Hamburg und andere westdeutsche Städte hatten in der Summation erheblich größerer Bombenabwürfe zu verzeichnen als Dresden in dieser Nacht. Dass nicht etwa Stuttgart, sondern Dresden ausgewählt wurde, ist vermutlich der Tatsache geschuldet, dass Dresden nach der Konferenz von Jalta dem Einflussbereich der Russen zugefallen war.

Aus meiner Sicht ist dieser Angriff auf Dresden ein Kriegsverbrechen ohne Wenn und Aber, da dieses Massaker militärisch keinen Einfluss auf ein schnelleres Kriegsende hatte, wenn man bedenkt, dass beispielsweise der Dresdener Flughafen gar nicht angegriffen wurde! Die Behauptung, dass dieser Angriff auf Dresden mit dem Massenmörder Stalin abgestimmt war, erscheint mir äußerst fragwürdig aber nicht unmöglich, da die Russen etwa 120 km vor Dresden standen, als dieser Angriff begann. Die Behauptung, dass die sogenannte „Festung Dresden" hochgerüstet war, um eine Entscheidungsschlacht vor Dresden gegen die Russen bestehen zu können, weil angeblich jede Menge Kriegsmaterial nach Dresden gebracht worden sei, halte ich für aberwitzig und eine Zwecklüge, um eine militärische Notwendigkeit dieses Angriffs zu belegen. Denn vor den Russen versuchten sich tausende, flüchtende Zivilisten in Sicherheit zu bringen, strömte nach Dresden herein und gerieten in diesen Bombenhagel. Das Leugnen des Einsatzes von Phosphor-Kanistern ist typisch, denn die Begründung, dass in den Alliierten-Bestandsunterlagen derartige Kanister nicht aufgeführt sind, ist überhaupt kein Beweis! Warum sollte man so etwas aktenkundig machen - mein eigenes Erleben und viele Randerscheinungen vom brennenden Bahnhof (eine Eisenkonstruktion, die eigentlich nicht brennbar ist) bis zu flammendem Straßenpflaster ist für mich Beweis genug. Auch scheint die jedes Jahr proklamierte Opferzahl von 25.000 (vermutlich mehr als 100000) Menschen weit heruntergespielt, warum wohl?

Der Sieger schreibt die Geschichte - das war schon immer so!!

Bekanntlich gab es drei zeitlich nacheinander in Wellen ausgeführte Angriffe:

1. Das Abwerfen von Magnesiumfackeln (Im Volksmund als Christbäume bezeichnet) um die Zielgenauigkeit zu erhöhen mit anschließender massiver Bombardierung mittels Luftminen, Spreng- und Brandbomben.
2. Nachdem die Stadt lichterloh brannte, der äußerst gezielte und massive Abwurf von Brandbomben, Luftminen und Sprengbomben.
3. Tages-Angriff von Bombern mit Einsatz von Jagdfliegern am 14. Februar 1945, von denen auch Menschen (Zivilisten), die sich aus dem Flammenmeer gerettet hatten, mittels Maschinengewehren niedergemäht und wie Hasen abgeschossen wurden.

Doch nun zu meinen persönlichen Erinnerungen als 4½-jähriger Bub, die sich in mir eingebrannt haben und für mich unvergessen bleiben:

Obwohl abends alle Fenster abzudunkeln waren (wir wohnten im 4. Stock), wurde meine Mutter am 13. Februar 1945 stutzig, weil draußen plötzlich eine ungewohnte Helligkeit durch die Verdunkelung festzustellen war. In wieweit es Sirenenalarm gegeben hatte ist mir nicht erinnerlich, zumal durch die häufigen Alarme die Menschen abgestumpft wurden, die ja teilweise nur gegeben wurden, wenn feindliche Bomber die Stadt oder nähere Umgebung überflogen haben, vor allem, wenn man jedes Mal vom 4. Stock in den Keller hasten musste. Meine Mutter eilte zum Fenster, rückte die Verdunkelung etwas zur Seite, und ich direkt hinter Mama herlaufend konnte auch sehen welch helles Licht diese Magnesiumfackeln bewirkten. Sofort ergriff mich meine Mutter, irgendwie raffte sie noch etwas wie einen Koffer an sich und eilte wie von Furien gejagt mit mir die Treppen hinunter in den Luftschutzraum (LSR). Schon vor der LSR – Tür rief der Jemand, dass es höchste Zeit wäre, da die Tür geschlossen werden muss. Es ist immer wieder erstaunlich, an welche Details man sich noch erinnern kann…. Im Luftschutzraum saß ich bei meiner Mutter auf dem Schoß und beobachtete die im Kerzenlicht betenden Menschen um mich herum, zumal jetzt durch massive Bombenexplosionen viel Staub aufgewirbelt wurde. Plötzlich wurde die Tür aufgerissen und Jemand schrie: „Raus, sofort raus, Achtung brennender Phosphor!" Und tatsächlich strömte brennender Phosphor auf einer Treppenseite in Richtung der LSR-Tür, was ich selbst gesehen habe, weil wir seitlich ausweichen mussten. Alle rannten durch die Tür nach außen und meine Mutter hielt auf der Straße kurz an, warf mir ein Tuch über den Kopf und setzte mich auf ihre Schultern, damit ich einerseits geschützt war und andererseits möglichst nichts sehen und sie schneller vorankommen konnte. Kaum auf ihrer Schulter angelangt habe ich das Tuch zur Seite gestreift und konnte sehen, dass alles ringsherum lichterloh brannte. Da meine Mutter selbst Luftschutzwart war, berichtete Sie später, dass über 36 Stabbrandbomben und 2 Kanister mit Phosphor in dieses Haus nahe dem Hauptbahnhof abgeworfen wurden. Am Anfang dieses Fußmarsches, den meine Mutter zielstrebig in Richtung Dresden-Neustadt lenkte, habe ich immer nach oben in die Flammen geschaut, denn in dieser Position hatte ich einen guten Überblick. Mir war gar nicht bewusst, wie gefährlich dieser Fußmarsch war, da ja von oben brennende Teile ständig nach unten fielen. Dabei habe ich gesehen wie eine Person von einem brennenden Dachteil getroffen wurde und sich brüllend nun selber brennend auf der Erde wälzte. Für mich wirkte alles wie ein Spuk und die Ereignisse konnten von mir gar nicht alle gleichzeitig so richtig war- und aufgenommen werden. Kurz vor Ende der Pause zwischen der 1. und der 2. Angriffswelle der angloamerikanischen Bomber erreichten wir die Augustusbrücke. Hier erinnere ich mich ganz genau, dass auf der Brücke ein Bombentrichter war und Wehrmachtsangehörige uns im Gänsemarsch über den noch bestehenden, begehbaren Teil der Brücke geleiteten. Als meine Mutter weiter in Richtung Neustädter Markt lief, sah ich linkerhand das Blockhaus lichterloh brennen. Und vor uns auf der Straße rechts brannten auch alle Häuser. In diesem Moment begann der 2. Angriff.

Meine Mutter hastete in das nächst gelegene, brennende Haus am Neustädter Markt auf der rechten Seite und rettete uns in den dortigen Luftschutzkeller. Kaum waren wir in diesem wieder mit Kerzen beleuchteten Raum angelangt, bebte die Erde fürchterlich - das Abwerfen von Luftminen und Bomben schwersten Kalibers hatte begonnen. Die Luft war kaum noch zu durchdringen so viel Staub war durch die Wucht der Explosionen im Raum. Die Menschen beteten herzzerreißend und warteten auf den fast sicheren Tod. Wie lange dieses Martyrium dauerte ist mir nicht mehr bewusst. Irgendwann lebten wir immer noch und mussten schleunigst dieses brennende Haus, das in sich zusammenfiel, fluchtartig verlassen. Wieder nahm mich meine Mutter auf die Schultern. Was ich nicht wusste – sie watete bis fast zu den Knien im Wasser, das durch die zerstörte Infrastruktur aus dem Boden ausgetreten war. In dieser Phase begannen Häuser in sich zusammenzufallen und das Laufen auf der Straße war noch gefährlicher geworden. Schreiende Menschen die durch Herabfallendes getroffen oder erschlagen wurden, habe ich gesehen. Meine Mutter lief an der Dreikönigskirche vorbei, eigenartigerweise ist mir dieses Bauwerk noch in Erinnerung, nur wusste ich damals nicht, dass es die Dreikönigskirche war. In deren Nähe war von der deutschen Wehrmacht eine Art Lazarett eingerichtet, in der meine Mutter mit mir Unterschlupf fand. Hier verbrachten wir den Rest der Nacht. Ich musste wohl eingeschlafen sein, denn es war plötzlich heller Morgen und meine Mutter hatte es irgendwie geschafft, mithilfe der Wehrmachtssoldaten eine Mitfahrgelegenheit auf einem Lkw zu ergattern, der in Richtung Industriegelände fuhr. Wir wurden mit vielen anderen auf die offene Ladefläche gehievt und dann ging die Fahrt los. Kurz vor Erreichen der Planitzstraße wurde auf das Fahrerdach gehämmert, damit der Wagen anhalten solle. Er fuhr aber weiter und kam erst dann zum Stehen als wir die Brücke über die Eisenbahn am Schenkhübel schon längst passiert hatten. Nun konnten wir aussteigen und mussten die lange Strecke zu Fuß zurückgehen. Endlich kamen wir bei Großvater auf der Planitzstraße 25A an. Mir ist unvergessen wie die Tür geöffnet wurde und meine Mutter sagte: " Das ist alles was wir retten konnten", wies dabei auf die wenigen Habseligkeiten, die sie in ihrer Hand hatte und sagte weiter "aber wir leben noch!"

*Die Geschehnisse des 3. Angriffes kenne ich nur aus Schilderungen Überlebender, die sich zum Beispiel im großen Garten aufgehalten hatten. Auch meine spätere Frau (Jahrgang 1931) berichtete aus eigener Erinnerung von Jagdfliegerangriffen mit Maschinengewehren auf Zivilisten **und spielende Kinder**. Da die Bomberpulks kaum deutsche Jagdflugzeugangriffe zu befürchten hatten, weil es an Treibstoff mangelte, waren deren Begleitjäger dazu da, andere Ziele am Boden zu bekämpfen. Da ist wohl bei vielen Jagdflugzeug-Besatzungen der Jagdtrieb entfacht worden. Natürlich wird das heutzutage von den Militärs der damaligen Allianz energisch geleugnet.*

Kriegsverbrechen gab es auf beiden Seiten, aber der Holocaust und die systematische Vernichtung Andersdenkender in Konzentrationslagern waren und sind Verbrechen gegen die Menschlichkeit, begangen von Nazis, ihren Helfershelfern und Unterstützern!!!

1.3 Bei Großvater im Industriegelände

Nun waren wir Geschwister wieder vereint. Mein Bruder hatte da schon eine Menge Kontakte mit Gleichaltrigen geknüpft und ich gehörte nun auch mit dazu. Da gab es Kinder, die hatten tolles Spielzeug, wie beispielsweise Panzer zum Aufziehen, die während der Fahrt Funken aus der Kanone sprühen konnten und jede Menge Zinnsoldaten, Kanonen und Ähnliches. Aber auch einen großen Lkw sah ich, mit Fahrtrichtungsanzeigern, die sich vertikal nach oben und unten bewegen konnten. Den Umständen entsprechend wurde Krieg gespielt. Da kamen auch imitierte Radiomeldungen vor, wie etwa: „große Bomberverbände in Richtung Martha Heinrich (und eine Zahl fürs Planquadrat) sind zu erwarten!" Sobald das Sirenengeheul ertönt, so geht es mir heute noch, ziehe ich den Kopf ein und ein gewisser Fluchtreflex stellt sich automatisch ein.

Einige Tage nach dem 13. Februar sind Großvater, meine Mama, mein Bruder und ich noch einmal zur Ruine des Hauses Ammonstraße 22 gekommen, auf welche Weise ist mir nicht mehr erinnerlich. Noch immer gab es Rauchfahnen, ein Brandgeruch all überall und ein fürchterlich trostloses Bild der allgegenwärtigen Ruinen. Als Kind fiel mir sofort auf, dass immer die Schornsteine noch gestanden haben, während alles andere einem Schuttberg glich. Während Opa und Mama versuchten irgendwie in den Keller zu gelangen um eventuell noch vorhandenes Eigentum zu sichern, haben wir Kinder uns auf der Straße umgesehen und einen ausgebrannten kleinen Hechtwagen entdeckt. Natürlich sind wir dort sofort hingegangen. Mein Bruder hatte sich auf den ausgebrannten Fahrersitz niedergelassen und ich habe mit Steinen die ja zuhauf herumlagen die Glocke bedient. Und dann haben wir Straßenbahnfahren gespielt. Leider war der Trümmerhaufen so beschaffen, dass kein Eindringen in den Kellerbereich möglich war und wir mussten unverrichteter Dinge wieder ins Industriegelände zurückkehren.

Am 2. März 1945 hatte mein Großvater Geburtstag und wir Brüder spielten in der Nähe der Wohnung auf dem Fußweg. Es war ein schöner, sonniger Tag. Plötzlich gewahrten wir am Himmel von der Sonne angestrahlt einen größeren Bomberpulk. Mit offenem Mund starrten wir auf dieses Schauspiel und konnten sehen wie aus den Bombenschächten dieser Flugzeuge jede Menge Bomben herauskegelten. An Warnungs-Sirenen kann ich mich nicht erinnern, jedoch wurden wir Buben plötzlich energisch veranlasst (wahrscheinlich vom Luftschutzwart) in den Luftschutzkeller des Hauses Planitzstraße 25 A zu rennen. Dort war auch der Rest der Familie im Keller (LSR) versammelt - und wieder saß man bei Kerzenschein ängstlich zusammen. Plötzlich erschütterte es das Haus bis in die Grundfesten, Staub wirbelte wieder auf und wir wussten, jetzt hat es ganz in der Nähe eingeschlagen. Nach langer Zeit der allen wie eine Ewigkeit vorkam wurde Entwarnung gegeben und der Keller durfte verlassen werden. Sofort strömten alle nach außen um zu sehen ob das Haus Schaden genommen hat. Dem war wohl nicht so. Dann wurde sogleich gefahndet, wo die Bombe eingeschlagen haben könnte. Und richtig – gar nicht weit hinter dem Haus befand sich eine Drehscheibe der Betriebsbahn gleich bei der Firma Karasalt-Edelputz, da hatte es eingeschlagen. Ein riesiger Bombentrichter war zu sehen und allen lief es kalt über den Rücken in dem Gedanken – wenn diese Bombe in unser Mietshaus eingeschlagen hätte.…

Es wurde gemunkelt, dass im Flughafen Dresden-Klotzsche Jagdflugzeuge der Nazi-Wehrmacht am Boden lagen, unbetankt, da es keinen Treibstoff mehr gab.…

Aufgrund der Windverhältnisse sind glücklicherweise die meisten dieser zahlreichen Bomben in die Dresdner Heide abgedriftet und haben somit im Industriegelände keine wesentlichen Schäden angerichtet.

Das Ende des Krieges nahte.

Das spürten auch die Nazis vor Ort. Plötzlich wurden wir Kinder eingeladen und durften im Speiseraum der Firma Mende eine Tasse Kakao trinken. Warum wohl? In diesem Zusammenhang ist mir noch in Erinnerung, dass dort eigenartig lamellierte, sehr heiße, runde Heizkörper waren und die Luft unangenehm trocken und stickig war. Heute weiß ich, dass es sich hier um eine Dampfheizung gehandelt hat.

Kurz darauf kam es zur Plünderung der Militärvorräte im Arsenal durch die Zivilbevölkerung, denn die Meisten wussten und waren sich darüber im Klaren, dass dieser Krieg verloren war und wenn die Russen kommen, dies kein Zuckerschlecken würde. Hierbei ging es nicht darum sich Waffen zu beschaffen, sondern um Lebensmittel und Dinge des täglichen Bedarfs. Es war bekannt, dass allein schon der Waffenbesitz vom Sieger mit der sofortigen Todesstrafe geahndet wird. Auch Großvater und meine Mutter hatten etwas von diesen Vorräten abbekommen und die größte Köstlichkeit an die ich mich erinnere war die Fliegerschokolade aus einer runden Aluminiumdose, was für eine Köstlichkeit! Jedenfalls hatte bei dieser Plünderung jeder irgendetwas an sich gerissen und später wurde dann getauscht, sei es Schuhe in der richtigen Größe oder Kaffee gegen Mehl, damit alles entsprechend passend wurde. Wäre dies nicht geschehen, wir hätten das Jahr 1946 nicht überlebt. Opa besaß ganz im Süden des Industriegeländes noch hinter dem Ende der Werksbahn einen kleinen Schrebergarten. Dort gab es auch Kaninchenställe natürlich mit Kaninchen bestückt, die gefüttert und von Opa höchst selbst später geschlachtet wurden. Das Gemüse und Strauchobst, sowie das Fleisch der Kaninchen war die 2. Säule zum Überleben. Dass mein Bruder und ich sehr oft in die Dresdner Heide gehen mussten, mit Leiterwagen und Säcken darauf, um Grünfutter für die Kaninchen zu sammeln, ist mir deshalb so bewusst, weil wir das höchst widerwillig gemacht haben.

Einer der etwas größeren Jungen mit Namen Klaus hatte besonders viel tolles Kriegsspielzeug und sein Vater muss wohl ein großer Nazi gewesen sein, denn plötzlich war er nicht mehr da und es wurde gemunkelt, dass diese Familie nach Südamerika ausgewandert sei.

Mein Großvater war Bahnschirrmeister bei der Industriebahn im Industriegelände. Zwei Roots-Speicherloks waren vorhanden, mussten jedes Mal mit Dampf aufgeladen werden und konnten dann Rangierbewegungen mit Güterzuganhängern bewerkstelligen. Großvater oblag es diese so zusammenzustellen, dass die jeweiligen Betriebe in richtiger Reihenfolge mit entsprechenden Waren aus den Anhängern versorgt werden konnten. Natürlich hatte er auch den Lokführerschein und ab und an fuhr er auch selber die zusammengeschirrten Wagen mit der Lok zu den Abnehmern im Industriegelände. Eine meiner größten Freuden damals war es, wenn Opa als Lokführer mich mal mitgenommen hat. Er hob mich hoch, damit ich kurz durch eines der beiden ovalen Bullaugen in Fahrtrichtung etwas sehen konnte und das Größte war - ich durfte auch mal das Signalhorn bedienen.

Im Industriebahnhof, wo die Loks mit Dampf aufgeladen wurden, war auch mindestens ein Bad mit Badewanne und fließend Kalt- und Warmwasser vorhanden. Diesen unerhörten Luxus durften wir dank Großvater manchmal nutzen – heute eine Selbstverständlichkeit! Damals war es üblich in der sogenannten Volksbadewanne (Zinkwanne mit Aufstell-Stützen auf dem Fußboden) einmal höchstens in der Woche, oder eben aller 14 Tage, ein Familienbad zu nehmen, indem vorher heißgemachtes Wasser, gemischt mit Kaltwasser in die Wanne eingegossen wurde. Danach hatte einer nach dem anderen im gleichen Wasser das Bad absolviert. Wie reizvoll war das doch für den letzten Badnutzer, obwohl etwas Wasser nachgeschüttet wurde.

Es muss im April 1945 gewesen sein, als es plötzlich hieß:

" Die Russen kommen!!!"

Mein Bruder und ich sind daraufhin sofort in Richtung Königsbrückerstraße gelaufen. Und richtig – noch auf der Planitzstraße, die heute Meschwitzstraße heißt, hörten wir den Lärm der Panzerketten und sahen einen Panzer nach dem anderen scheinbar endlos auf der Königsbrückerstraße fahren. Wir waren sehr verblüfft als wir dann am Straßenrand standen und sahen wie die russischen Soldaten aus ihren Panzern uns Kindern zuwinkten….

Doch das dicke Ende kam gleich danach. Begriffe wie „Zapzerap, Uhri, Uhri" und „Jupdi twoja mat" hat man schnell begriffen. Denn das Eine hieß stehlen, das Andere war die Jagd nach deutschen Uhren und das Letztere hieß Fick deine Mutter! Die Armbanduhr meiner Mutter und meiner Oma wechselten unfreiwillig schnell die Besitzer. Nachts wurden von polnischen, weiblichen Armeeangehörigen die Scheiben eingeschlagen und die Goebbelsschnauze (Radio) mitgenommen. Danach kam die Einquartierung von zwei russischen Offizieren. Das hieß Zusammenrücken in der kleinen Mietswohnung - aber ab da gab es hier keinerlei Plünderungen mehr. Zu uns Kindern waren die russischen Offiziere freundlich, wahrscheinlich hatten sie zu Hause auch Kinder und wussten, dass wir Buben am Krieg absolut unschuldig waren. Einmal hatten sie Fleisch, Kartoffeln und Gemüse mitgebracht. Oma und Mama hatten für alle ein ausreichendes Mittagessen bereitet. Auch wir durften mitessen.

Meine spätere Frau lebte zu dieser Zeit auf der Wöhlerstraße in Dresden und hatte den Einmarsch der Russen in weitaus unangenehmerer Erinnerung. Die russischen Soldaten drangen in die Häuser ein und suchten zum einen nach Schmuck, Uhren und ähnlichem und zum anderen nach mehr oder weniger jungen Frauen, um sie zu vergewaltigen. Da wurde auch nicht lange gefackelt und ein Schlag mit dem Gewehrkolben macht dann die Menschen gefügig. Natürlich hätte man in der späteren DDR diese Wahrheiten niemals laut sagen dürfen, wo doch die Russen unsere Befreier waren.

Befreit wurden wir von den Parteigenossen des sogenannten Nationalsozialismus und deren mörderischem, menschenfeindlichem System tatsächlich, doch das vom Massenmörder Stalin angeführte Regime brachte uns leider nur eine neue, etwas rot gefärbte Diktatur der Parteigenossen von Russlands Gnaden, die auch vor Mord nicht haltmachten, wenn man grundsätzlich anderer Meinung war, oder z. B. ihren Einflussbereich unerlaubt verlassen wollte!

Wir Kinder spielten immer irgendwie auf der Straße und ich kann mich entsinnen wie auf dem Fußweg ein russischer Unteroffizier mit einer Schnapsflasche in der Hand angetorkelt kam, so sturzbetrunken, dass er in unserer unmittelbaren Nähe tatsächlich zu Boden ging und nicht mehr aufstehen konnte.

Das war für uns Buben ein tolles Schauspiel, weshalb wir natürlich stehen blieben. Es dauerte aber nicht lange, da kam ein Jeep der russischen Militärpolizei und wir staunten nicht schlecht, wie rabiat der Betrunkene angepackt und auf den Jeep geworfen wurde, wie ein Stück Vieh!

Es gab da auch eine Firma, die hieß „Göring und Sack", da meinten die Russen, dass da der General Hermann Göring gemeint sei. Die größeren Jungen haben den Russen dann klargemacht, was Sache ist.

Bald haben wir aber gemerkt, dass die Russen ihre Mannschaft nicht mehr ausschwärmen ließen. Auch die Offizierseinquartierung wurde beendet.

Und wie nach Kriegen üblich, lagen überall Waffen und Munition irgendwo frei herum. So kam es dann, dass die größeren Jungen sich dieser Dinge bemächtigten und damit herumhantierten. Dabei waren es ausschließlich Munitionsbestände an denen herum manipuliert wurde, um sich des Pulvers zu bemächtigen oder um Granatzünder heraus zu holen. Dabei wurde zum Beispiel aus Infanteriemunition das Geschoss herausgetrennt und dann konnte man das Pulver aus der Patrone herausschütten. Sogenannte Zündhütchen waren sehr begehrt bei den Jungen. Warum ist leicht zu erklären, denn inzwischen fuhr die Straßenbahn wieder. Es wurden also auf die Straßenbahnschienen hintereinander in gewissen Abständen eine Menge dieser Zündhütchen auf die Schienen gelegt. Dann ging die Meute in Deckung und harrte der Dinge die da kommen werden. Die Straßenbahn kam angefahren und dann ging ein mörderisches Knallen wie MG-Feuer von statten. Meist bremste der erschrockene Fahrer die Bahn abrupt ab und versuchte die Missetäter zu erwischen, was nie gelang.

Mir ist erinnerlich wie bei einer dieser Munitionsmanipulationen die Sache schief ging und laute Schreie der Getroffenen zu hören waren. Die Beine einiger in der Nähe stehenden Buben bluteten heftig, da jede Menge Splitter eingedrungen waren. Nur die Tatsache, dass ich als kleiner Bub weiter hinten stand, hat mich vor Schaden bewahrt.

Seitdem war Schluss damit, denn wie immer, erst wenn's richtig weh tut, dann hört der Mensch auf.

Irgendwann 1945 normalisierte sich einiges und mein Bruder musste wieder zur Schule gehen. Daher hatte er eine Monatskarte und nutzte diese weidlich aus. Er war schon ein Tausendsassa und machte dem Fahrpersonal das Leben schwer. Manchmal bin ich ja mit ihm mitgefahren und dann zeigte er mir stolz wie er heimlich im Anhänger die Handbremsen anzog oder im Zweirichtungstriebwagen hinten den Stromabnehmer mittels Schnur so weit nach unten zog, dass es laufend Funkenflug gab. Keine Ahnung warum er das machte. Vermutlich die dunkle Seite in ihm.

Im Winter 1945 wurden die Verpflegungslage und auch der Gesundheitszustand meiner Mutter immer schlechter.

Opa war immer noch als Bahnschirrmeister tätig. Manchmal fuhren mit der Rootsdampflok auch große Reichsbahn-Personenzug-Anhänger ins Industriegebiet, vermutlich nur zwischengelagert um dann wieder neu zusammengestellt zu werden. In diesen Waggons befanden sich, wie man heute weiß, die Vertriebenen aus den Ostgebieten, um dann in Deutschland weiter verteilt zu werden. Für mich sind da zwei Erinnerungen haften geblieben. Einmal die Tatsache, dass diese Menschen Brötchen und Wurst in den Händen hielten, was für uns wie Paradies aussah, aber unerreichbar, da die Türen geschlossen blieben. Andererseits aber auch ein Mann der so fürchterlich laut weinte, weil er vermutlich seine Liebsten auf ewig verloren hatte. Wir Kinder hatten keinerlei Verständnis für die Hintergründe und machten uns noch über diesen weinerlichen Singsang lustig.

Da nun der Hunger zum Alltag gehörte und mein Bruder es geschafft hatte den kleinen Vorratsschrank zu knacken, in dem die Reste der Arsenal-Plünderung aufbewahrt wurden, gab es großen Ärger. Mutter war nun bettlägerisch geworden und auch Oma hatte inzwischen derart angeschwollene Beine, dass sie nur noch schwer laufen konnte. Aber sie hatte tapfer meine Mutter gepflegt. Ich kann mich noch erinnern, dass ich als kleiner Bub vor diesem Vorratsschrank Wache gehalten habe, um meinen Bruder daran zu hindern sich nochmals zu bedienen. Mein dreieinhalb Jahr älterer Bruder war natürlich kräftiger und hat mir Ohrfeigen gegeben. Was blieb mir anderes übrig als zu petzen, was wiederum Prügel von Opa für meinen Bruder bedeutete. Kein gutes Omen.

Ein anderes für mich sehr peinliches Ereignis aus dieser Zeit ist auch unvergessen geblieben. Eines nachts träumte ich, dass ich vor einem Pollerstein stehen würde, an dem ich manchmal tagsüber pinkelte. Als ich morgens wach wurde, war das Bett nass. Das war das erste und letzte Mal in meinem Leben, dass mir so etwas passierte. Ein anderes ähnlich gelagertes Beispiel war mir auch peinlich. Als ich nahe dem Haus auf dem Fußweg lief und Dampflok spielte, sahen mich zwei Mädchen kommen, ließen ihre Schlüpfer herunter, nahmen die Röcke hoch, begaben sich in Positur, um mir zu zeigen, dass auch sie eine Parabel pinkeln können. Auch eine Form der Emanzipation, die ich damals nicht verstand.

Leider sind in Kriegs- und Nachkriegszeiten die Sitten teilweise entgleist und verroht. Wie immer wurde in der Clique agiert und eines Tages näherte ich mich einem großen Stück eines Steinabflussrohres, welches so groß war, dass ein kleiner Bub darinstehen konnte. Ich hörte darin Stimmen und war natürlich neugierig was da wohl vor sich ging. Zu meinem großen Erstaunen sah ich ein etwa 9 oder 10 Jahre altes Mädchen nackt auf dem Rücken liegen und Jungens machten sich an ihr zu schaffen. Nach einer gewissen Zeit wurde ich aufgefordert es doch auch mal zu probieren, was natürlich absolut unmöglich war. Nach vielen Jahrzehnten habe ich mal meinen Bruder gefragt, ob er sich an diese Szene erinnern kann und er bejahte dies. Sogar den Vornamen des Mädchens wusste er noch. Wahrscheinlich hatte man sie in dieser Zeit des Hungers mit Lebensmitteln gefügig gemacht, denn nach brachialem Zwang sah das nicht aus, anders ist dies kaum zu erklären.

An einem anderen Tag im Herbst 1945 spielte ich auf der so genannten „Atlasruhe", einem riesigen Sandberg den es heutzutage nicht mehr gibt. Plötzlich tauchten zwei etwa 14 Jahre alte Mädchen auf. Die waren auf Randale aus, denn sie zerstörten sofort meine Sand-Bauwerke und attackierten mich mit bösen Worten. Als Junge meint man ja sich gegen das Weibsvolk wehren zu können…. Da beide aber wesentlich älter und stärker waren, verabreichten sie mir eine gehörige Tracht Prügel. Dass ich danach bitterlich vor Schmerz, Wut und Scham weinte ist nur allzu verständlich.

Bei einer weiteren Begebenheit unter einer Brücke der Reichsbahn war ich Augenzeuge. Im Rahmen der Reparationsleistungen, die das besiegte Deutschland an Russland zu erbringen hatte, wurden Industrieanlagen, lange Gleisanlagen der Reichsbahn und andere nützliche, dem Sieger dienende Werte, wie etwa auch komplette Chemieanlagen, nach Russland gebracht. Wie ich später erfuhr, wurde teilweise dieses Beutegut nicht einmal genutzt. So demontierten die Russen auch die Turbinenfabrik im Industriegelände. Ich sah wie auf einem Pferdewagen sehr schweres Industriegerät transportiert wurde. Zwei Gäule waren von den Russen vorgespannt worden. Auf der abschüssigen Strecke unter die Unterführung hatten wohl die Bremsen wegen der großen Last nicht ausreichend wirken können und das schwere Gefährt raste in die Gäule hinein, die diese Geschwindigkeit nicht mithalten konnten. Aufmerksam wurde ich durch die qualvollen und lauten Schreie der Pferde deren Hinterteile zerschmettert waren. Ziemlich ungerührt zückte einer der Russen seine Pistole und erschoss beide Pferde. Für mich war das damals derart erschütternd zu sehen, dass ich es lange nicht vergessen konnte. Das Erschießen war jedoch ein schnelles Ende der Qual für die Pferde, was ich damals nicht verstand.

Das Jahr 1945 neigte sich dem Ende zu und die Lebensmittelrationen pro Tag wurden immer kleiner. Hunger wurde nun unser ständiger Begleiter. Was auch immer häufiger vorkam waren unvermittelte Stromabschaltungen. Plötzlich saß die Familie im Finstern und bei einer derartigen Gelegenheit, der Hunger war allgegenwärtig, meinte Großvater, dass wir noch eine Keksdose aus den Arsenalvorräten hätten und wir doch diese Kekse jetzt als Abendbrot essen könnten. Gesagt getan und die Kekse wurden im Dunkeln verteilt, denn inzwischen waren auch die Wachskerzen ausgegangen. Ach war das köstlich - ein leichter Geschmack nach Mohn war diesen Keksen eigen. Plötzlich ging das Licht wieder an und oh Schreck was wir da sahen war äußerst lebendig, denn die Kekse hatten ein madiges Innenleben. Es waren nur noch 2 Kekse übrig, die aus Ekel nicht verzehrt worden sind. Eine gewisse Eiweißportion hatte nun ein jeder doch hinuntergeschluckt. So hat auch ein Stromausfall etwas Positives.

Das Jahr 1946 begann gar nicht gut. Meiner Mutter ging es immer schlechter und im Februar 1946 wurde sie ins Krankenhaus gebracht. Am 27.02.46 ist sie dort verstorben. Nun waren wir Geschwister Vollwaisen. An das Begräbnis auf dem Garnisonsfriedhof kann ich mich noch erinnern und auch daran, dass ich bitterlich weinte und mich gar nicht mehr beruhigte. Nächtelang träumte ich von meiner Mama, aber es waren leider nur Träume. Doch das Leben ging unerbittlich weiter und so richtig bewusst ist einem 5½-jährigen Jungen die volle Tragweite dieses Verlustes noch nicht.

Einer aus der Clique hieß Horst und sein Vater muss schon etwas vermögend gewesen sein, denn er hatte ein Haus mit einem großen Garten dran. In diesem Garten waren Gleise einer Märklinbahn größeren Ausmaßes verlegt und die Lok sowie Anhänger waren so groß, dass ich mich auf einen dieser Waggons hätte setzen können. Alles aus gediegenem Blech naturgetreu dargestellt, das war schon etwas Besonderes. Und im Haus auf dem Boden hatte er eine riesige Modellplatte, auf der eine H0-Märklinbahn-Anlage aufgebaut war. Sowas hatte ich noch nie gesehen, da die Lokomotiven elektrisch angetrieben waren und ohne Aufzugsfeder fuhren. Doch plötzlich ließ Horst B. lautstark einen Wind wehen, der so intensiv war, dass es nicht zum Aushalten war, als wäre Giftgas abgelassen worden. Fluchtartig verließen alle Jungs den Dachboden.
Da mein Großvater arbeiten musste, meine Großmutter auch erkrankt war und kaum laufen konnte, mein Bruder zur Schule zu gehen hatte und auch nicht sehr vertrauenswürdig war, musste ich als kleiner Bub im bitterkalten Winter jedes Mal zum Einkauf der spärlichen Naturalien wie etwa Magermilch oder Brot einen langen Weg zu Fuß bis auf den Nordplatz zur Tannenstraße laufen, da es im Industriegelände keinerlei Geschäfte gab. Für die Milch musste eine leere Henkelkanne mitgenommen werden, die in einem Beutel im leeren Zustand getragen wurde. Gegen die Kälte und zum Schutz der Hände bekam ich einen Muff. Der war mit Fell gefüttert und von beiden Seiten führte man die Hände hinein, damit diese nicht erfroren. Am Arm baumelte dann der Beutel. Der Hinweg ging einigermaßen, aber, wenn man dann Milch in der Kanne hatte, musste diese am Henkel getragen werden und da konnte die Tragehand leider nicht in den Muff gesteckt werden. Nach ganz kurzer Zeit musste man ständig wechseln und so richtig warm wurde auch die im Muff steckende Hand nicht, weil ja eine Seite offen war. Was habe ich vor Kälte geheult, immer wieder anhalten müssen, um die Hände zu massieren, damit wieder Blut in den Adern fließt, was jedes Mal schmerzhaft war, wenn man dies geschafft hatte, aber notwendig, damit die Hand nicht erfriert.

Langsam kam das Frühjahr, der Hunger wurde immer unerträglicher und irgendwann erlaubte man mir mit der Straßenbahn fahren zu dürfen. Alle Gedanken von früh bis spät drehten sich nur um das eine: Wo gibt's was zu essen, denn Hunger tut weh. Die Natur erwachte und brachte Brennnesseln hervor. Wochenlang gab es dann als Mahlzeit Brennnesselsuppe. Eine „Rotzfädelsuppe" war damals etwas besonders Leckeres, da wurde maximal eine Kartoffel fein gerieben mit Schale und allem Drum und Dran als Suppe gekocht. Das war aber die Ausnahme, die Regel war Brennnesselsuppe. Fleisch, Speck oder so etwas waren Fremdworte und unerreichbar. Eines Tages musste ich wieder ein rationiertes Brot einkaufen und hielt dies während der Straßenbahnfahrt wie eine Trophäe dicht mit beiden Händen an meinem Körper, damit ja nichts verloren geht, das hatte mir Großmutter eingeschärft. Denn dieses Brot musste lange reichen für alle. Ein freundlicher Herr Müller begann ein Gespräch mit mir und stellte sich als Onkel vor, der jetzt eben Großvater besuchen will und machte sich erbötig, mir doch das schwere Brot abzunehmen da ich noch so klein sei. Durch geschicktes Aushorchen und Argumentieren erschlich er sich mein Vertrauen und ich dummer Junge gab ihm das Brot. Wir stiegen gemeinsam an der Haltestelle Meschwitzstraße aus und gingen nebeneinander in Richtung meines Zuhauses. Auf der rechten Seite am Anfang der Straße war eine Gaststätte. Onkel Müller meinte, ich soll mal immer schon vorausgehen, da er noch Getränke kaufen möchte um sie Opa mitzubringen. Schnell bin ich nach Haus gelaufen und schon an der Tür bemerkte man, dass ich kein Brot bei mir hatte. Ei wo ist das Brot wurde gefragt und ich antwortete wahrheitsgemäß, dass der Onkel Müller gleich mit Getränken und dem Brot zu Besuch kommen werde. Entsetzen machte sich breit, denn es war den Erwachsenen sofort klar, was hier gespielt wurde und dass meine Unerfahrenheit und Jugend voll ausgenutzt worden ist. Das hat aber den Nachbar derart in Rage gebracht, dass er mich sofort an die Hand nahm und schnurstracks mit mir zu dieser Gaststätte eilte. Wir hatten Glück, der sogenannte Onkel Müller war noch anwesend und hatte sich am Brot schon kräftig gütlich getan- leider! Dann geschah etwas, was ich nicht für möglich hielt. Der Nachbar machte lautstark alle Gäste mit der Situation vertraut, zeigte auf den Übeltäter und machte deutlich, wie schäbig es ist einem Kind das bisschen Brot zum Überleben wegzunehmen. Dem Mann wurde das Brot entrissen und mir sofort gegeben. Anschließend hagelte es eine Tracht Prügel, die der „liebe" Onkel Müller sicher lange nicht vergessen sollte. So lernte ich sehr schnell Niemandem mehr zu vertrauen.

Sehr oft ist Opa mit uns Buben in den Wald gegangen und hat uns gelehrt welche Pilze essbar sind und welche nicht. Von diesem Wissen profitiere ich heute noch. Damals war es existenziell wichtig, damit man wenigstens eine kleine Pilzmahlzeit zur Abwechslung bereiten konnte. Nur ohne Fett und Butter ist die Zubereitung auch ein kleines Problem. Je weiter das Jahr fortgeschritten war, umso besser wurde es, da wir ja den Garten hatten. Aber rachitisch war ich durch die Ernährungssituation inzwischen geworden und dass ich beizeiten die Zähne verlor ist dieser Zeit geschuldet. Auf dem Höhepunkt des Hungerns ist mir noch in Erinnerung geblieben, dass ich aus lauter Verzweiflung an einer Wachskerze genagt habe, nur um etwas in den Bauch zu bekommen. Aber Wachs ist bekanntlich unverdaulich. Inzwischen begann im Garten erstes Gemüse erntereif zu werden und die Hoffnung auf Besserung bei der kargen Rationierung gedieh auch und wurde erfüllt – denn wir haben ja überlebt.

In dieser Zeit sind viele Stadtmenschen auf die Dörfer zu den Bauern geströmt und haben dort ihr Hab und Gut so gut es ging gegen Lebensmittel eingetauscht, meist arg unter Wert. Die allererste Reaktion der Bauern lautete: „Mir han a selber Nix!" Leider konnten wir nicht „Fechten gehen" (so hieß dies im Volksmund), Opa ging Arbeiten, Mutter war tot, Oma konnte nicht mehr laufen und ich war noch zu klein. Mein Bruder jedoch ist ein paarmal mit der Nachbarsfrau nach Dippoldiswalde gefahren und brachte jedes Mal einen Rucksack gefüllt mit Kartoffeln heim, was auch sehr geholfen hat.

Zu dieser Zeit gab es in der „Krachwitz" (so hieß ein großes, nahes gelegenes Mehrfamilienhaus, in dem es laufend Streit gab) eine Rattenplage. Bei dieser Gelegenheit wurde eine Ratte gefangen und in einen Käfig gesperrt. Anschließend füllte man ein Behältnis mit Wasser und ersäufte die Ratte langsam. Das Tier schrie wie ein kleines Kind äußerst laut, was beabsichtigt war, damit sich die Ratten woanders hinbegeben sollten, da dies ein Warnsignal für die Rattenbrut war. Für mich als kleiner Bub war dies äußerst widerwärtig und nur schwer auszuhalten.

Das Interesse meines Bruders an der Straßenbahn war ungebrochen und so nahm er mich öfters an die Haltestelle Industriegelände mit. Erstens gab es dort Maulbeersträucher deren Früchte zur Erntezeit köstlich schmeckten. Zweitens war dort öfters Rangierbetrieb, der sehr interessant war. Zur damaligen Zeit war auf jedem Triebwagen und Anhänger ein Schaffner. Zur Änderung der Fahrtrichtung wurde der Triebwagen abgehangen, wobei vorher der Beiwagen gründlich angebremst sein musste und außerdem noch zur Sicherheit ein Hemmschuh vorgelegt wurde, da es relativ bergab ging. Der Zweirichtungstriebwagen fuhr ein Stück bergauf. Auf der Fahrerstandsgegenseite stand ein Schaffner, der die Handbremse vom Triebwagen anzog. Danach kam der Fahrer mit der Handkurbel zum anderen Fahrerstand, steckte diese auf, löste die Handbremse und umfuhr auf dem Nachbargleis den Anhänger und bog wieder auf das vorher befahrene Gleis ein. In der Zwischenzeit hatte der Beiwagenschaffner das Bremskabel die Schutzkette und die Kuppelstange auf die andere Seite des Anhängers zu transportieren und durfte nicht vergessen den Bremsstöpsel hinten einzustecken, was wichtig war, weil sonst der Anhänger nicht mit Bremsstrom versorgt würde. Hatte der Schaffner die Kuppelstange mit Bolzen und das Bremskabel eingesetzt, die Bremskette eingehängt, wurde der Hemmschuh entfernt und der Schaffner stellte sich an die Handbremse. Stand der Triebwagen abfahrtsbereit in der richtigen Richtung wurde die Handbremse vorsichtig gelöst und langsam rollte der Anhänger auf den Triebwagen zu und musste so abgebremst werden, dass ganz gefühlvoll Kuppelstange und Trompetenkupplung wieder zusammenpassten und gesichert waren. Danach wurden die entsprechenden Verbindungen zum Triebwagen hergestellt, die Fahrtrichtung-Schilder umgetauscht und der Zug war wieder abwärts fahrbereit.

Und da kam dann mein Bruder ins Spiel. Er half beim Tragen von Kabel und Kette am Beiwagen, was für den Schaffner eine gewisse Erleichterung war und es deshalb häufig geduldet wurde. Auch das Entfernen des Hemmschuhs hat er manchmal wahrgenommen. Mal eine nützliche und nicht nur schädigende Tätigkeit die er da fürs Bahnpersonal vollführte.

Natürlich war 1946 weiterhin jeden Tag Hunger angesagt, eines der schlimmsten Hungerjahre das Deutschland erlebt hat, der viele alte und schwache Menschen zum Opfer fielen. Wir waren ungefähr in der Clique 8-10 Jungen im Alter von fünfeinhalb bis ca. dreizehn Jahren. Einer der Rädelsführer meinte, dass wir unser Glück mal in einer Schrebergartenkolonie versuchen sollten, denn da ist immer etwas Essbares zu holen. Gesagt getan, hurtig über Zäune geklettert und wir hatten Glück, da waren schon einige Tomaten reif, deren man sofort habhaft wurde. Aber da hatten wir nicht mit dem Flurschutz gerechnet, der natürlich sofort Jagd auf uns machte. Die großen Jungs und auch mein Bruder entkamen, nur ich kleiner Matz kam nicht so schnell über die Zäune und wurde gefasst. Wie ein Schwerverbrecher wurde ich behandelt und mir wurde ganz bewusst Angst gemacht, damit sich das einprägt und mir klar wird, dass Diebstahl ein Verbrechen ist. Bei Opa lieferte man mich ab und ich hörte mir dort noch einmal ein Donnerwetter an. Sicher haben sich die Erwachsenen zugezwinkert, denn dass es sich hier um Mundraub handelte war ja klar. Ich habe mir das sehr zu Herzen genommen und seitdem nie wieder etwas gestohlen.

Es war Sommer geworden und da gab es im Industriegelände einen Feuerlöschteich. Die Clique marschierte natürlich mit Badehosen ausgerüstet zu diesem Teich, der auch eine ausreichende Tiefe hatte. Die größeren Jungs konnten ja schwimmen und ich saß am Rand als Nichtschwimmer und ließ an diesem heißen Tag die Beine im Wasser baumeln. Aber wie das so ist, irgendein Rowdy konnte es nicht lassen und schubste mich unvermittelt ins Wasser hinein, ohne sich darüber im Klaren zu sein, dass ich ja nicht schwimmen konnte...

Mit aufgerissenem Mund fällt man erschrocken ins Wasser, gerät sofort unter Wasser und schluckt Wasser was das Zeug hält. Man taucht auf, heftig strampelnd und kann kaum schreien, da man ja auch in die Luftröhre Wasser bekommen hat. Das klingt dann wohl eher wie eine Art Krächzen und ist nicht sehr laut zu hören. Aber einige Jungens hatten es doch bemerkt und sahen wie ich um mein Leben kämpfte. Schließlich ergriff mich ein Schwimmer und zog mich an den Rand des Beckens, wo mich dann einer der Jungens heraus hievte. Auch das war für mich wieder eine Lehre. Sei immer auf der Hut und begebe dich nicht leichtfertig in Gefahr, denn die Bosheit deiner Mitmenschen ist grenzenlos!

Im Sommer 1946 kann ich mich noch an den Garten erinnern, insbesondere an das köstliche Beerenobst, Tomaten und Gemüse, was uns über die Runden half. Auch Kaninchen waren wieder in den Ställen und fleißig mussten wir wieder in der Heide mit dem Leiterwagen fahrend Futter besorgen, was auch mein Bruder und ich höchst ungern gemacht haben. Mein Bruder war oft mit der Clique unterwegs und hatte dabei offensichtlich viele, viele Dummheiten gemacht. Ich habe mich mehr und mehr von diesen Rowdys ferngehalten, denn oft hat's auch Prügel gegeben, ohne dass ich wusste wie ich dazu kam.

Einer der Größeren in unserer Clique, Achim, machte den Vorschlag, ob wir nicht Lust hätten mal mit einem Lkw spazieren zu fahren. Natürlich wollten wir das, nur ahnten wir nicht zu welchem Zweck. Es dauerte nicht lange kam sein Vater tatsächlich mit einem knatternden Lkw angefahren und wir wurden auf die Ladefläche gehievt. Dann ging's los und schon auf dem Heller endete jäh die Fahrt. Hier mussten wir absteigen und sollten dann ein Grundstückteil von Unkraut und Unrat befreien. Sein Vater hatte plötzlich eine Reitpeitsche in der Hand und machte unmissverständlich klar, dass wir jetzt Arbeitssklaven sind und uns gefälligst sofort an die Arbeit zu machen hätten, sonst gäbe es Prügel! Aber mit einer Jungenschar ist es wie mit dem Flohhüten, einer kann nicht alle zugleich in Schach halten. So gelang es meinem Bruder und mir, die am weitesten von diesem Peitschenschwinger entfernt waren, zu fliehen. Wäre er uns nachgegangen, hätten die anderen Reißaus genommen. Die ganze Strecke durften wir dann zurücklaufen und waren wieder um eine Erfahrung reicher geworden. Es gibt nichts umsonst!

Soweit mir erinnerlich ist, begann 1947 staatlicher Aufbau und Organisation eine gewisse Wirkung zu zeigen und die Lebensmittelrationen in Größenordnungen zu gelangen, die zumindest ein Überleben ermöglichten. Großmutter ging es immer schlechter und ich war dann ständig bei ihr und habe sie versorgt, soweit ich das als kleiner Bub konnte. Mein Bruder war immer auswärts, entweder in der Schule oder mit der Clique unterwegs. Ich entsinne mich noch an einen Steinzeug-Unterschieber, den ich Oma immer zur Verrichtung ihrer Notdurft untergeschoben und dann weggebracht hatte, denn die Toiletten waren weit hinten im Flur angeordnet. Übrigens Toilettenpapierrollen gab's damals noch nicht, sondern ein Kästchen in dem das zurechtgeschnittene Zeitungspapier lag, das man vor Gebrauch gründlich zerknüllte. Ein Manko war immer die Druckerschwärze! Des Lesens Kundige lasen meist auf der Toilette in diesen Zeitungsresten. In diesem Zusammenhang erinnere ich mich an einen Zeichnungsausschnitt, in dem zwei Galgen dargestellt waren. An einem hing ein kleiner, strangulierter Mann, am anderen stand ein großer Mann mit lockerer Schlinge. Oma zeigte ich diesen Zeitungsausschnitt und sie nannte mir die Bildunterschrift „Die Kleinen hängt man und die Großen lässt man laufen".

Auf dem Flur gegenüber unserer Wohnung lebte ein jüngeres Ehepaar mit Kind, ein Mädchen namens Christine. Dieses Mädchen hatte eine Besonderheit, die mir sofort auffiel, denn sie bewegte den Oberkörper vor und zurück und schlug jedes Mal mit dem Hinterkopf an die Sofalehne. Es hat nicht lange gedauert bis ich erfuhr, dass dieses Kind verstorben ist. Welche Krankheit sie hatte und woran sie starb weiß ich nicht, aber es beeindruckte mich schon.

Da ich im September 1947 eingeschult werden sollte, musste ich zusammen mit meinem Bruder, der ja schon zur Schule ging, zu einem Vorstellungsgespräch kommen. Kurz vor der Schule trafen wir einen seiner Klassenkameraden. Nach kurzem Gespräch zwischen den beiden trat dieser Kamerad auf mich zu und haute mir links und rechts eine kräftige Ohrfeige in die Wangen. Der Junge amüsierte sich und lachte, mein Bruder schaute etwas verlegen drein und ich heulte vor Schmerz.

Wieder einmal hatte die Bosheit zugeschlagen, denn einen Grund für diese Behandlung gab es nicht. Warum mich mein Bruder nicht verteidigte ist mir bis heute ein Rätsel, wahrscheinlich war es Feigheit. Natürlich hatte ich das Zuhause Opa erzählt.

Dann hat es gar nicht mehr lange gedauert und eine Frau May vom Jugendamt stellte sich vor und sagte, dass wir unsere wenigen Habseligkeiten packen sollten und sie uns mitnehmen würde. Im Nachherein ist mir klargeworden, dass der arbeitende Großvater nicht mehr in der Lage war, sowohl seine kranke Frau zu versorgen als auch noch die Verantwortung für die Erziehung von zwei Enkeln zu übernehmen. Was ich auch nicht wusste und erst nach Jahrzehnten von meinem Bruder erfuhr ist die Tatsache, dass sein Maß wohl nun voll war mit Untaten und Opa es einfach auch nicht mehr verantworten konnte, die weitere Erziehung wahrzunehmen. Dem Jugendamt hatte er leider vorgegeben, dass die Brüder nicht getrennt werden sollten, was aus meiner persönlichen Sicht eine grandiose Fehlentscheidung war, da unser Bruderverhältnis alles andere als herzlich war.

1.4 Im Heim für Schwererziehbare

Daher kamen wir nach Dresden-Omsewitz in ein Heim für Schwererziehbare. Jahrzehntelang dachte ich, dass nach dem Krieg kein anderes Heim für uns verfügbar war. Erst seit wenigen Jahren weiß ich, dass mein Bruder Ursache für diese Unterkunft war. Für mich war dieses Heim ein einziges Martyrium, da ich als kleiner, schwacher Bub ständig unter der Willkür und Bösartigkeit der größeren Jungen zu leiden hatte, und das wegen meines Bruders. Hier wurde ich nun erneut eingeschult. Alles ging fast militärisch zu. Immer unter Aufsicht und immer in der Gruppe. Sei es der Weg zur Schule unter Aufsicht oder zurück. Auch der tägliche Abendspaziergang der regelmäßig bei annehmbarem Wetter zu absolvieren war verlief immer in der Gruppe unter Aufsicht von mindestens ein bis zwei Erziehern. Einerseits waren ja die Erzieher gut für meine Sicherheit, andererseits unbeobachtet wurde ich ständig drangsaliert. Das ging so weit, dass ich eines Tages keine Schuhe mehr hatte und manchmal nicht zur Schule gehen konnte, weil man mir Kleidung gestohlen hatte. Eines Tages war sogar meine Hose weg und ich konnte ja schlecht in Unterhose zur Schule gehen. Das waren Zustände!

Unvergesslich sind mir zwei Begebenheiten.

In regelmäßigen Abständen durften mehrere Kinder die großen Suppenkessel mit bloßen Fingern auslecken und das war ein festes Reglement nach dem sich jedes Kind sehnte, denn auch hier war Hunger ständiger Begleiter. Natürlich ging auch diese Prozedur nicht ohne Schubsen und Benachteiligen der Schwächeren vonstatten. Ein anderes Mal waren wir beim Abendspaziergang und ich ging an der Hand einer Erzieherin der ich wohl leidgetan habe, da sie sehr genau sah, dass ich kein schwer erziehbares Kind war. Und aus vollem Herzen sagte ich, dass ich mich freue, wenn wir wieder zurückkommen, weil es ja dann Abendbrot gibt, meinte ich. „Aber Heinz" sagt sie, „wir hatten doch gerade Abendbrot gegessen". Da kullerten mir die Tränen über die Wangen und ich war sehr enttäuscht. Wie überrascht war ich, als wir wieder im großen Schlafsaal waren und diese Erzieherin mit einer Scheibe Brot auf mich zukam. Sie gab mir diese Scheibe Brot mit einem Streicheln auf den Kopf und sagte ich solle diese Brotscheibe jetzt gleich verzehren. Plötzlich war ich von diesen Rowdys umringt, mein Bruder in vorderster Front und alle bettelten herzzerreißend: „Gib mir einen Uzer!" (ein kleines Stückchen). Wäre die Erzieherin nicht stehen geblieben, ich hätte gar nichts bekommen, man hätte mir das Brotstück aus der Hand gerissen. So konnte ich ganz allein unter Aufsicht diese Brotscheibe essen und war dankbar für diese Güte. Mein ganzes Leben lang habe ich nicht vergessen, dass es neben viel Bosheit auch manchmal Güte unter Menschen gibt.

Abschließend ist zu vermelden, dass der Heimleiter sich in diesem Heim bereicherte und später aus seiner Position entfernt werden musste. Selbst den Ärmsten der Armen kann man immer noch etwas wegnehmen.

Im Sommer 1948 begannen die Schulferien und erstaunlicherweise waren nur 1-er und 2-er auf meinem Zeugnis. Ein älteres Ehepaar tauchte auf und führte ein freundliches Gespräch mit mir. Nach kurzer Zeit wurde mir klargemacht, dass sie mich mitnehmen möchten, da ihre beiden Söhne im Krieg gefallen waren. Auch Frau

May, die uns im Industriegelände abgeholt hatte, war zugegen und ich hörte wie das Ehepaar sagte, dass sie nur mich haben möchten, da ich ihrem Sohn Hans ähnlich sehen würde und sie über meinen Bruder nichts Gutes berichtet bekommen hatten. Frau May hielt sich an die Vorgabe unseres Großvaters, indem sie darauf beharrte, dass die Geschwister nicht getrennt werden dürfen und wir nur als Doppelpack zu haben sind. Sie hatte keine Ahnung, dass mein Bruder bisher in meinem Leben keine positive Rolle spielte und das Bruderverhältnis keinesfalls innig war. Schweren Herzens sagte Familie Rieck zu und nahm beide Brüder.

„Ei Heinz, wo sind denn deine Schuhe" sagte die Frau. „Ich habe keine" war meine Antwort, also ging ich barfuß mit.

Ab jetzt begann für mich ein neuer, besserer Lebensabschnitt, was für ein Glück!

Kapitel 2: *1947- 1959 Kindheit Teil 2 und Jugend*

2.1 Aufnahme bei den Pflegeeltern in Dresden-Oberloschwitz

Als Kind weiß man im Gegensatz zu den Pflegeeltern erst einmal gar nicht mit wem man es zu tun hat und kann nur ahnen und hoffen, dass die neuen Erziehungsberechtigten es gut mit einem meinen. Auf jeden Fall war ich inzwischen äußerst misstrauisch geworden und ließ die Dinge geschehen, denn viel schlimmer konnte es nun nicht mehr werden.

An dieser Stelle möchte ich aus heutiger Perspektive eine kurze Einschätzung zur damaligen Situation meiner Pflegeeltern geben.

Hans Rieck, gelernter Steingutdreher, arbeitete schon viele Jahre bei der weltbekannten Firma Villeroy & Boch - kein leichter Job. Seine Ehefrau Margarete war Halbjüdin und Tochter einer Klavierlehrerin mit ausgeprägt bürgerlichen Eigenschaften. Das Ehepaar hatte zwei bildhübsche Söhne namens Albert und Hans. In den dreißiger Jahren konnte das Ehepaar mit viel Fleiß, Mühe und Entbehrung eine Eigentums-Doppelhaushälfte mit Garten im Rahmen einer Eigentümergemeinschaft aufbauen und erwerben. In dieser Eigentümergemeinschaft waren auch Arbeitskollegen von ihm Miteigentümer. Hans Rieck war überzeugter SPD-Mann und daher nach der Machtergreifung Hitlers ein überzeugter Gegner des Nationalsozialismus, was im Gegensatz zu seinen Arbeitskollegen, die sich angepasst und in die NSDAP eingetreten waren, nachteilig auf sein weiteres berufliches Fortkommen ausgewirkt hat. Während die Mitläufer Meister wurden, blieb er einfacher Geselle. Nach Kriegsausbruch wurden beide Söhne zur Wehrmacht eingezogen und beide sind nach kurzem Fronteinsatz gefallen. Kurz darauf verschärften sich die Ariergesetze in Nazideutschland (Ein Herr Globke war Verfasser und Kommentator der Nürnberger Rassengesetze im sogenannten 3. Reich und später Adenauers engster Berater). Vierteljuden erklärte man für wehrunwürdig und halbjüdische Ehefrauen erhielten keine Lebensmittelmarken mehr. Den Ehemann setzten die Nazis unter Druck, weil er sich von seiner Frau scheiden lassen sollte, damit man sie in ein Konzentrationslager hätte überstellen können. Hier wird die ganze Menschenverachtung des Nazipacks offenkundig, die Verstrickung der neu gegründeten Bundesrepublik Deutschland mit Nazi-Eliten deutlich und es ist mir heutzutage unerklärlich, wie man so einer schändlichen Ideologie überhaupt noch Raum geben konnte und heute wieder kann.

Wie verbittert und verzweifelt das Ehepaar war, kann man sich leicht vorstellen. Doch Leid und Not schweißen auch zusammen. Besonders hervorzuheben ist, dass sich das Ehepaar um ein Pflegekind bemühte und tatsächlich ein Mädchen namens Lotte vor dem KZ bewahrte und in die Familie aufnahm, der Tatsache geschuldet, dass sie zwei Söhne im Krieg verloren hatten. Doch die Nazis ließen nicht locker. Da er nicht willens war sich von seiner Frau zu trennen und auch noch ein halbjüdisches Kind in die Familie genommen hatte, stellten sie ihn vor die Entscheidung: Entweder Strafgefangener im Steinbruch oder Wehrmachtsangehöriger im Volkssturm. Da er schon einschlägige Erfahrungen aus dem Ersten Weltkrieg mitbrachte und auch wusste, dass der Steinbruch der absolut sichere Tod war, entschied er sich für den Volkssturm, in der Hoffnung davonzukommen. Wie bitter das für die Ehefrau gewesen sein musste und welche Kämpfernatur nach all dem Leid und Verlust sie war, liegt auf der Hand. Schon beim ersten Fronteinsatz nahe Frankfurt an der Oder ergab er sich den Russen, ohne auch nur einen Schuss abzufeuern. Dass er von den Russen verschont wurde ist seinem Handeln zu verdanken und seine Gefangenschaft hat nicht lange gedauert, da er als Arbeitskraft schon zu alt und damit wertlos für die Russen war. Wie viele Kameraden in der Gefangenschaft an der Amöbenruhr (eine gefährliche Durchfallerkrankung) gestorben und durch Überarbeitung zu Grunde gegangen sind, hat er mir später einmal geschildert. Nach dem Krieg kam er völlig verlaust, aber lebend und unverletzt wieder nach Hause und hatte die große Hoffnung, dass nun alles besser wird. Dass er schon 1946 zwangsweise seinen SPD-Status verlor, da auf sowjetischen Druck hin KPD und SPD in der sowjetischen Besatzungszone zur SED-Partei vereinheitlicht wurden, ist ihm später bitter aufgestoßen! Auch er wollte mithelfen, dass ein besseres, gerechteres, friedliches Deutschland gestaltet wird und meldete sich zum Dienst bei der Polizei, um für Recht und Ordnung zu sorgen. In dieser Funktion war er, als wir Geschwister nach Dresden-Oberloschwitz in dem im Volksmund genannten „Kamerun" (nach der gleichnamigen Gaststätte benannt) auf dem Amselsteg 15 ankamen und deshalb wurde der Aufnahme von zwei Pflegekindern aus einem Heim für Schwererziehbare überhaupt zugestimmt.

Leider hatten die Pflegeeltern mit Lotte keine Freude, denn trotz guter Erziehungsmaßnahmen entwickelte sich dieses Kind zur Russenhure und Betrügerin. Das war auch der Grund warum sie sich von diesem in der Pubertät befindlichen Mädchen trennen wollten und einen Pflegesohn anstrebten, denn allein wollten sie nicht bleiben.

Als wir vor der Gartentür standen war ich angenehm überrascht, was das doch für ein schönes Haus war. Einen Garten mit Spalierobst und Beerensträuchern und sogar einen kleinen Steingarten mit Bassin konnte ich sofort erspähen. Das Haus hatte ein Erd- und Obergeschoss, sowie unterm Dach noch eine Mansarde, abgetrennt vom Trockenboden.

In diese Mansarde wurden wir gleich eingewiesen, denn das war nun unser Schlafzimmer. Hier standen zwei Betten für meinen Bruder und mich. Dieser Raum hatte eine Tür zur Bodentreppe und auch ein kleines Fenster von dem man aufs Dach und den Weg im Hintergrund blicken konnte. Ohne Wärmedämmung war dieser Raum im Sommer sehr heiß und im Winter bitter kalt. Und doch war das ein Paradies im Vergleich zum Massenschlafplatz im Heim, mal abgesehen davon, dass man für sich war. Anschließend ging es eine Treppe wieder herunter und ins Wohnzimmer hinein, von dem aus die Küche abging. Erstaunt war ich, dort einen Grudeofen zu sehen. Dies ist eine der billigsten aber auch schmutzigsten Art der Wärmegewinnung. Hier wurde Kohlengrus auf einem Aschebett verbrannt, wobei dieser Gruß (Kohlen- oder Brikettabrieb) laufend nachgefüllt und parallel dazu die Asche abgerüttelt und entsorgt werden musste.

Zunächst nahmen wir im Wohnzimmer Platz und es gab sofort auch etwas zu essen und zu trinken. Danach besichtigten wir noch das WC und die sogenannte gute Stube im Erdgeschoss, wobei mir auffiel, dass da ein wunderbares Klavier stand. Frau Rieck sagte, dass sie früher Klavier gespielt habe (ihre Mutter war ja Klavierlehrerin), aber seit dem Tod ihrer Söhne das Klavier nicht mehr angerührt habe. Zum Abschluss der Einführung in die neue Familie besichtigten wir dann noch den Garten und sahen, dass es da einen großen Klodenbaum gab. Außerdem erfuhren wir, dass es noch 1000 m² Eigentumsland auf der Tännichtstraße mit vielen Erdbeerpflanzen und Bäumen gibt. Da war mir ums Überleben nicht mehr bange. Lotte wohnte noch einige Zeit im Haus (Das Zimmer neben der Küche, das später vermietet wurde), bevor sie sich selbstständig machte und verschwand.

Vater Rieck brachte öfters im Henkelkanister von der Dienststelle Mittagessen mit, teilweise schon etwas angegoren, aber der Hunger trieb es herein. Es darf aber nicht vergessen werden, dass die Versorgungslage 1948 in Ostdeutschland immer noch sehr angespannt war. Da wir jetzt näher an den Dörfern angesiedelt waren und ich auch schon etwas größer war, konnte ich mit meinem Bruder jetzt „Fechten" gehen, will heißen, bei den Bauern um Kartoffeln, Eier oder Ähnliches betteln. Viel Mildtätigkeit erfuhren wir leider nicht. Einmal wurden wir sogar mit einer Reitpeitsche weggejagt, als vermeintliches Diebsgesindel. Auch Stoppeln nach der Getreide- oder später Kartoffelernte war üblich und brachte kleine Erträge zur Bereicherung unserer täglichen Nahrung.

Was aber das Größte für mich war: es gab eine wunderbare, schwarz/weiß farbene Mäusejägerin namens Miez. Doch Miez war öfters schwanger und die vielen kleinen, süßen Wackelkätzchen, noch blind und mit winzigen Schwänzchen, fanden nicht immer Abnehmer, so dass unter Tränen die Kleinen getötet werden mussten, bis auf eine Ausnahme. Einer durfte bleiben, weil wir ja zwei Buben waren und so gesellte sich „Seppel", der später kastriert wurde, zu uns. Mein Bruder nahm dann immer „Seppel" mit ins Bett und zu mir gesellte sich regelmäßig „Miez". Besonders im kalten Winter war das für beide Seiten jeweils eine Hilfe, so konnte man sich gegenseitig wärmen. Besonders possierlich war es, wenn die kleinen Kätzchen spielten und die Katzenmama sie das Mäuse fangen lehrte.

Inzwischen waren wir schon im Garten am Haus und auf der Tännichtstraße eingewiesen um insbesondere fleißig Unkraut und Quecke zu jäten. Hierbei hatte mein Bruder alles daran gesetzt zu zeigen, dass er keine Ahnung hat, sei es durch Herausreißen von Nutzpflanzen oder sonstigen Blödsinn, nur um sich von dieser Arbeit zu drücken, während ich mein Pensum immer einwandfrei erledigte. Irgendwie hat es mein Bruder geschafft, dass Vater Rieck vieles bei ihm durchgehen ließ, während er bei mir sehr streng war. Mutter Rieck dagegen wurde nicht müde meinem Bruder Gottfried ständig vorzuhalten, sich auch mal so zu bemühen wie Heinz. Keine gute Konstellation.

Bevor die Sommerferien zu Ende waren hatten wir Brüder den Wunsch unsere Großeltern im Industriegelände zu besuchen. Dieser Wunsch wurde uns selbstverständlich gewährt und Opa rechtzeitig per Post informiert. Also machten wir uns zu Fuß auf den Weg zum Körnerplatz und fuhren mit der Straßenbahn über das „Blaue Wunder" (eine Hängebrücke und Wahrzeichen deutscher Ingenieurskunst in Dresden) bis zum Postplatz inmitten des Stadtzentrums und weiter mit der Linie 8 Richtung Hellerau, wo wir im Industriegelände ausstiegen. Unterwegs fiel mir wieder auf wie viele Trümmerstätten es in der Stadt gab, denn Oberloschwitz und Umgebung waren total von Bomben verschont geblieben, sodass wir in einer fast heilen Welt lebten.

Wir waren die Meschwitzstraße (frühere Planitzstraße) noch gar nicht weit gelaufen, da kamen Kinder und schmetterten uns fröhlich entgegen: "eure Oma ist tot". Herzloser geht's nicht, wir waren wie vor den Kopf geschlagen. Und tatsächlich, als uns Opa die Tür öffnete, mussten wir alle weinen, wieder einmal. Oma war am 17. Juni 1948 an der gleichen Krankheit wie Mama verstorben. Jetzt war es September und wir hatten es nicht gewusst. Natürlich hatten wir Opa berichtet wie es uns ergangen ist und wie unsere Pflegeeltern so sind und was sich alles ereignet hat. Er war sichtlich erleichtert, dass wir es so gut getroffen hatten. Ein paar Tage durften wir bei ihm bleiben. Bei der Bahn war er nicht mehr tätig, sondern hatte jetzt eine Anstellung als Pförtner. Natürlich waren wir auch auf den Garnisonsfriedhof an das Grab von Mama und Oma gegangen. Meinen Bruder zog es wieder zu seiner Clique und ich ging mit Opa in den damals noch existierenden Garten. Hatte ich doch inzwischen in diesem Metier schon etwas dazugelernt. Auf dem Rückweg kehrten wir in einer Gaststätte ein, die inzwischen eröffnet hatte. Opa bestellte sich ein Glas Helles und ich bekam ein Malzbier. Am nächsten Tag wiederholte sich dieses Spiel, doch dieses Mal wollte ich auch mal sein Helles probieren, denn das sah so freundlich und schön aus. Opa lachte und meinte, dass es mir nicht schmecken würde. Und tatsächlich schmeckte es ekelhaft bitter, aber zugegeben hatte ich das nicht, sondern es tapfer runtergeschluckt. In der Wohnung angekommen (er war inzwischen in ein Haus in der unmittelbaren Nähe umgezogen, da er nicht in einer Werkswohnung bleiben durfte) wurde mir plötzlich fast schwindlig und Opa sagte: „Das kommt vom Bier und tut Kindern nicht gut!" Auch das war mir wieder eine Lehre fürs Leben und ich habe erst viele, viele Jahre später mein nächstes Helles getrunken.

Mit dem Versprechen ihn bei Gelegenheit wieder zu besuchen hatten wir uns dann verabschiedet.

2.2 Grundschulzeiten

Die Sommerferien waren um, mein Bruder und ich besuchten ab da die Grundschule in Dresden-Rochwitz. Interessant war der Schulweg von mindestens 2 km Länge. Er führte durch ein Wäldchen und anschließend längs einer Landstraße die damals teilweise rechts und links von Feldern gesäumt war. Erfreulich war im Herbst, dass es in diesem Wäldchen jede Menge Speisepilze gab, die ich dank Opa alle kannte und ernten konnte. Unsere Klasse war eine Jungen- und Mädchenklasse. Mir hat es in dieser Schule gefallen und das Lernen machte Spaß.

Zu dieser Zeit war sowohl von der deutschen Einheit in späterer Zeit und vor allem vom Frieden die Rede, auch in der Schule. Da wurde mal ein Propagandafilm gezeigt, in dem das Militär so richtig lächerlich gemacht wurde.

Der Rochwitzer Bäckermeister nahe der Schule hatte eine Tochter, die unter Kinderlähmung gelitten hat und leicht körperlich behindert war. Dieses Mädchen ging in meine Klasse und dank ihres Vaters bekam jeder Schüler unserer Klasse jeden Morgen ein Brötchen; das war nicht selbstverständlich. Es gab eine Schulspeisung, die war mehr als jämmerlich, aber besser als gar nichts. Mit den Jungen in unserer Klasse hatte ich schnell einen guten Kontakt gefunden, zumal viele den gleichen Schulweg hatten wie ich. Aber zu großen Kinderfreundschaften konnte es nicht kommen, da ich ständig Gartenarbeiten zu erledigen hatte und auch die Schularbeiten wollten ja gemacht werden. Da blieb fast nie Zeit für Fußballspielen und Ähnliches. Ein Gutes hatte es aber, sämtliche Gartenarbeiten, wie auch Bäume fachgerecht beschneiden, lernte ich in dieser Zeit. Wenn man einen Garten hat oder mehrere, benötigt man Dünger. Und da kam etwas ins Spiel, was mir gar nicht passte. Hier war wieder der Leiterwagen als Transportgefährt notwendig, auf dem mehrere Eimer platziert wurden, sowie Besen und Schaufel. Ziel des Ganzen war das Einsammeln von Pferdekutteln, denn damals wurde noch viel mit Pferdekraft transportiert. Statt zu spielen durfte ich mit dem Leiterwagen durch die Gegend karren und Pferdeäpfel sammeln. Das war mir als Kind unendlich peinlich, unangenehm und ärgerlich! Zumal ich von meinen Mitschülern leider als Pferdekuttel-Sammler verspottet wurde. Mein Herr Bruder hat diese Fuhren kaum mitgemacht, das war immer meine Aufgabe, er hatte meist Drücketismus. Eine kleine Entschädigung für mein Gefühlsleben war es, wenn ich in der Erdbeererntezeit von der Tännichtstraße mit prall gefüllten Körben der köstlichsten Erdbeeren nach Hause lief und mich viele begehrliche und neidische Blicke verfolgten.

So ist das halt immer im Leben: Beschwerlichkeiten, Fleiß und Mühen sieht keiner, aber Erfolg und Wohlstand werden geneidet.

Eines Tages waren mein Bruder und ich im Garten auf der Tännichtstraße und sollten mal wieder Erdbeeren jäten. Mein Bruder hatte da nur ein paar Minuten so getan als ob und sich dann auf der Wiese in die Sonne gelegt, während ich fleißig in den Erdbeeren jätete, aber das gemeinsame Pensum nicht allein schaffte. Als dann der Pflegevater dazu kam war er sehr erzürnt, und machte mir Vorwürfe. Da hatte ich aber kräftig dagegengehalten, dass ich nicht jedes Mal meines Bruders Pensum mit erledigen muss und dass er sich gefälligst bei ihm beschweren soll und nicht bei mir. Eine derartige Widerrede war ihm wohl von einem Kind noch nie untergekommen und seine spontane Reaktion war, sich den rechten Holzpantoffel auszuziehen, auszuholen und zu brüllen: „ich schlag dich tot". Da blickte ich ihm fest in die Augen und sagte: „mach es!". Da musste ihm wohl klargeworden sein, dass er sich eine gute Arbeitskraft nicht vom Halse schaffen wollte und die Situation grotesk war. Er zog seinen Holzschuh wieder an und drehte mir den Rücken zu.

An einem anderen Tag als Gottfried wieder in gleicher Manier agierte, hatte ich das gemeinsame Pensum doch geschafft. Auf dem Heimweg ging es etwas bergab und am Ende des Weges, bevor die Spitzkehre kam, stand eine Gaslaterne. Mein Bruder war ja immer zu Blödsinn aufgelegt und musste unbedingt auf diese Gaslaterne klettern, weil da ein Birnenbaum seine Frucht nahebei zeigte. Oben angekommen verlor er beim Pflückversuch die Balance und fiel herunter. Dabei brach er sich das Fersenbein. Ein Weitergehen war nicht mehr möglich. Mir oblag es Hilfe herbeizuholen, denn seine Schmerzen müssen riesig gewesen sein. Insgeheim aber dachte ich: „manchmal straft der liebe Gott sofort".

Wo sich Lotte später ständig aufhielt ist mir nicht bekannt, aber mit Russenfreunden, ein Offizier hieß „Seidschik", tauchte sie ab und an mal auf und besuchte ihre Pflegeeltern. An eine Diskussion des Pflegevaters mit diesem gut Deutsch sprechenden Russen erinnere ich mich, weil Pflegevater in einem Bücherschrank Werke über Trotzki, Sinujew und Kamenjew besaß, die ihn als SPD-Mitglied interessiert hatten. Der Russe wollte davon nicht viel hören und machte darauf aufmerksam, dass diese Literatur gefährlich sei, was der Pflegevater nicht verstand. Heute weiß ich, dass in der Stalin-Ära diese Bücher als staatsgefährdend galten und auf dem Index standen. Das konnte locker 10 Jahre Lagerhaft bedeuten, wenn man damit erwischt wurde.
Es gab damals 50 Pfennig-Scheine, die der Russe zu Fliegern faltete und uns Jungen zuwarf, eine für uns nette Geste. Dann hatten wir sehr lange von Lotte nichts mehr gehört und gesehen.

Ab 1947 bis März 1948 hatte sich die politische Großwetterlage entscheidend verändert. Die drei westlichen Besatzungszonen schlossen sich zur Trizone zusammen. Der Alliierte Kontrollrat in Berlin, dem alle vier Siegermächte angehörten, löste sich mit dem Austritt der UdSSR zu dieser Zeit auf. Mit der Vorbereitung zur Bildung zweier deutscher Staaten wurden die Teilung Deutschlands und der Kalte Krieg eingeläutet.
Eines Tages fanden wir beim Durchstreifen des Schulbusches, wie das kleine Wäldchen genannt wurde, in einem Versteck Maschinengewehrmunition. Ich warnte sofort meine Mitschüler vor den Risiken aus eigener Erfahrung. Deshalb rührten wir

nichts an und meldeten dem Lehrer in der Schule diesen Fund. Sofort wurde der Unterricht unterbrochen und der Lehrer ging mit uns zu der Stelle wo wir diese Munition gesehen hatten. Wie durch ein Wunder war diese verschwunden, die von uns beschriebene Stelle war aber genau die Richtige. Da musste doch irgendeiner gepetzt haben, wer es war weiß ich bis heute nicht.

Der Winter 1948 begann und in der Rückerinnerung meint man, dass die Winter früher kälter und länger waren. Besonders unangenehm für uns Jungen war damals, dass man sich ein Leibchen mit Strumpfbändern wie die Mädchen umbinden musste, an denen die langen Strümpfe befestigt wurden. Selbstverständlich gehörten Hosenträger zur Ausstattung, denn Bundhosen gab es damals noch nicht. Und als Kopfschutz zog man sich dann noch eine Strickware über, die bis zum Hals runtergezogen wurde und nur das Gesicht frei ließ, aber schön warmhielt, besonders, wenn über die Felder ein garstig, kalter Wind wehte. Ein Gutes hatte aber der Winter, Gartenarbeit gab's nicht.

Das erste Weihnachten in Familie war besonders schön, zumal ein Spalier - Birnbaum sogenannte Weihnachtsbirnen in Übergröße produzierte, die gut gelagert derartig saftig und wohlschmeckend waren, dass mir beim Schreiben noch heute das Wasser im Munde zusammenläuft.

Leider war es im Winter nur möglich mit dem Schlitten zu rodeln, zu dieser Zeit waren Skier Mangelware und einfach nicht zu haben.

Das Jahr 1949 brachte eine weitere Spaltung Deutschlands, indem unter Konrad Adenauer die Bundesrepublik Deutschland und unter Wilhelm Pieck die DDR gegründet wurde. Während ab 1948 der von den USA initiierte Marshallplan für Westeuropa zum Tragen kam und die amerikanische Überproduktion sich segensreich auf die notleidenden, geschundenen Länder Westeuropas ergoss, was natürlich nicht uneigennützig war, sondern vorsorglich der Stärkung dieser Länder gegen die kommunistische UdSSR diente, waren in der sowjetischen Besatzungszone erhebliche Reparationsleistungen von der Bevölkerung zu erbringen. Kein Wunder, dass es in Ostdeutschland und der späteren DDR nur langsam aufwärtsging.

Während und nach dem Krieg hatte es in Deutschland viele Fälle von Kinderlähmung gegeben, eine schreckliche Geißel, da die Überlebenden meist irgendwelche Gebrechen lebenslang verkraften mussten. So lernte ich auch Erich kennen, der in der Nachbarschaft wohnte, eigentlich schon erwachsen, geistig jedoch zurückgeblieben, aber gutmütig und körperlich etwas gehandicapt war, indem er immer statt zu laufen mehr gehoppelt ist. Zehn Jahre später starb er, wohl doch eine Erlösung für ihn.

Inzwischen war es Frühling geworden und die Gartenarbeit hatte mich wieder voll in Beschlag genommen. Eines Tages ging die Pflegemutter mit mir in die gute Stube, setzte sich ans Klavier und versuchte mir mit ihren inzwischen steif gewordenen Fingern etwas vorzuspielen, was nur holprig gelang. Dann fragte sie mich, ob ich denn nicht Lust hätte Klavier spielen zu lernen, denn ihr Sohn Hans hatte wohl auch gut spielen können. Natürlich hatte ich Interesse, denn erstens glaubte ich, dass ich dann weniger im Garten arbeiten müsste und zweitens sah ich das schon als Bereicherung meines Lebens an. Von da ab hatte ich jede Woche einmal am

Körnerplatz bei einer ausgezeichneten Klavierlehrerin Unterricht. Schnell machte ich gute Fortschritte und die Pflegemutter war sehr stolz auf mich. Weniger Gartenarbeit gab es deshalb nicht, dafür aber kaum noch Freizeit zum Spielen mit anderen Kindern, da mindestens eine Stunde täglich Klavierübungen dazukamen und die Schularbeiten auch Zeit erforderten, wenn man sie denn sorgfältig macht. Ja und mein Bruder war absolut keine Gartenhilfe. In der Schule machte ich gute Fortschritte und brachte sehr gute Noten nach Hause, was die Pflegemutter ebenfalls erfreute.

Nach späterer Aussage des Pflegevaters hatte er 1949 bei der Polizei gewisse Einblicke in das Treiben der Dresdner Führungs-Genossen. So soll eine ehemals im Widerstand agierende Kommunistin sich besonders viele Brillanten (genannt Brillanten-Lotte) durch Enteignung beschafft und dabei geäußert haben: „Jetzt sind wir am Zuge, das steht **UNS** jetzt zu!", ohne dass ihr ein Haar gekrümmt wurde. Offensichtlich war er mit vielen Ansichten und Taten der neuen Machthaber nicht einverstanden und hatte als ehemals gestandener SPD-Mann, jetzt SED, seine Meinung frei geäußert, was in einem totalitären System nicht geduldet wurde, nur erkannte er es nicht. Daher musste er den Dienst bei der Polizei quittieren (er wurde abgeschoben) und erhielt einen Arbeitsvertrag als Betriebsschutz in der Landesdruckerei Sachsen in Dresden-Mitte. Sein Glaube an eine gerechtere und bessere Zukunft Deutschlands in diesem neuen System war seitdem erheblich erschüttert.

Noch immer war im Heimatkundeunterricht die Zielrichtung eines Gesamtdeutschlands Thema und mit Gründung der DDR gab es auch eine neue Nationalhymne mit einem Text der sehr ansprechend war:

" *Auferstanden aus Ruinen und der Zukunft zugewandt, lass uns dir zum Guten dienen, Deutschland, einig Vaterland. Alte Not gilt es zu zwingen und wir zwingen sie vereint, denn es muss uns doch gelingen, dass die Sonne schön wie nie über Deutschland scheint…*"

Natürlich mussten wir diese neue Nationalhymne auswendig lernen. Aber am Ende der DDR durfte dieser Text nicht einmal mehr gesungen werden! Was 1950 auch zur Selbstverständlichkeit wurde, war der mehr oder weniger erzwungene Eintritt der Schüler in die Jungen Pioniere, wobei ein blaues Halstuch überreicht wurde, das zu feierlichen Anlässen zu tragen war. Es dauerte aber nicht mehr lange, dann gab es vor jedem Unterrichtsbeginn einen sogenannten Fahnenappell, bei dem mit Halstuch angetreten und feierlich eine Fahne der DDR gehisst wurde. Zu diesem Zeitpunkt wurden wir Kinder ideologisch eingeschworen auf Sozialismus, Kommunismus und die Führungsrolle der großen Sowjetunion. Die Darstellung war so schmackhaft, dass auch ich in diesem Alter an diese Dinge glaubte und ein begeisterter Pionier war. Da gab es Parolen, dass jeder nach seinen Fähigkeiten und Bedürfnissen gefördert wird, was einleuchtend und positiv war. Das höchste Glück war dann der Kommunismus, den man so idealisierte, dass selbst mir als Kind sich viele Fragen aufdrängten, ob so etwas überhaupt möglich sein kann, weil dies wie ein Märchen klang. Die Lehrer antworteten, dass es nur noch eine Frage der Zeit sei, um dieses Ziel zu erreichen.

Deshalb erlaube ich mir an dieser Stelle einen kleinen Vorgriff auf das Jahr 2016. Heute weiß ich, dass der egozentrische Mensch mit seiner mehr oder weniger ausgeprägten Klugheit und Vernunft nicht bereit ist einem solchem Idealbild zu entsprechen, weshalb ein Karl Marx in der Praxis grundsätzlich scheitern musste. Es kommen immer wieder derartige Spielarten und Theorien vor, auch im Jahr 2016, wo doch ernsthaft erwogen wurde ein sogenanntes Grundeinkommen einzuführen (siehe Volkabstimmung in der Schweiz), jeder einen Betrag X erhält von dem er sorgenfrei leben kann, in der Hoffnung, dass er sich dann nicht in die Hängematte legt, sondern fleißig arbeiten geht. Das kann nicht funktionieren, weil z. B. keiner bereit ist den Dreck anderer wegzuräumen, wenn er nicht dazu mehr oder weniger ökonomisch gezwungen ist. Und wie viele Menschen gibt es bereits in Deutschland im Jahre 2016, die nicht mehr bereit sind zu arbeiten, sondern von der staatlichen Stütze leben und an der Steuer vorbei sich nebenher nach Gutdünken noch eine goldene Nase verdienen - typische Schmarotzer. Ein großer Prozentsatz der Menschen will arbeiten und sich selbst verwirklichen, sonst wird das Leben ja langweilig, aber welche Tätigkeiten bleiben dann auf der Strecke?

Das kann in heutiger Zeit so nicht funktionieren, es sei denn in der Zukunft bringt wissenschaftlich-technische Revolution eine derartige Produktivität und neue Produkte hervor, die ähnlich wie zur Zeit der Maschinenstürmer in der Vergangenheit, sehr viele Menschen einerseits arbeitslos macht, andererseits die Machthabenden zur Erhaltung ihrer Macht ein Grundeinkommen einführen müssen, um jegliche Revolution zu unterbinden. Vermutlich gibt es dann eine ganz kleine Schicht sehr reicher und mächtiger Menschen, eine schwache Mittelschicht und eben den Großteil der Menschen, die vom Existenzminimum ihr Dasein fristen müssen. Da dann Roboter und künstliche Intelligenzen unattraktive Arbeiten übernehmen würden, könnte eine derartige nicht wünschenswerte Gesellschaft funktionieren.

Des Weiteren wurde Wert auf die Feststellung gelegt, dass dieser neue Staat eine Arbeiter- und Bauermacht sei.
In Wahrheit hatten nicht die Arbeiter in den Betrieben das Sagen, sondern der Parteisekretär der SED. Die Bauern wurden zwangsenteignet und gezwungen in Kolchosen zu arbeiten, die man später Landwirtschaftliche Produktionsgenossenschaften (LPG) nannte.

Tatsächlich war es eine Diktatur der Bonzen, die sich anmaßten im Namen der Arbeiter und Bauern zu regieren.

Mein im Krieg gefallener Vater war ein Arbeiter, deshalb hatte ich das Glück zu den förderungswerten Schülern dieses Systems zu gehören.
Da ich fleißig war, mich sehr rege am Unterricht beteiligte und gegenüber meinen Mitschülern auch einen gewissen Intelligenzgrad aufwies, wurde ich Klassenbester. Daher durfte ich als Auszeichnung an einer Elbeschifffahrt teilnehmen, auf der sogar Kakao verabreicht wurde, was mir irgendwie bekannt vorkam. Es war schon etwas Besonderes mit einem Schaufelraddampfer elbaufwärts in die Sächsische Schweiz bei strahlendem Sonnenschein fahren zu dürfen und natürlich auch wieder zurück, ohne etwas dafür bezahlen zu müssen. Das war schon ein tolles Erlebnis für mich.

In Rochwitz gab es noch kleine Bauernhöfe, einer davon gehörte einem Bauern, dessen Sohn in meine Klasse ging. Offensichtlich musste dieser Junge sehr hart auf dem Hof arbeiten. Damit ich auch mal mit Fußball spielen konnte, hatte er es mir möglich gemacht, die Eimer auf meinem Leiterwagen mit dem Tierdung aus den Ställen zu füllen. Es war schön für mich auch mal Fußball spielen zu können mit den Jungs. Wäre ich nicht Klassenbester gewesen, wäre das wohl nicht zustande gekommen. Auffällig war, dass dieser Junge öfters eine Lederkappe auf dem Kopf hatte. Erst beim Jahrzehnte später stattgefundenen Klassentreffen erfuhr ich, dass er oft harte Ohrfeigen bekommen hatte, wodurch er auf einem Ohr gehörlos wurde. Ja das waren schon harte Zeiten!

Mein Großvater wollte nicht lange als Witwer allein sein und hatte deshalb eine Witwe zu sich genommen. Wir nannten sie Tante Marie, sie war nett, klein und zierlich und sie tat Opa sichtlich gut. Dies stellte ich bei einem meiner Besuche im Industriegelände fest. Bei der Gelegenheit erfuhr ich, dass Opa mit über 70 Jahren nicht mehr als Pförtner beschäftigt werden konnte, da er mit dieser Tätigkeit wohl etwas überfordert war und jetzt als Aufsichtsperson an einer Müllhalde tätig war. Seine Rente war leider so gering, dass er gezwungen war sich ein Zubrot zu verdienen. Auch seinen Schrebergarten hatte er nicht mehr, da dieses Pachtland für andere Zwecke benötigt wurde.

Eines Tages wurde mir von der Pflegemutter mitgeteilt, dass sie jetzt Lebensmittelkarten-Untergruppenverteilerin ist und ich ihr doch zur Hand gehen möchte. Das bedeutete, dass immer kurz vor Anfang eines Monats von der Hauptgruppenverteilerin die für ihren Bezirk zu verteilenden Lebensmittelkarten abzuholen waren, was zuerst meinem Bruder und mir oblag, später nur mir allein. Zuhause mussten diese namentlich zugeordnet und dann natürlich verteilt werden. Damals gab es die Lebensmittelkarten Gruppe A bis E, wobei die Gruppe A den Schwerstarbeitern vorbehalten und die Gruppe E den Bürokräften (Angestellten) zugeordnet war und es dementsprechend mehr oder weniger Rationen gab. Es hat gar nicht lange gedauert, dann war alles meine Aufgabe. Interessant dabei war, dass ich alle Leute im Verteilerbezirk persönlich kennenlernte und so mir mein eigenes Bild von den Menschen meiner Umgebung machen konnte. Ein gewisser Herr S. wohnte im Amselsteg und ist mir in besonderer Erinnerung geblieben. Das Anwesen hatte einen großen Garten und ein relativ einfaches Flachbauhaus etwas zurückgesetzt im Grundstück gelegen. Nach Aussage der Pflegemutter hatte da eine Frau mit Vornamen Katja gelebt und Ziegen waren damals auf dem Grundstück gewesen. Zu meiner Zeit hatte ich dann von Frau Katja nichts mehr gesehen, dafür aber den Herrn S., der immer fast widerlich freundlich zu mir war, mich beiläufig über die anderen Menschen im Verteilerbezirk aushorchte und mir jedes Mal ein 1-Markstück abschließend in die Hand drückte, egal ob ich ihm etwas berichtet hatte oder nicht. Aufgefallen war mir, dass er ein größeres Foto eingerahmt an der Wand hängen hatte, dass jede Menge nackter Frauen zeigte, was wahrscheinlich mit seiner Zugehörigkeit zur Freikörperkultur zusammenhing. Einmal blieb er ziemlich lange im Hinterraum um angeblich Geld zu holen, wahrscheinlich beobachtete er mich durch ein Loch in der Wand, wie ich dieses Foto betrachtete. Später erzählte er mir, dass er Betriebsschutz in der Reaktorversuchsanlage Rossendorf ist. Nach heutiger Erkenntnis war er mit größter Wahrscheinlichkeit Mitarbeiter der Staatssicherheit. Schon damals war er mir suspekt, offensichtlich bestens über mich informiert. Auch die ehemaligen Arbeitskollegen des Pflegevaters lernte ich auf diese Weise kennen und kann aus heutiger Sicht sagen, dass sie perfekte „Wendehälse" waren, denn nach einigen Jahren waren sie plötzlich SED-Mitglieder, wieder zu ihrem Vorteil. So konnte man feststellen, dass nicht nur in der Bundesrepublik Deutschland, sondern auch in der sogenannten Deutschen Demokratischen Republik Altnazis wieder sehr willkommen waren.

Mein Bruder Gottfried verließ im Sommer 1951 die Grundschule in Rochwitz. Sowas wird immer gefeiert, weil es ein Meilenstein im Leben eines Menschen ist. Zu dieser Zeit war es üblich, dass der Schulentlassene eine Uhr geschenkt bekommt. Zu dieser Feier kamen auch Opa und Tante Marie ins Haus der Pflegeeltern. Ein Gruppenfoto in schwarz-weiß von dieser Feier ist noch in meinem Besitz.
Einer meiner Lebensmittelkarten-Kunden auf der Wachbergstraße war wohl Betriebsleiter oder Führungskader im Dresdner Energieunternehmen. Von ihm erfuhr ich, dass mein Bruder sich als Lehrling beworben hatte, denn Rohrnetzmonteur ist ein wichtiger und guter Beruf und er wolle sich für meinen Bruder verwenden. Das hat er auch getan und mein Bruder begann seine Lehre als Rohrnetzmonteur. Dies ist jedoch eine körperlich schwere Arbeit und mein Bruder war zu dieser Zeit recht hiefrich, weshalb ihm diese Tätigkeit sehr schwer fiel.

Es muss auch 1951 gewesen sein, als unserer Klasse Heimkinder zugeordnet wurden. Schüchtern, schlecht gekleidet und ungesund anzusehen waren sie. Ursache hierfür war eine Heimgründung in Rochwitz, in der aber keine schwer erziehbaren Kinder, sondern meist Vollwaisen lebten. Es hat aber nur 2 Jahre vorgehalten, dann waren diese Schüler wieder weg. So hätte es mir ergehen können, dachte ich damals, hätte ich nicht Pflegeeltern gefunden!

Viele unserer Lehrer waren noch vom alten Schrot und Korn, meine Klassenlehrerin ab der 5. Klasse, Eva, war jedoch Neulehrerin und äußerst engagiert. Verblüfft war ich, als der Geschichtslehrer uns in die Geheimnisse des Kreuzworträtsels einweihte und als Lösungswort "Schliemann" herauskam, als wir die griechische Antike behandelten und die Ausgrabungen in Troja Thema waren.

Ab Herbst 1952 mit Beginn der 6. Grundschulklasse änderte sich in der Gesellschaft und auch in der Schule einiges grundlegend. Wir erhielten eine neue Schulleiterin, deren Tochter Sabine in meine Klasse kam. Ab da war sie dann die Klassenbeste. Warum wohl? Bei mir begann das Flegeljahr, was dazu führte, dass ich öfters den Unterricht störte, aber auch kritischer wurde. In der Schule setzte diese fanatische Schulleiterin nun all das um, was das neue Regime anordnete. Da wurden ein Freundschaftsrat und Gruppenräte der Pionierorganisation gegründet. Meine Systemgläubigkeit und Begeisterung bekam immer mehr Risse und sehr schnell lernte ich, dass man heucheln und sich anpassen muss, wenn man keine Nachteile haben wollte. Während die Kommunisten der DDR über den alten Mann in Bonn, Konrad Adenauer, lästerten, der Staatsbankette noch stehend absolvierte und freisprechen konnte, musste der inzwischen senile Wilhelm Pieck, von dem im RIAS behauptet wurde, dass er Ernst Thälmann verraten hätte, durch den Mundartredner Walter Ulbricht ersetzt werden. Da das Hauptaugenmerk der DDR-Führung gemäß sowjetischer Ansage auf den Aufbau einer Schwerindustrie in der DDR gerichtet war (Parole "Max braucht Futter", wobei das Stahlwerk Maxhütte Unterwellenborn gemeint war), wurden Dienstleistungen und Leichtindustrie vernachlässigt, die Landwirtschaft durch die Zwangskollektivierung zunächst uneffektiv, da der Wille der Bauern, die um ihr Land gebracht wurden, nicht gerade auf hohe Produktivität gerichtet war. So kam es verstärkt zu grundlegenden Mangelerscheinungen.

Im Januar 1953 kündigte die Schule anlässlich des bevorstehenden Jahrestages der Zerstörung Dresdens durch die Westalliierten ein Preisausschreiben an und forderte die Schüler auf, ihre Meinung oder eigene Erlebnisse als Aufsatz niederzuschreiben und einzureichen. Als Preis wurden ein Paar Skier ausgelobt. Das war natürlich für mich ein großer Anreiz und ich hatte meine Erlebnisse der Bombennacht in der mir damals möglichen Form niedergeschrieben, vom Pflegevater nochmals Korrektur lesen lassen, und dann eingereicht. Gewonnen hat das Preisausschreiben ein gewisser Hartmut, der damals der Freundschaftsratsvorsitzende war und dessen Vater in der Dresdner SED eine große Rolle spielte. Mein Beitrag wurde zwar gelobt, eines Preises war er nicht wert. Dass dies ein abgekartetes Spiel war, hatte ich damals noch nicht erkannt. Meine Enttäuschung war jedenfalls groß, hätte ich doch gern ein Paar Skier gehabt.
Mein Bruder musste später die Lehre als Rohrnetzmonteur aus gesundheitlichen Gründen abbrechen, da er der schweren Arbeit nicht gewachsen war. Danach begann er eine Lehre als Technischer Zeichner im gleichen Betrieb, was damals eigentlich ein ausgemachter Frauenberuf war, lernte dabei Konstruktions- und Rohrpläne zu lesen. Da war mein Bruder in seinem Element. Hahn im Korb unter lauter jungen

Mädchen, das hat ihm gefallen. Nach einem halben Jahr hat er aber seine Lehre als Rohrnetzmonteur fortgesetzt und später erfolgreich abgeschlossen.

Mein Bruder nutzte ein Fahrrad mit Karbidlampe, das im Keller stand und vermutlich Vater Rieck gehörte, auf dem auch eine Sattelstütze mit Sattel war, aber nicht höhenmäßig angeglichen werden konnte, weil total eingerostet. Jedenfalls wollte mein Bruder mir das Fahrradfahren beibringen und meinte, dass das gar nicht schwer sei. Da der Sattel zu hoch war wurde dieser abgebaut, die festgerostete Sattelstütze blieb. Die Wachbergstraße in „Kamerun" Oberloschwitz ist eine abschüssige Straße, die am Ende in eine steile Treppe mündet, die zur Grundstraße führt. Er meinte, er würde neben mir herlaufen und mir helfen, falls es Probleme gibt. Vom Amselsteg schoben wir das Fahrrad rechts bergauf auf die Wachbergstraße. Dann half er mir beim "Aufsitzen" also Stehen auf den Pedalen und zeigte mir den Handbremshebel. Vom Rücktritt war keine Rede. Er meinte sobald ich in Fahrt bin hätte ich auch Balance und schob mich ab. Was er nicht bedacht hatte war, dass ich wesentlich schneller in Fahrt kam als er rennen konnte. Sehr bald merkte ich, dass von meinem Bruder weit und breit nichts mehr zu sehen war und ich zwar in Balance aber immer schneller vorwärtsfuhr. Den Handbremshebel hatte ich später zwar betätigt, aber die Bremswirkung war äußerst minimal. Da ich wusste wie abrupt steil diese Straße in einer Treppe endet und das es am Ende nur zu einer Katastrophe kommen konnte, versuchte ich dann nach Möglichkeiten links einzubiegen. Etwa in Höhe des damaligen Fleischkonsums neben der Gaststätte "Kamerun", konnte ich leider die Kurve nicht so gut meistern und fuhr direkt in die Eingangstür hinein, die aber am Wochenende mit einem Rollladen verschlossen war. Das Holz splitterte, die Sattelstütze rammte sich in meinen Hintern und ich kam zu Fall. Glücklicherweise hatte, dass niemand bemerkt! Ich rappelte mich auf, das Fahrrad dessen Vorderrad mehr als eine "Acht" hatte, so verbogen war es, schob ich in der Seitenstraße so schnell weg wie es nur ging um mich dann heimwärts zu begeben, so ramponiert wie ich war. Das Konsumpersonal wird sich am folgenden Montag sicher sehr gewundert haben.
Seitdem konnte ich aber Fahrradfahren und mein Bruder lernte dann das Auswuchten von Fahrradrädern!

Neben diesem Fleischkonsum war die Gaststätte "Kamerun" mit Biergarten. Sonnabendabends wurde dort erstmalig wieder zum Tanz aufgespielt. Nachdem ich alle meine Pflichten erfüllt hatte bin ich einmal hingegangen, um mir dieses Treiben anzusehen, weil das für mich etwas völlig Neues war. Es muss so gegen 23:00 Uhr gewesen sein, als ich feststellen konnte, dass dort einige Jugendliche herumlungerten. Ein etwas schmächtiger, stark angetrunkener, schon etwas in die Jahre gekommener Tänzer wollte sich wahrscheinlich im Biergarten etwas abkühlen. Das war für die Jugendlichen das Signal, diesen Mann, der ihnen nichts getan hatte, eine Lektion zu erteilen. Nach dem Motto: Wir sind viele und nüchtern, du bist allein und betrunken - deshalb können wir mit dir Schindluder treiben so viel wir wollen. Ständig wurde er von einem der Jugendlichen bedrängt und geschlagen, wendete er sich gegen einen, bekam er Prügel von einem anderen. Ich bin dann angeekelt weggegangen, weil ich diese Art noch vom Heim für Schwererziehbare kannte.

Eines Tages kam von Lotte ein Brief mit äußerst dubiosem Inhalt. Lieber Paps schrieb sie, hier ist so eine Teppichnot und du hast ja so viele Teppiche, bitte schicke doch einen Teppich an die im Brief genannte Adresse. Da wussten wir, dass Lotte wieder auf Betrügertour war….

Nun war ich in der 6. Grundschulklasse und ab jetzt erlernten wir die russische Sprache. „Nina, Nina, tam kartina, eto traktor i motor" war eine Bilddarstellung auf der ein Mädchen namens Nina, eine Landkarte, ein Traktor und ein Motor dargestellt waren und wir damit die ersten russischen Worte zu bilden hatten. Das war so simpel und einprägsam, dass ich es bis heute nicht vergessen habe. Irgendwie fiel mir das Erlernen dieser Fremdsprache sehr leicht und jedes Diktat brachte mir eine Note 1, was ich stolz der Pflegemutter zeigte. Hier machte sie einen grundlegenden Fehler, der mir für die Zukunft Nachteile erbrachte. Sie meinte nämlich, dass Russisch gar nicht wichtig sei, besser wäre es, wenn ich mich mehr in Schönschrift üben würde, da ihrer Meinung nach meine Schrift liederlich sei. Von da ab gab ich mir keine Mühe mehr in Russisch, mit dem Resultat am Schuljahresende eine Note 3 in Russisch auf dem Zeugnis zu haben.

In dieser Zeit lernte ich auch durch die Schule das Schwimmen, wenn auch mit Note 3. Hier spielte mein Erlebnis im Feuerlöschteich eine Rolle, weil ich beim Erlernen ständig Angst hatte.

Mitte Juni 1953 ging ich wieder zu meiner Klavierlehrerin zum Körnerplatz und war bass erstaunt, dass dort ein sowjetischer Panzer mitten auf den Strassenbahngleisen stand. Von der Klavierlehrerin (deren Ehemann Beamter und NSDAP-Mitglied im Dritten Reich war und den Entnazifizierungsprozess gründlich absolvieren musste) erfuhr ich, dass es einen Aufstand der Arbeiter deutschlandweit gegeben hatte, weil die Arbeitsnormen bei gleichem Lohn ständig heraufgesetzt wurden. Des Weiteren sagte sie, dass die Russen diesen Aufstand mit Waffengewalt unterdrückten und es auch Tote gab. Deshalb stand dieser Panzer als Drohung noch einige Tage dort. Das war sehr mutig von ihr mir „reinen Wein" einzuschenken, aber sie kannte mich schon eine Weile und wusste genau, dass ich ihr nicht schaden werde. Mich hat das sehr nachdenklich gemacht und diese Machtdemonstration passte so gar nicht in das Gefasel vom Sozialismus und dem korrekten Handeln einer Arbeiter- und Bauernmacht. Ich bin überzeugt, dass ab diesem Zeitpunkt viele Menschen in der DDR, die bisher noch geglaubt hatten, dass dieses System das Richtige sei, eines Besseren belehrt wurden. Von da an beugten sie sich der Siegermacht, wurden entweder Handlanger des Systems aus Vorteilsgründen oder zu Heuchlern. Nur wenige hatten dann noch das Rückgrat zu ihrer Meinung zu stehen.

Mein Pflegevater kaufte sich ein Radio aus der DDR Produktion. Von da ab hörten wir sehr oft den Westberliner Sender „Rundfunk im amerikanischen Sektor (RIAS)", soweit ein Empfang möglich war, denn die Besatzungsmacht setzte vehement Störsender ein, die ein Anhören der Sendungen oft unmöglich machte. Hier wurden viele Machenschaften der DDR-Führung aufgedeckt, aber auch eine gewisse Hetze betrieben. So sollte angeblich Walter Ulbricht in Leipzig Bordellbesitzer gewesen sein, was ich nicht glauben kann. An die Sendung „Die Insulaner" und den „Genossen Professor Quatschnie" kann ich mich noch lebhaft erinnern. Ein Feature ist mir besonders erinnerlich, weil da von einer Konferenz der Siegermächte die Rede war, bei der in einem Geheimpapier festgelegt worden sei, dass die Besetzung Deutschlands durch die vier Siegermächte *spätestens* nach 45 Jahren zu beenden ist. Mit einigen Mitschülern, die mit mir den gleichen Schulweg hatten, diskutierte ich das und meinte, dass spätestens 1990 Deutschland wiedervereinigt wird. Anlässlich eines Klassentreffens nach 1990 sprach ich dies an und meine ehemaligen Mitschüler konnten sich sogar daran erinnern und wussten, dass dies einer „RIAS-Ente" entstammte und nun exakt Wirklichkeit geworden ist.

Von der Nachbarfamilie des Doppelhauses wurden wir informiert, dass auf dem Boden eine große Ratte sei, die dort ihr Unwesen treibt und ob wir nicht mal unsere Katze auf den Boden lassen wollen. Da Miez immer mit mir ins Bett ging, erhielt ich den Auftrag mit ihr doch mal auf unseren Boden zu gehen. Gesagt, getan! Kaum hatte ich Miez freigelassen kletterte sie an einem Holzbalken ins Dachgebälk und nach wenigen Sekunden konnte ich sehen, wie sie die im Gebälk flüchtende Ratte von hinten ansprang, das Genick durchbiss, wobei ein heller Schrei der Ratte zu hören war. In Rekordzeit waren wir dank Miez die Rattenplage los. Miez war sehr flink und mutig.

Einer meiner Lebensmittelkarten-Kunden hatte einen großen Schäferhund, der jedes Mal mit einem wütenden Gekläff die vorbeilaufenden Menschen erschreckte. Einmal ging Miez hinter mir her und richtig, wie immer beim Vorbeigehen erschreckte uns dieser Schäferhund. Kurz entschlossen sprang Miez auf den Holzzaun des Grundstücks und von da auf den Rücken des Schäferhundes. Mit ihren Krallen hat sie dem körperlich weit überlegenen Schäferhund mächtig von hinten zugesetzt, sodass er vor Schmerzen heulte. Miez sprang behände ab, überquerte den Zaun und war für den Hund nicht mehr erreichbar. Ich denke mal sie hat mich verteidigen wollen. Tiere sind oft dankbarer und treuer als Menschen!

Zur damaligen Zeit hatten es die Hausfrauen gar nicht leicht, denn Wäschewaschen war ein Tagesgeschäft - elektrische Waschmaschinen, Wäscheschleudern und Kühlschränke gab es da noch nicht, händig Wäschewaschen und Einwecken in Gläsern war die Devise.
Unten im Haus befand sich ein eingemauerter Waschkessel mit darunter befindlichem Ofen, mit Holz und Kohle befeuert.1948 wurde dieser Kessel zweckentfremdet dazu benutzt, um aus Zuckerrüben (die wir vom Stoppeln

heimgebracht hatten) so eine Art Rübenzucker zu gewinnen. Geschmacklich war das eine Zumutung, aber der Hunger treibt es hinein!

Im selbigen Kessel wurde Wasser eingelassen, Bleichpulver zugegeben und der Kessel angefeuert. Wenn das Wasser entsprechend heiß war gab man die Kochwäsche ein und rührte mit einem Rührholz ein paar Mal um. Auf zwei Waschböcken ruhte daneben ein großer Holzbottich in den dann die gekochte Wäsche mit dem Rührholz eingegeben wurde. Etwas kaltes Wasser hatte man vorher in diesen Holzbottich eingelassen, damit die kochend heiße Wäsche etwas abgekühlt wurde. Mit einem Rubbelbrett und Seife wurde dann jedes einzelne, noch heiße Wäschestück händig bearbeitet und anschließend in die mit Wasser befüllte Volksbadewanne zum Klarspülen eingebracht, händig ausgewrungen und landete zum Schluss in einem Wäschekorb. Waren alle Wäschestücke fertig gewaschen und im Garten die Wäscheleine gespannt, wurde ein Teil der Wäsche auf dem Rasen gebleicht und der andere Teil direkt mit Klammern auf der Leine aufgehängt. Mit der Gießkanne wurde ab und an klares Wasser auf die Bleichwäsche gegossen. Selbstverständlich war es notwendig, dass man einen Tag zum Wäschewaschen wählte, an dem die Sonne schien. Hierbei wurde die keimtötende Wirkung der Sonnenstrahlen ausgenutzt. Nach dem Bleichen hängte man diese Wäscheteile ebenfalls auf die Leine. Bettwäsche, Handtücher und Ähnliches wurden bei größeren Stückzahlen gemangelt. Hierzu fuhren wir die Wäsche mit dem Leiterwagen in eine Mangelstube. Dort meldete man sich beim Besitzer an, entrichtete einen Obolus, wurde eingewiesen und konnte dann eigenständig seine Wäsche mangeln. Das monströse Gerät, das einen Riesenkasten prall gefüllt mit Feldsteinen schwerster Art und mit Holz abgedeckt enthielt, hatte einen Elektromotor-Antrieb, der über einen Riementrieb und ein Zahnrad auf eine lange Zahnstange seine Kraft übertrug. Der Riesenkasten wiederum ruhte auf zylindrischen Doggen, die sich in die jeweilige Richtung drehten, in der sich die Zahnstange bewegte. Am Ende einer Bewegungsrichtung kippte der mordsschwere Kasten etwas ab und gab dann die gegenüberliegende Dogge frei. Nun konnte man die Sicherungsöffnung betätigen, die Dogge herausnehmen und auf dem gegenüberliegenden Doggentisch mit Doggenhalterung ein Schutztuch um die Dogge wickeln und danach die zu mangelnde Wäsche gut geordnet einlegen. Nach und nach wurde eingewickelt und weiter Wäsche eingelegt bis das Schutztuchende erreicht war. Nun wurde die Dogge wieder in die Maschine so eingelegt, dass sie sich in Laufrichtung aufwickelt und danach wurde die Klappe geschlossen. War die Maschine am anderen Ende angelangt, konnte die andere Dogge herausgenommen werden und das Spiel wiederholte sich. Am anderen Ende war dann die gemangelte Dogge fertig und konnte entladen werden. Irgendwann war man endlich fertig! So etwa aller 3-4 Wochen war dann wieder Waschtag. Schon aus der Länge der vorstehenden Beschreibung eines Waschtages ist ersichtlich, wie aufwändig, umständlich und mühevoll diese Hausfrauentätigkeit war. Da ich selbst mithalf, insbesondere was das Mangeln betrifft, sind mir diese Abläufe noch heute geläufig. Wie gewebeschonend diese Art der Wäschebehandlung war, liegt wohl auf der Hand. Es bedarf auch weniger Vorstellungskraft, wie erschwerend so ein Waschtag im Winter gewesen sein mag.

1954 war meine Flegelzeit schon längst überwunden und mein Schuldurchschnitt erreichte die Note 1,5.
Inzwischen waren wir systemangepasst, jedoch zu Hause wurde Klartext gesprochen. Der Pflegevater entwickelte sich inzwischen zu einem richtigen Systemkritiker. Gemeinsam hörten wir abends oft RIAS und tauschten unsere Meinungen aus.

Durch meinen Klavierunterricht hatte ich natürlich eine überdurchschnittliche musikalische Ausbildung und wurde wegen meiner guten Stimme in den Schulchor berufen. Wie es dazu kam, dass ich mich beim Dresdner Kreuzchor anmelden sollte, ist mir heute nicht mehr erinnerlich. Zunächst musste ich eine Aufnahmeprüfung (zu der mich der Pflegevater begleitete) bei Professor Mauersberger absolvieren, die ich bestand. Mir wurde sofort mitgeteilt, dass eine Frau Lange - Frohberg meine weitere Ausbildung als Stimmbildnerin übernehmen werde. Hier lernte ich einige Talente kennen, Menschen mit absolutem Gehör und musikalischen Fähigkeiten, von denen ich nur träumen konnte. Diese Ausbildung als Sopran war für mich anstrengend und zugleich fordernd und fördernd. Es dauerte gar nicht lange, da wurden wir Auszubildenden laufend als Verstärkung des Kreuzchores Dresden für Christ- und Ostermetten eingesetzt, zumal Frau Lange-Frohberg hierfür zuständig war. Hier durfte ich mit solchen Größen wie Peter Schreier (der sich später als Tenor und Dirigent internationale Anerkennung verdiente) im Kreuzchor singen. Die Kruzianer konnten auch zu besonderen Anlässen ins kapitalistische Ausland reisen, was natürlich besonders erstrebenswert war. Musterkinder waren diese Kruzianer aber nicht! Eines Abends waren wir in der Kreuzkirche als Verstärkung beim Weihnachtsoratorium eingesetzt. Die Stammbesetzung machte gern Schabernack mit uns Auszubildenden. Einer dieser Jungen hat während der Aufführung mir derart schmerzhaft in den Hintern gekniffen, dass ich durch meine Reaktion dem dirigierenden Professor Mauersberger aufgefallen bin. Er beorderte mich anschließend zu sich und alle meine ehrlichen Antworten zu Ursache und Wirkung halfen mir nicht. Natürlich verleugnete sich der Verursacher! Als Chorleiter und Musiker war Mauersberger allerseits anerkannt, als Pädagoge war er in meinem Fall ein Versager. Plötzlich fiel ihm auf, dass ich nicht der Kirche angehöre und damit im Kreuzchor nichts zu suchen habe. So plötzlich ausgeschlossen zu sein war für mich beschämend und enttäuschend zugleich. Komisch nur, dass er das bei der Eignungsprüfung nicht abgefragt hatte! Und wieder mal war menschliche Bosheit im Spiel! Nur gut, dass ich bald in den Stimmbruch kam, denn das wäre dann sowieso das Ende im Kreuzchor gewesen.

Irgendwie haben daraufhin wohl zwei Dinge bei den Pflegeeltern eine Rolle gespielt, die zur Entscheidung führten, mich fürderhin am Religionsunterricht teilnehmen zu lassen. Zum einen war da die eigene Tradition, weil nun mal mit der Konfirmation der Schritt ins Erwachsenenleben gemacht wurde, zum anderen war es von der Staatsmacht nicht gewünscht oder gewollt, dass sich die kirchliche Tradition fortsetzt, weil an diese Stelle die sozialistische Jugendweihe gesetzt wurde. Daher gab das " nun gerade" den Ausschlag. Interessanterweise haben sich die Eltern meiner Mitschüler ebenfalls für die traditionelle Variante entschieden, was in den 50er Jahren vom Regime noch toleriert werden musste.

Nahe der Krügerstraße direkt am oberen Ende des Schulbusches hatte die Kirche ein abgezäuntes Waldareal mit der sogenannten Wichernhütte (ein großer Flachholzbau) darin. Ein junger Vikar, der den Zweiten Weltkrieg überlebte und nach seiner Aussage an der Front Gott schwur, wenn er überlebt, sich der Kirche im Dienste Gottes widmen zu wollen, unterrichtete uns. Er war sehr wahrhaftig, freundlich und gläubig. Noch heute tut es mir leid, wie wir Buben diesen frommen und geduldigen Mann mit unseren kleinen Streichen ständig ärgerten. In mir war sowieso noch der Rauswurf aus dem Kreuzchor lebendig, wobei die Pracht und Herrlichkeit der Kirchen und die gottgefälligen Aufführungen großen Eindruck auf mich machten, andererseits der „liebe Gott" es zuließ, dass mir Unrecht angetan wurde. Wir betrachteten damals den Konfirmationsunterricht in der Wichernhütte als eine Art Märchenstunde, was er im Grunde auch ist. Hiermit möchte ich niemandem zu nahetreten, der Gott- oder Christgläubig ist, denn viele Menschen benötigen einen Halt im Leben, etwas woran sie sich besonders in der Not klammern können. Ein höheres Wesen eben, das über uns wacht, uns lenkt und beschützt. Dieser fromme Wunsch existiert natürlich bei jedermann nur im Kopf, in der Realität ist das leider eine Fiktion, denn jeder ist seines Glückes Schmied, und es gilt immer der Grundsatz: Helfe dir selbst, dann hilft dir auch Gott. Welch grausame, fortschrittshemmende und machtpolitische Rolle die Religionen in ihrer langen Geschichte gespielt haben ist hinlänglich bekannt. Waren die Religionen doch den Machthabern jeglicher Couleur willkommene Unterstützung bei der Unterdrückung der kleinen Leute, die durch religiösen Glauben willfährig gemacht wurden (gib dem Kaiser was des Kaisers ist und der Kirche ihren Zehnt), wobei sich natürlich die Gotteshäuser auch selbst bereicherten (unter anderem durch Ablasshandel). Wie lebensfremd und manchmal gar nicht glaubenskonform es heute in der katholischen Kirche zugeht zeigen beispielsweise die zahlreichen Missbrauchsdelikte katholischer Priester an den ihnen anvertrauten schutzbefohlenen Kindern. Und in Allahs Namen wurden und werden abertausende unschuldige Menschen getötet und heutzutage meinen die Selbstmordattentäter auch noch für ihre Untaten ins sogenannte Paradies zu kommen. Die schlimmste Form menschlicher Kontakte ist der Krieg, wo Menschen, die sich überhaupt nichts getan haben, von skrupellosen Machthabern, Politikern und Geschäftemachern dazu gezwungen werden, sich gegenseitig abzuschlachten – und das noch im Namen Gottes.

Wie kopfkrank und pervers ist denn sowas?

1954 tauchte plötzlich Lotte mit einem neuen Freund auf, angeblich einem Elbschiffer und bat um kurzzeitige Unterkunft für beide. Wieder waren die Pflegeeltern zu gutmütig und konnten nicht nein sagen. Sie durften auf dem

Trockenboden auf behelfsmäßigen Liegeflächen nächtigen. Da wir in unmittelbarer Nähe unsere Betten hatten und im Sommer die Tür nicht verschlossen war, konnte man sehr oft recht eindeutige Geräusche hören, die ich damals nicht richtig einordnen konnte. Am nächsten Morgen ergab es sich, dass wir Brüder zufällig in der Küche Lotte splitternackt am Waschbecken überraschten. Sowas hatte ich in natura noch nie gesehen und mein Bruder fragte sie frech, ob er mal die Brüste anfassen darf, was erlaubt wurde. Damit keiner zu kurz kam, durfte ich das auch einmal…danach war ich sehr verwirrt. Schon nach wenigen Tagen war Lotte mit ihrem Gefährten wieder verschwunden und erst nach vielen, vielen Jahren habe ich sie an der Kasse in der Dresdner Markthalle wiedergesehen - aufgedunsen, gealtert und kaum wiederzuerkennen.

Bereits in der siebenten Grundschulklasse wurde ein neuer Schüler namens Klaus-Peter angekündigt und von unserer Klassenlehrerin als eine Art Wunderkind angepriesen und wir sollten uns doch anstrengen, damit wir mithalten können, denn er habe ein außerordentlich gutes Zeugnis, sagte sie. Dieses Wunderkind entpuppte sich dann aber als ganz normaler guter Schüler. Später bin ich dann dahintergekommen, warum er zum Wunderkind hochstilisiert worden ist. Dann dauerte es gar nicht lange und noch so ein guter Schüler namens Wolf wurde angekündigt. Er war ein sehr guter Schüler, aber eben auch kein Wunderkind und erhielt in der Grundschule den Spitznamen "Sapperle". Er hatte noch 2 Geschwister, eine große Schwester, die später auf der Uni als "ostfriesische Hilke" von den Kommilitonen bezeichnet wurde und eine äußerst kleinwüchsige jüngere Schwester. Zu einem Geburtstag von Wolf wurde auch ich eingeladen und lernte die Familie dabei kennen. Sie hatten eine luxuriöse Villa auf der Wachbergstraße erhalten. Seine Mutter fiel mir wegen ihrer übergroßen Nervosität auf. Sein Vater muss wohl viel im Ausland gewesen sein, denn auch ein Tropenhelm gehörte zu seinem Equipment. Im Garten durften wir munter mit einem Luftgewehr auf Zielscheiben schießen. Wolf war dabei absolute Spitze und ich genau das Gegenteil. Er hat später Holztechnologie an der TU Dresden studiert (wahrscheinlich wie sein Vater) und war auch nach der Wende in führender Position im Ausland tätig. Heute weiß ich mit großer Sicherheit, dass sein Papa auch als Mitarbeiter der Stasi tätig gewesen sein muss, denn die ihn umgebenden unsympathischen Herren zogen sich geheimnisvoll während der Geburtstagsfeier gemeinsam in einen separaten Raum zurück, was mich damals schon stutzig machte. Nur linientreue Genossen durften damals im sogenannten kapitalistischen Ausland tätig sein!

Das Jahr 1955 war sehr ereignisreich. Die Sowjetunion beendete offiziell den Kriegszustand mit Deutschland, gewährte der neu gegründeten DDR die Souveränität. Danach trat die DDR Moskau-getreu dem Warschauer Pakt bei.

Die Bundesrepublik Deutschland ratifizierte die Pariser Verträge, erhielt von den Westmächten die staatliche Souveränität und trat der Westeuropäischen Gemeinschaft (WEG) und der NATO bei, anerkannte die Souveränität der DDR nicht und postulierte den Alleinvertretungsanspruch für alle Deutschen. Damit war die deutsche Spaltung perfekt und sollte bis zum Jahr 1990 dauern.

Für mich war es nun das letzte Grundschuljahr (8. Klasse) und schon am 1. Mai 1955 konnte ich zur Mai-Demonstration, an der wir als Schulklasse geschlossen teilzunehmen hatten, erstmalig zehn Jahre nach Kriegsende die bewaffneten „Kampfgruppen der Arbeiterklasse" an der Tribüne vorbeidefilieren sehen. Inzwischen hatte meine Klassenleiterin geheiratet und war ganz aufgeregt. Dass dies keine Traumehe, sondern eher ein Martyrium war, erfuhr ich viele Jahrzehnte später zum Klassentreffen.

Hans Rieck hatte eine verheiratete Schwester, die ständig von ihrem Mann geprügelt wurde und ihren Bruder um Hilfe bat. Sie hatte sich scheiden lassen und durfte längere Zeit bei uns wohnen, wobei ihr das Zimmer neben der Küche, das schon einmal an einen gewissen Herrn Marx vermietet war, zugeordnet wurde. Diese Frau hat unserer Familie nicht gutgetan, denn sie hatte etwas Intrigantisches. Warum sie mir angebliche Begebenheiten aus dem Leben der Mutter meiner Pflegemutter berichtete, die einer Herabwürdigung gleichkam, ist mir bis heute ein Rätsel. Zumindest bewirkte sie für einen längeren Zeitraum eine gewisse Entfremdung zwischen meiner Pflegemutter und mir, was mir heute noch leidtut, weil ich diese Einflüsterungen einer erwachsenen Frau und Schwester des Pflegevaters glaubte. Erst nachdem ich Monate später die Pflegemutter mit diesen Informationen konfrontierte und von ihr die tatsächliche Wahrheit wissen wollte, wurde vieles richtiggestellt und diese Frau musste danach sehr schnell das Haus verlassen. Undank ist der Welten Lohn!

Nach Jahresmitte erhielt jeder feierlich sein Abschlusszeugnis (mit meinem war ich sehr zufrieden, wusste ich doch, dass ich anschließend weiter auf die Martin Andersen Nexö Oberschule, schon damals eine Eliteschule, die noch heute als Martin Andersen Nexö Gymnasium existiert, meinen Bildungsweg fortsetzen werde). Vor versammelter Lehrerschaft der Rochwitzer Grundschule durfte ich dann noch die Dankesrede der Schüler an die Lehrer vortragen, die ich selbst entworfen hatte.

Auch die Konfirmation in der Bühlauer Kirche war sehr feierlich, weil wir doch nun ins Erwachsenenleben eingetreten waren. Zu Hause erhielt ich im Kreis der Gäste eine Armbanduhr geschenkt, wobei auch mein Großvater und Tante Marie zugegen waren. Damals war ich sehr von mir eingenommen und wirkte etwas blasiert, denn bald war ich Oberschüler und damit etwas Besonderes nach meiner Meinung. Als krönenden Abschluss unternahm unsere Klasse Ende Juni 1955 eine Fahrt nach Neukirch, die etwa eine Woche dauerte und für alle als schöne Erinnerung im Gedächtnis geblieben sein dürfte. Da in diesem Ort fast jeder zweite den Namen

Hultsch trägt (auch die bekannte Zwiebackfabrik trug diesen Namen) machten wir uns den Spaß jeden mit Hultsch anzusprechen. Auf der Rückfahrt wurde noch in Bautzen mit seinem interessanten Ortskern Halt gemacht und die Stadt besichtigt.

2.3 Oberschulzeiten

Von meinem ersten Schultag im September 1955 ist mir besonders eine Situation in Erinnerung geblieben. Mit anderen Schülern standen wir erwartungsvoll vor der noch geschlossenen Schule als ein etwas molliger Junge auf einem tollen Rennrad angefahren kam. Beide Füße waren bei diesem Rennrad mit den Pedalen so verbunden, dass ein Herausrutschen vermieden wurde. Offensichtlich hatte Peter dies nicht bedacht, hielt an, bekam die Füße nicht aus dem Pedalschutz und kippte einfach um wie ein Plumpsack. Diese Art Show hatte er sicher nicht gewollt, denn die Schadenfreude aller war doch ziemlich offensichtlich. Irgendwann im Laufe der Oberschulzeit offenbarte es sich, dass er ein toller Klavierspieler der modernen Art mit knallhartem Anschlag war. Kein Wunder, sein Vater war „Band-Leader" und daher auch gut betucht. So spielte er einmal zum Entzücken der jungen Damen aus der Parallelklasse (wir waren eine reine Jungenklasse) perfekt das damals legendäre Stück „In the mood" vor. Das beeindruckte mich sehr! Da ich viele Jahre nur klassische Musik spielte, war mir eine derartige Interpretation völlig wesensfremd und eine adäquate Umsetzung gelang mir daher Zuhause leider nicht.

Schon nach wenigen Tagen wurde mir klar, dass hier in dieser Oberschulklasse ein erheblich höheres Leistungsniveau vorhanden war und ich mich mehr anstrengen muss, wenn ich im vorderen Leistungsdrittel mithalten wollte, was mir auch gelang. Klaus-Peter und Wolf aus meiner ehemaligen Grundschulklasse waren wieder meine Klassenkameraden. Aus Oberloschwitz „Kamerun" war jetzt auch noch ein Jochen in unsere Klasse gekommen. Er fiel uns allen auf, weil er öfters mal zu spät zum Unterricht kam und teilweise lustige Begründungen abgab, wie zum Beispiel, dass die Suppe zu heiß gewesen sei und er daher nicht schneller frühstücken konnte. Öfters gingen wir zu viert gemeinsam nach Hause, natürlich zu Fuß von Dresden-Blasewitz zum Schillerplatz und weiter über die schon genannte Elbe-Hängebrücke „Blaues Wunder" zum Körnerplatz, um anschließend den Höhenunterschied vom Körnerplatz nach Oberloschwitz mit der legendären Schwebeseilbahn zu überwinden. Damals waren kleine Wetten unter den Schülern Usus. Eines Tages wettete ich mit meinen drei Kameraden um ein Kilo Kochsalz (Wert etwa 13 Pfennige), dass ich den Veilchenweg und den steil nach oben führenden 1. Steinweg schneller hinaufrennen kann als die Schwebeseilbahn nach oben fährt. Diese Wette konnten die Insassen der Schwebeseilbahn eindeutig verfolgen. Da ich in dem Moment, wenn die Bahn den Veilchenweg zu überqueren beginnt, loslaufen durfte und sie auch sehen konnten, wenn die Bahn den 1. Steinweg überquert, ob ich da bereits durchgelaufen war oder nicht. Tatsächlich gewann ich diese Wette, hochrot im Gesicht und völlig verschwitzt, aber siegessicher.

In den Herbstferien besuchte ich Großvater und Tante Marie und stellte fest, dass Großvater geistig mächtig abgebaut hatte, körperlich aber wohlauf war.

Im März 1955 war mein Bruder 18 Jahre alt geworden, volljährig und im letzten Lehrjahr, da er ja vom Rohrnetzmonteur zum Technischen Zeichner umsatteln musste. Eine Tanzgaststätte namens Kaskade war damals Treffpunkt der Dresdner Jugend. Mein Bruder muss da wohl oft Stammgast gewesen sein, denn eines nachts kam er ziemlich angedüdelt nach Hause und wurde insbesondere von der Pflegemutter arg in die Mangel genommen, nach dem Motto: So geht's nicht weiter! Im Schlafzimmer erzählte er mir dann wie toll das doch war und lallte „Non stop jam session", um mich mit seinen aufgeschnappten Fremdsprachenkenntnissen zu beeindrucken.

Im Jahr 1956 wurde in der DDR die Grundschule abgeschafft und dafür eine zehnklassische polytechnische Oberschule gegründet, die alle Schüler zu durchlaufen hatten. Eine wahrhaft positive pädagogische Leistung zur Anhebung des allgemeinen Bildungsniveaus der Bevölkerung in der DDR! Außerdem wurde in diesem Jahr die sogenannte Nationale Volksarmee gegründet, was sich später im Zuge der allgemeinen Wehrpflicht auf die männliche DDR-Jugend gravierend auswirkte.
Eine der ersten Maßnahmen der Oberschule war der geordnete Eintritt aller Schüler in die FDJ (sogenannte Freie Deutsche Jugend), der sich kaum jemand entziehen konnte.

Zum Jahrestag der Zerstörung Dresdens am 13. Februar 1956 wurden wir mit Aussagen aus dem Buch „Der Untergang Dresdens" des damaligen Oberbürgermeisters von Dresden, Walter Weidauer, offiziell konfrontiert. In diesem Buch wurde behauptet, dass ein Deutsch-Amerikaner namens Noble von seiner am Elbhang neben der Oberstation der Standseilbahn befindlichen Luxusvilla „San Remo" aus die alliierte Bomberflotte dirigiert haben soll. Das erschien mir damals ziemlich einleuchtend, weil das gesamte Elbhang-Gebiet komplett von Bomben verschont geblieben ist. Inzwischen bin ich mir da nicht mehr ganz so sicher, ob diese Hilfestellung überhaupt notwendig gewesen wäre. Sicher ist, dass dieser Deutsch-Amerikaner 1938 im Dritten Reich unter Hitler vom halbjüdischen Besitzer Benno Thorsch die Dresdner Kamera-Werkstätten Guthe & Thorsch übernahm, da dieser emigrieren musste. Thorsch übernahm in den USA den Weiterbetrieb von Nobles ehemaliger Foto-Kopierfirma. Die in seiner Dresdner Firma hergestellten Spiegelreflexkameras waren damals Weltspitze und wurden sehr wohl militärisch eingesetzt. Das dürfte auch der Grund gewesen sein, warum Herr Noble diese Firma leiten durfte und sicher hat er auch während des Krieges große Gewinne eingefahren. Ob er die beschuldigte Angriffsleitung am 13. Februar 1945 tatsächlich ausführte, damit er dann bei den Amerikanern nach dem Zusammenbruch des Dritten Reiches ungeschoren davonkommen konnte, wird wohl immer ein Geheimnis bleiben. Tatsache ist aber, dass die Sowjets nach Kriegsende Noble enteigneten und ihn in ein

Straflager nach Sibirien (Workuta) überstellten, wo er erst nach vielen Jahren durch einen geschmuggelten Kassiber die Freilassung mit Hilfe der USA-Regierung bei den Russen erzwingen konnte.

Sein Kamerawerk wurde in das sogenannte Volkseigentum überführt und erhielt in der DDR den Namen „VEB Pentacon-Werk".

Da der Stadtteil Dresden-Johannstadt noch immer einer Trümmerwüste glich, wurden immer wieder Arbeitseinsätze organisiert, an denen wir selbstverständlich teilzunehmen hatten, wobei es vor allem darum ging, Ziegel mit einem Spezialhammer so zu bearbeiten, dass der alte Putz abgeschlagen wurde um die wieder gebrauchsfähigen Ziegel dann säuberlich aufzustapeln. Interessant war, wie die Natur in der Zwischenzeit in den Trümmern jede Menge Blütenpflanzen gedeihen ließ. So wurde der Schuttberg Stück für Stück abgetragen, die Ziegel ordentlich aufgestapelt und der Wiederaufbau vorbereitet. Bei dieser Arbeit bin ich einmal mit dem Hammer abgerutscht (Schutzhandschuhe gab es damals selbstverständlich nicht, nur der Spezialhammer wurde ausgehändigt) und verletzte mir die linke Hand, die den Ziegel hielt. Heftiges Bluten folgte, eine Weiterarbeit war an diesem Tag nicht mehr möglich. Es gab also nicht nur die „Trümmerfrauen", auch die Jugend hat am Aufbau in den Trümmern maßgeblich mitgewirkt.

Mein Pflegevater ermöglichte mir in den Schulferien eine bezahlte Aushilfstätigkeit in der Landesdruckerei Sachsen, Abteilung Handsatz. Der Stundenlohn betrug 98 Pfennige. Für mich war das deshalb auch sehr interessant, weil ich mal Abläufe in der Produktion kennenlernen durfte. Ich war mit Feuereifer dabei und habe dabei viel gelernt. Dass ich nebenher noch die Gartenarbeiten wahrnahm und auch noch Klavier üben wollte und musste, sei nur am Rande erwähnt. Richtige Ferien sind etwas Anderes! Da die Tätigkeiten in der Landesdruckerei den ständigen Umgang mit Blei erforderten, erhielt ich zum Frühstück täglich kostenlos ¼ l Milch zur Entgiftung. In der Rotationsabteilung wurden anders als im Handsatz mithilfe einer Art Schreibmaschine Buchstaben für den Zeitungsdruck auf Walzen gegossen. Da ich dort öfters Bleigrus entsorgen musste, konnte ich auch eine riesige Zeitungs-Rotationsmaschine bestaunen, die eine Werkhalle einnahm. In der Abteilung Handsatz, in der Bücher zum Drucken vorbereitet wurden, war ich so eine Art Männchen für alles. Da mussten den Handsetzern ständig Nachschub an Regletten (nichtdruckendes Teilblech zur Erzielung von Zwischenräumen) oder Buchstabensätze in Petit, Nonpareille oder anderen Schriftgrößen gebracht werden. Kam ich nicht schnell genug hinterher, wurde sofort mit einer Reglette auf die Unterlage geklopft, was einen ohrenbetäubenden Lärm erzeugt. Schnell hatte ich den Bogen raus und alle Kollegen waren recht zufrieden mit mir. Zusätzlich erstellte ich an einer Handpresse Probeabzüge. An alle Einzelheiten der Tätigkeiten kann ich mich nicht mehr entsinnen, aber nach 7 Stunden musste ich wegen des Jugendschutzgesetzes die Arbeit beenden. Danach hatte ich, weil es mir Spaß machte zumal es reizvoll ist alles in Spiegelschrift zu lesen und zu erkennen, mal selbst kleine Artikel handgesetzt und Probeabzüge davon an der Handpresse hergestellt.

Stolz war ich, als mir mein erstes selbstverdientes Geld in einer damals üblichen Lohntüte ausgezahlt wurde, auch wenn es ein sehr bescheidenes Entgelt war.

Ab September 1956 war ich nun schon in der 10. Klasse. Inzwischen hatte Jochen einige Probleme in der Schule mitzukommen. Daher kam er zwecks Nachhilfe öfters mal zu mir oder ich zu ihm und unser Klassenlehrer, Heinrich mit Vornamen, hatte nichts dagegen, denn kleine Fortschritte waren seitdem bei Jochen zu beobachten. Heinrichs Frau unterrichtete ebenfalls an dieser Schule, war früher mit einem Engländer verheiratet, hatte mehrere Töchter und war wie auch immer nach dem Tod ihres Mannes in die DDR gekommen und nun mit unserem Klassenlehrer verheiratet. Dass sie Englisch perfekt konnte, dürfte ja wohl kein Wunder gewesen sein. Daher war sie jedes Jahr Übersetzerin, wenn Besucher aus Coventry am 13. Februar bei uns zu Gast waren. Sie muss Germanistik studiert haben, denn in Deutsch war sie absolute Spitze. Und ausgerechnet sie war unsere Deutschlehrerin. Häufig riet sie mir etwas „von oben herab" gute Bücher zu lesen, damit mein Ausdruck und Vokabelschatz besser werde. Doch wann sollte ich noch zum Bücherlesen Zeit gehabt haben? Da sich aber meine Note 3 in Deutsch auch im 10. Schuljahr nicht besserte, hatte ich ab da zulasten meiner Schlafenszeit Bücher der Weltliteratur gelesen, was mir auch in jeder Hinsicht sehr geholfen hat.

Mein Bruder lernte 1957 als Rohrnetzmonteur aus, wurde direkt vom Dresdner Energieunternehmen übernommen, war aber mit den dortigen Konditionen nicht glücklich. Daher suchte er eine vorteilhafte Anstellung. Er wollte gern im Flugzeugwerk Dresden einen Arbeitsvertrag bekommen, weil dort die Arbeit interessant war und ein guter Lohn gezahlt wurde. Er wurde aber aus politischen Gründen abgelehnt. Zu dieser Zeit hatten bereits über 1.000.000 DDR-Bürger das Land verlassen und waren in die Bundesrepublik Deutschland übergesiedelt. Die einzig richtige Entscheidung seines Lebens traf mein Bruder zu dieser Zeit, als er sich entschloss das Land zu verlassen um sein Glück im anderen Teil Deutschlands zu suchen. Einerseits war er der ständigen Rügen der Pflegemutter leid, immer wieder hören zu müssen sich doch mal so anzustrengen wie Heinz. Andererseits hatte er gehört, dass der sogenannte goldene Westen viele Chancen bereithielt. Außerdem waren zwischenzeitlich in der DDR so eine Art Schmuggler als Hausierer zugange, die mit Kaffee und Schokolade zu überhöhten Preisen ihren vorteilhaften Handel trieben. Einen dieser durchtriebenen Typen lernte ich damals selbst kennen, als er uns Kaffee und Schokolade verkaufte. Er hat sich noch damit gebrüstet wie er die Zöllner überlisten konnte. So wirkte das Angebotsgefälle zwischen West und Ost auch auf gewisse Entscheidungen ein. Mein Bruder verabschiedete sich noch von uns und dann haben wir lange nichts mehr von ihm gehört. Zwei Jahre später kam mal eine Ansichtskarte aus Rimini (Italien). Diese Karte schrieb er deshalb, weil ein Schwager der Pflegemutter früher dort gewesen ist und er zeigen wollte, dass er jetzt auch da sein konnte und wir zu solchen Reisen gar nicht in der Lage waren und auch keinerlei Möglichkeiten bestanden. Jahrzehnte später hat er mir erzählt wie es ihm auf der Flucht nach Westberlin ergangen war. Er ist prompt von der Transportpolizei festgesetzt worden, musste seinen Personalausweis abgeben und durfte dann weiterfahren, da zu dieser Zeit Republikflucht noch kein kriminelles Vergehen war. Jedoch am Jahresende 1957 ahndete die DDR-Führung Republikflucht als kriminelles Vergehen, da immer mehr Menschen diesem Regime und seiner Mangelwirtschaft den Rücken kehrten.

Am Ende der 10. Klasse verließen uns einige Schüler, unter anderem auch Jochen, da sie dem Leistungsdruck und den Anforderungen nicht mehr gewachsen waren.

In den Sommerferien 1957 absolvierte ich erstmalig bei den Dresdner Verkehrsbetrieben eine Kurzausbildung zum Straßenbahnschaffner, an der viele Oberschüler teilnahmen. Zu dieser Zeit war noch jeder Straßenbahnwagen mit einem Schaffner besetzt. Oftmals konnten ganze Züge nicht ausrücken, weil es kein Personal gab. Daher waren wir als Aushilfskräfte bei den Dresdner Verkehrsbetrieben äußerst willkommen. Diese Tätigkeit machte mir Spaß, man kam unter Leute, verkaufte seine Einzel-, Außen- und Umsteigefahrscheine für Erwachsene und Kinder, hatte einen Galoppwechsler, mit dem man behände die einzelnen Münzen durch einfaches Hebeldrücken herausholen konnte um Geld zu wechseln. Im Triebwagen war der Klingelschaffner immer der Letzte der die Fahrt von Haltestelle zu Haltestelle freigab, nachdem von den Anhängern mit einem Handzeichen „Bei fertig" angezeigt wurde. Außerdem wurde die Ortskenntnis geschult, da man ja jederzeit auf jede Frage eines Fahrgastes eine kompetente Antwort geben musste. Pro Stunde geleisteten Dienstes gab es 1,15 Mark. Und wieder hatte ich mir in den Ferien etwas eigenes Geld verdient. Wie auch im Vorjahr durfte die Gartenarbeit nicht darunter leiden. Da die Dienste mal vormittags oder mal nachmittags waren, konnte ich mir das einrichten. Nachtarbeit war für uns Schüler noch nicht zulässig.

Ab der 11. Klasse, die im September 1957 begann, wurde eine weitere äußerst positive pädagogische Neuerung eingeführt; der Unterrichtstag in der Produktion. Wir waren bei einem Schaltschrankbauer tätig, bei dem wir das Löten von Kabelschuhen perfekt beherrschen lernten und in viele elektrotechnische Grundlagen im Zusammenhang mit dem Schaltschrankbau eingewiesen wurden.

Am 4. Oktober 1957 schoss die Sowjetunion den ersten Sputnik mit der Hündin Laika an Bord in eine erdnahe Umlaufbahn und dokumentierte damit die damalige Überlegenheit der sowjetischen Raketentechnik gegenüber den USA.

Ich kann mich noch an eine Witzreaktion der DDR-Bevölkerung in diesem Zusammenhang erinnern:

An der Grenze von Ost- und Westberlin stehen sich zwei Kindergruppen gegenüber. Rufen die Kinder aus dem Osten: „Ätsch wir haben einen Sputnik mit 'nem Stern"! Antworten die Kinder aus dem Westen: „Ätsch und wir haben Klopapier und Zwern"!

In den Herbst- und Weihnachtferien 1957 besserte ich mein Taschengeld durch täglich Dienste als Schaffner im nächstgelegenen Betriebshof Bühlau auf.

Inzwischen war eine Zweckfreundschaft zwischen Klaus-Peter und mir entstanden, da er dringend der Nachhilfe bedurfte. Klassenlehrer Heinrich erkannte, wie segensreich meine Hilfe bei Jochen war und hatte diese deshalb auch gefördert. Nachdem ich Klaus-Peters Familie kennenlernte, war mir klar, warum damals sein Talent so hochgejubelt worden war. Sein Vater war Lungenfacharzt beim Militär (früher Kasernierte Volkspolizei, dann Volksarmee) und damals Oberarzt in der neu eingerichteten Militär-Lungenheilstätte in Oberloschwitz. Eine herrliche Villa auf der Mahlerstraße am Elbhang mit Blick auf Dresden, Garage mit nagelneuem Wartburg waren so die ersten Statussymbole die mir auffielen. Im Rahmen der Benesch-Dekrete war die Familie aus Olmütz (Sudetenland, jetzt Olomouc) umgesiedelt worden. Klaus-Peters Vater hatte früher in Prag sein Medizinstudium erfolgreich abgeschlossen, perfekte Kenntnisse der tschechischen Sprache waren bei den Eltern vorhanden. Immer wenn ich etwas nicht verstehen oder hören sollte wurde dann tschechisch gesprochen. Da mein Vorname Heinz ist wurde aus Heinz der Name Heinrich abgeleitet. Plötzlich hatte ich den tschechischen Namen Jinchrich erhalten, der dann später noch zu Tschindrich verballhornt wurde. Viel später ist mir erst klar geworden was das zu bedeuten hatte. So bezeichnet man einen untergeordneten Bediensteten, aber nicht einen Freund des Sohnes.
Peters Familie hatte ein Dienstmädchen und auch einen der ersten Fernseher in der DDR, was für mich neu und interessant war. Überhaupt kam ich dadurch in andere Kreise und wurde auch von diesem Wohlstand etwas korrumpiert. Der Pflegevater bemerkte das und beklagte, dass ich zu oft außer Haus sei und mich als Lakai verdingt habe; Recht hatte er.
So kam es dann auch dazu, dass mir von Klaus-Peters Familie angeraten wurde doch zusammen mit Klaus-Peter am Florett- Fechtunterricht in der TU Dresden teilzunehmen. Natürlich hatte ich dazu Lust, aber woher die teuren Utensilien nehmen, die man nun mal als Ausrüstung und Voraussetzung für den Fechtsport benötigt. Peters Familie war bereit die Unterrichtskosten für mich mitzuübernehmen. Als ich dann schilderte, wie schwer es mir fällt eine Schutzmaske, das Plastron (Schutzweste) und ein Florett finanziell zu stemmen, wurde mir teilweise Unterstützung zuteil, den Rest bezahlte ich aus der Rücklage meiner Ferientätigkeit. Den Eltern ging es wahrscheinlich vor allem darum, dass Klaus-Peter einen verlässlichen Fechtpartner verfügbar hatte! Tatsächlich gefiel mir das Florettfechten, trainierte es doch die Körperbeherrschung und Reaktionsfähigkeit.

Unser Klassenlehrer hatte ab und an mal einen sogenannten Lieblingsschüler. Einer mit Spitznamen „Glatte", mit jüdischen Vorfahren entsprechend seines Familiennamens, gehörte mit zu den besten Schülern und hatte sich an eine der Töchter unserer Deutschlehrerin, Gattin des Klassenlehrers, herangemacht und sie wahrscheinlich auch „verführt", wodurch er seinen Sonderstatus verlor.

Heinrich war ein großer Freund der moderneren Kunst und ständig rezitierte er aus der Dreigroschenoper während der Klassenarbeiten oder zu ähnlichen Anlässen. Natürlich wusste er auch um meine musikalischen Gaben. Mehrere Male wurde ich zu ihm nach Hause eingeladen, was seiner Gattin aber sehr missfiel. Sein Bestreben war es mich an die modernere Kunst heranzuführen, was ich sehr lobenswert fand. Jedes Mal hatte ich bei ihm Klavierstücke vorgespielt. Er machte mich mit Carl Orffs „Carmina Burana" bekannt, die ich zuerst schrecklich fand, da ich ja auf Czerny, Beethoven, Haydn, Mozart usw. fixiert war. Wenn ich mich nicht irre vermittelte er mir eine Konzertkarte, damit ich die komplette Kantate, deren Ursprünge im Mittelalter begründet sind, einmal direkt miterleben konnte. Mit meinem besten Anzug und frischgeputzten Lackschuhen machte ich mich auf den Weg. Im Triebwagen der Straßenbahn ist mir dann etwas sehr Merkwürdiges passiert. Drei junge Damen setzten sich in meine unmittelbare Nähe, eine neben mich, zwei mir gegenüber. Plötzlich fing das mir gegenübersitzende etwas herbe Mädchen an mir ständig mit ihren Stöckelschuhen auf meine frischgeputzten Lackschuhe zu treten und mich auffordernd anzulächeln. Ich habe mir das verbeten, doch umso aufreizender benahm sie sich. Als es mir zu bunt wurde ging ich zum Fahrer und schilderte ihm an der nächsten Haltestelle diesen Sachverhalt. Das interessierte den Fahrer gar nicht und er unternahm auch nichts. Doch ab jetzt hatte ich Ruhe vor diesen aufdringlichen Wesen. Damals war ich viel zu arglos und unerfahren um zu erkennen, dass es sich hierbei um Transvestiten handelte. Für mich war es einfach nur ärgerlich. Das schmälerte aber den Erfolg der Carmina Burana-Aufführung nicht, denn ab da brachte ich mehr Verständnis für neuere Musikstücke auf. Denn ich war schlichtweg bei Haydn sozusagen stehen geblieben.

Im Musikunterricht war ich natürlich Klassenbester und unser Musiklehrer, der auch Leiter des Beethoven-Chores war, stellte mir mal vor der Klasse die Aufgabe, eine Haydn-Sonate vorzuspielen und dann den gesamten Aufbau einer Sonate zu erläutern, was für mich ein Leichtes war.

In diese Zeit fällt auch, dass meine Klavierlehrerin Schüler-Vorspiele in Dresden-Loschwitz veranstaltete, zu denen Eltern und jede Menge Gäste herzlich eingeladen waren. Dementsprechend war der Saal immer gerappelt voll. Für mich war das eine große Ehre, gehörte ich doch nun zu ihren fortgeschrittenen Pianisten. Auch die Pflegeeltern waren stolz, dass ihr Heinz auf der Bühne stand und viel Beifall bekam. Einstmals hatte es geheißen, dass mir das Landstück auf der Tännichtstraße einmal später zufallen sollte.

Da ich nun weniger Zeit in die Gartenarbeit investieren konnte, verkaufte der Pflegevater dieses 1000 m² Landstück, das er mir mal als "Erbe" versprochen hatte, an einen Mann, der wohl aus Österreich stammte, denn er fuhr einen Steyr-Puch, was damals in der DDR ungewöhnlich war.

Eines Tages wurde unser Klassenlehrer mit seiner Frau bei Klaus-Peters Eltern zum Kaffeetrinken eingeladen. Hier wurde beratschlagt, was noch zu tun sei um Klaus-Peters Leistungen zu verbessern. Einiges hatte ich da mitbekommen und abschließend sagte Heinrich zu mir: „Das bleibt aber unter uns!". Jedenfalls war mir klargeworden, dass dieses Ehepaar auch korrumpierbar war. Da anschließend zum Beispiel eine Physikaufgabe von uns beiden zu lösen war, habe ich mit einer Note 1 in diesem Fall auch profitiert.

In der 11. Klasse war eine andere Lehrerin für den Deutschunterricht unserer Klasse zuständig. Interessant war, dass diese Frau im Unterricht zugab früher in der NSDAP gewesen zu sein und nun SED Genossin war. Mit der Begründung als junger Mensch dieser Ideologie erlegen gewesen zu sein und man sich ja ändern kann, war diese Angelegenheit für sie abgehakt. Einmal blickte sie über die gesamte Klasse und sagte, dass nur ein einziger Schüler den arischen Vorstellungen des Dritten Reiches in dieser Klasse entsprechen würde. Damit wussten wir erst nichts anzufangen. Dann wies sie auf unseren Mitschüler Gerd, hochgewachsen, blondhaarig, mit blauen Augen und meinte, dass dies der ideale arische Typ gewesen sei. Gerd war Sohn des Leiters der Müllabfuhr Dresden, ein hochdekorierter Genosse. Daher konnte sich Gerd viel herausnehmen, hörte ständig Radio Luxemburg "The station oft the stars" und prahlte sogar damit. Später ist er Schuldirektor in Dresden geworden.

Mein nächtliches Lesen der Weltliteratur zahlte sich jetzt aus, in Deutsch erhielt ich nun die Gesamtnote 2. Was mir auch auffiel, war die häufige Ansage mancher Lehrer, dass wir uns leistungsmäßig ständig anstrengen sollen, denn wir seien doch die künftige Creme der Gesellschaft und für Führungspositionen bestimmt. Mit dem Abschlusszeugnis der 11. Klasse war ich recht zufrieden, lediglich in Mathematik, Gegenwartskunde und Russisch musste ich mich noch verbessern.

Ab Januar 1958 arbeitete ich dann ganzjährig so oft es meine Zeit zuließ wieder fleißig bei der Dresdner Straßenbahn als Schaffner um mir zum fast gleichen Lohn pro Stunde eigenes Geld zu verdienen. Da ich nun jedes Mal im nächstgelegenen Straßenbahnhof Bühlau meine Dienste als Schaffner absolvierte, hatte ich meine Uniform und das Schaffner-Assessoire ständig bei mir Zuhause. Ich war auch erstaunt, dass Jochens Mutter dort als Standdienstleiterin tätig war. Natürlich war sie SED- Genossin, sonst hätte sie diese Position nicht erreichen können. Meine Nachfrage, wie es denn Jochen nach seinem Abgang von der Oberschule geht, wurde mit Allgemeinplätzen beantwortet.

Da ab 28. Mai 1958 die Lebensmittelkarten in der DDR wegfielen, war ich endlich diese zeitaufwändige und brotlose Nebentätigkeit los.

Zwischenzeitlich war das Verhältnis zwischen mir und der Pflegemutter recht herzlich geworden. Lange genug hatte es ja gedauert.

Ein Besuch bei Großvater im Industriegelände war für mich schockierend, denn er sah zwar wohlgenährt und gesund aus, aber erkannt hat er mich nicht mehr, da war der Alzheimer schon weit fortgeschritten und die Nachbarn beklagten, dass die zierliche Tante Marie mit dem körperlich weit überlegenen Opa nicht mehr zurechtkommen konnte. Was sollte ich denn da machen als junger Mann? Mit 81 Jahren ist Opa in völliger geistiger Abwesenheit 1959 jämmerlich im Altenheim in Dresden verstorben. Von der Einweisung ins Altenheim (Sieche genannt) wusste ich nichts. Tante Marie wohnte noch bis zu ihrem Tod in dieser Wohnung im Industriegelände. Erst dann erfuhr ich von seinem Tod, weil ich danach die kläglichen Reste der Wohnung räumen musste, wobei auch das Stammbuch und die Sterbeurkunde in meine Hände kamen. Vorher hatte Maries Sohn, ein Lumpenhändler, die besten Stücke herausgeholt. Ihm ging es darum, dass die Wohnung besenrein zu übergeben war, was dann meine Aufgabe als Enkel war.

Ab September 1958 begann nun die 12. Klasse der Oberschule, was in der BRD der 13. Gymnasialklasse entsprach und dort als Oberprima bezeichnet wurde.

Zur gesellschaftlichen Integration und Vermittlung von Mindest-Benimmstandards nahm unsere Klasse vollzählig an einem Tanz-Unterricht bei der Dresdner Tanzschule Hoyer (heuer heuert man bei Hoyer, war die Devise) teil. Natürlich war es auch notwendig eine Tanzstundendame zu haben, was sich in der Tanzschule problemlos einrichten ließ. Auch ein Elternbesuch bei der Tanzstundendame gehörte zum Programm. Viel gebracht an tänzerischen Fähigkeiten hatten mir diese Tanzstunden nicht. Die Benimmregeln waren für mich Selbstverständlichkeiten. Erst meine spätere Ehefrau brachte mir bei, worauf es bei der rhythmisch-musikalischen und körperlichen Umsetzung ankommt.

Zu meinem Geburtstag erhielt ich im Oktober 1958 ein Päckchen von meinem Bruder aus Leverkusen, wo er sich ein Zimmer gemietet hatte. Wie riesengroß war meine Freude als ich beim Auspacken eine damals in der DDR äußerst begehrte, nicht käufliche Cordhose entdeckte. Sofort wurde das gute Stück anprobiert und schon war die Freude verflogen, denn penetrant deutlich sichtbar im rechten Kniebereich war eine Fehlstelle vorhanden. Leider ließ sich das nicht reparieren…

Der gesellschaftspolitische Druck wurde ständig erhöht und alle machten willfährig mit, zumal viele Mitschüler aus Familien von linientreuen SED-Karrieregenossen kamen. Kein Wunder, dass unsere Klasse als erste mit dem Titel „Sozialistisches Schülerkollektiv" durch die Freie Deutsche Jugend (FDJ, etwa vergleichbar mit der früheren Hitlerjugend, nur nicht so militäraggressiv) ausgezeichnet wurde, was sogar explizit in der Gesamteinschätzung des Abitur-Zeugnisses seinen Niederschlag fand.

Am 04.03.1959 hatte mein Bruder Geburtstag und zugleich machte eine Schreckensmeldung die Runde: Das von der DDR entwickelte Verkehrsflugzeug

152, eine weltweit das Passagierflugwesen revolutionierende Entwicklung eines 4-strahligen Jets mit möglicher Maximalgeschwindigkeit von 800 km/h und mehreren 1000 km Reichweite war nahe der Stadt Ottendorf-Okrilla abgestürzt und die Flugzeugbesatzung tödlich verunglückt.

*Führende Mitarbeiter der Junkers-Werke wurden nach dem verlorenen 2. Weltkrieg in die UdSSR zwangsrekrutiert, da sie an der Entwicklung des ersten Strahltriebwerkjägers für die Luftwaffe der Hitler-Armee maßgeblich beteiligt waren. Dieses Jagdflugzeug kam Ende 1944 zum Einsatz, war den alliierten Jägern weit überlegen was die Geschwindigkeit betraf, hatte aber keine kriegsentscheidende Bedeutung mehr. Chefkonstrukteur war in der UdSSR der deutsche Brunolf Baade, der später an der TU Dresden, Sektion Luftfahrttechnik, als Professor lehrte. In Russland entwickelten sie bis 1953 ein 2-strahliges Bomberflugzeug Typ EF 150, die spätere ALEXEJEW 150. 1954 in die DDR zurückgekehrt nutzten sie ihre Erkenntnisse aus der Entwicklung dieses 2-strahligen Bombenflugzeuges, um einen 4-strahligen Verkehrs-Jet, eben diese 152, zu konstruieren, weil Walter Ulbricht den Aufbau einer zivilen Luftfahrtindustrie in der DDR anstrebte. Für die zivile Luftfahrt war das zu diesem Zeitpunkt eine **Weltneuheit**. Dieser Fakt wird heutzutage leider so nicht international gewürdigt. Dieses ehrgeizige Ziel hätte eine starke Konkurrenz für die UdSSR bedeutet und der DDR große Einnahmen beschert. Eine zügige Realisierung wäre aber vonnöten gewesen! Stattdessen verzögerte sich das Projekt laufend. So wurden die in Pirna zu fertigenden Triebwerke nicht rechtzeitig geliefert, weshalb für die Probeflüge sowjetische Triebwerke eingesetzt werden mussten. Ein erster noch geheim gehaltener Probeflug verlief sehr erfolgreich. Dann kam der Absturz, der meines Erachtens nicht ganz zufällig war. Untersuchungsergebnisse der Absturzursache sind bis heute noch teilweise Verschlusssache. Milliarden sind von der DDR verpulvert worden, doch 1961 musste der Traum einer DDR Flugzeugproduktion endgültig begraben werden, da dieses Flugzeug inzwischen technisch veraltet war. Sowjetische strahlgetriebene Verkehrsflugzeuge der Typen Tupolew (TU 104 und TU 124) und amerikanische Typen der Firma Boeing machten dann Furore.*

Im Frühjahr 1959 hatte ich mit einem Klassenkameraden namens Dietmar ziemliches Mitleid, da seine alleinerziehende Mutter schwer krank war und zu einer Kopfoperation nach Leipzig eingewiesen werden sollte. Ziemlich verzweifelt legte er den Kopf auf die Schulbank und war den Tränen nahe. Irgendwie kamen wir uns näher, sprachen öfters miteinander und freundete uns an.

Ein anderer Schüler, der bisher achtlos an mir vorüberging, kaum grüßte, wandte sich plötzlich sehr freundlich an mich, was mir etwas schmeichelte aber mich auch verwunderte. Es dauerte auch nicht lange, da ließ er die Katze aus dem Sack. Er brauchte nämlich Geld für den Kauf eines Motorrades. Da er mitbekommen hatte, dass ich fleißig nebenbei als Straßenbahnschaffner tätig war (die zeitraubende Gartenarbeit war ja nun stark reduziert) fragte er höflich an, ob er ihm nicht einen bestimmten Betrag leihen könnte. Ich erklärte mich bereit, ließ mir aber vorsorglich schriftlich den Leihbetrag und den Rückzahlungszeitpunkt mit Unterschrift quittieren. Dank dieser Vorsorge ist es mir dann später gelungen mein Geld zurück zu erhalten, denn er konnte eigentlich nicht termingerecht zurückzahlen und hatte wohl spekuliert, mich um den Finger wickeln zu können. Ich musste schon sehr deutlich werden und ihn unter Druck setzen, um ihn zur Rückzahlung zu zwingen. Danach war er aber gar nicht mehr freundlich und ich wieder um eine Lehre reicher. Ist jemand unmotiviert besonders freundlich zu dir, dann will er „etwas" von dir und dieses „etwas" möglichst geschenkt haben, oder dich betrügen.

Im Frühjahr 1959 bewarb ich mich an der TU Dresden für das Fach Chemie. Leider wurde mir mitgeteilt, dass ich ein Jahr warten muss bis ich immatrikuliert werden kann, da nicht genügend Laborplätze frei wären. Man bot mir an das Fach „Chemische Verfahrenstechnik" zu belegen, da ich dann eng mit der Chemie verbunden wäre und Hand in Hand mit Chemikern Verfahren und Vorrichtungen entwickeln könnte. Diese Aussage war korrekt. Ich schrieb mich für dieses Fach ein und erhielt einen Zulassungsbescheid der Technischen Universität Dresden für das laufende Jahr.
Bei meiner nächtlichen Lesewütigkeit war mir aus Vaters Bücherschrank das IG-Farbenbuch „Anilin" in die Hände gefallen. Es begeisterte mich derart wegen der Erfindungen die da beschrieben wurden, dass ich mich ab 11. Klasse auf den Beruf des Chemikers festlegte. In Chemie hatte ich immer eine glatte Note 1 und unser Klassenlehrer unterstützte uns hierbei noch, indem er Proben zusammenmixte, die wir drei interessierte Schüler dann zu Hause analysierten. Natürlich erfuhren wir auch, inwieweit unsere Analysenergebnisse richtig waren. Im Wäschekeller richtete ich ein Minilabor zum Experimentieren ein, was mir von den Pflegeeltern auch erlaubt wurde.
So oft wie ich nur konnte, besonders an Wochenenden leistete ich Schaffnerdienste, um so mein Budget merklich aufzubessern, denn nach dem Abi sollte ja auch mal ein richtiger Urlaub stattfinden, und so etwas kostet natürlich Geld.
An das Thema meines Abituraufsatzes in Deutsch erinnere ich mich noch heute. Es war Goethes Faust entlehnt und lautete: „Das Wunder ist es Glaubens liebstes Kind". Für meine Ausarbeitung erhielt ich eine glatte Note 1 und überhaupt in Deutsch insgesamt Note 1. Hier zahlte sich doch mein Lesen wirklich aus. Wie immer gilt: Ohne Fleiß, kein Preis!

Englischunterricht hatten wir nicht bei Heinrichs Frau, sondern bei einer Lehrerin, deren Ehemann Kunstprofessor an der TU Dresden war. Heinrichs Frau moppte diese Lehrerin und stempelte sie als nicht kompetent ab, was mich bei ihrer Wesensart in keinster Weise wunderte. Nicht jeder hatte halt jahrelang in England gelebt und diese Sprache wie seine Muttersprache gebraucht.

Unsere Englischlehrerin lud alle Klassenkameraden mit Englisch-Abitur als Hauptfach privat in ihre Pracht - Villa wochenlang ein. Dort ackerte sie bei Kaffee und Kuchen stundenlang mit uns Englisch und beschwor uns ja recht fleißig auch noch zu Hause zu sein, damit sie sich nicht blamiere. Die mir nicht gerade gewogene Frau unseres Klassenlehrers musste mir bei der Prüfung zähneknirschend Note 2 geben, da an meiner Leistung nichts zu tadeln war. Nachzutragen wäre noch eine Begebenheit mit dieser Englischlehrerin, der in unserer Jungenklasse ein böses Missgeschick widerfuhr. Sie wollte uns gerade die Aussprache des „the" demonstrieren und Justament in dem Augenblick rutschte die obere Zahnprothese aus ihrem Mund und fiel auf das Pult. Blitzschnell hielt sie die Prothese mit der Hand fest, konnte aber feststellen, dass alle diesen Vorgang bemerkten. Nicht einer von uns gab einen Laut von sich, es war Totenstille im Raum. Die Englischlehrerin verließ kurzzeitig den Raum. Erst danach lachten wir etwas verhalten, mehr nicht. Als sie wieder hereinkam bedankte sie sich für unser verständnisvolles Verhalten und anerkannte zugleich, welch geistige Reife wir an den Tag legten.

Mitte Juni 1959 war es endlich soweit, feierlich wurde jedem Schüler das Reifezeugnis der Oberschule (was dem Abiturzeugnis in der BRD entsprach) ausgehändigt. Mein gesamter Fachnotendurchschnitt ergab sich zu 1,7; lediglich die Note 3 in Russisch war ein Ausrutscher, somit hatte ich das Abitur mit „gut bestanden". Auch Klaus-Peter, dessen Eltern zur Zeugnisübergabe zugegen waren, hatte mit „gut bestanden"; jedoch mit Durchschnitt 2,4 gerade mal ebenso. Was mir dabei sehr bitter aufstieß war die Reaktion von Klaus-Peters Mutter, die zu mir sagte „Siehst du, Klaus-Peter hat genauso mit „gut" abgeschnitten wie du, nun kann er Medizin studieren wie sein Vater!" Spätestens jetzt war mir klar, dass ich nur Mittel zum Zweck war, und das war's. Ein Dankeschön für die Unterstützung die ich jahrelang gewährte gab es nicht, stattdessen nur Häme. Von da ab wusste ich auch, dass „Tschindrich" eine gewisse Geringschätzung bedeutete.

Die Mühlen des Schicksals mahlen langsam aber gerecht. Klaus-Peter schaffte nach vier Semestern es nicht mal bis zum Physikum, dann wurde er exmatrikuliert. Hier nutzten nämlich Vaters Beziehungen gar nichts mehr, was auch richtig ist, denn ein Arzt hat große Verantwortung für Menschenleben, da kann man keine Versager gebrauchen.

Durch Beziehungen hat er dann wohl später eine leitende Anstellung bei der Transport-Polizei gefunden, aber das war dann für mich äußerst nebensächlich zu wissen.

Mit Dietmar, der ebenfalls den Zulassungsbescheid für das Fach Verfahrenstechnik an der TU Dresden in der Tasche hatte, entschloss ich mich nach dem Abitur in den Sommerferien eine gemeinsame Fahrradtour zu unternehmen. Ein gebrauchtes

Fahrrad (natürlich einfacher Bauart ohne Gangschaltung) hatte ich mir gekauft. Etwas Geld war ja durch meine Schaffnertätigkeit zusammengekommen, so dass die wesentlichen Voraussetzungen für dieses Ferienerlebnis erfüllt waren. Als erste Etappe hatte Dietmar den Besuch seiner Mutter im Krankenhaus in Leipzig vorgegeben, was für mich ein einleuchtender Wunsch war. Als nächste Etappe sollte es dann nach Ostberlin gehen, weil wir wussten, dass es in Berlin viele Sehenswürdigkeiten gibt und die Berliner Seenlandschaft, insbesondere der Müggelsee als Naherholungsgebiet, schon erschlossen war. Auch Jugendherbergen sollte es dort geben und so war unsere Planung perfekt. Nur das Allernotwendigste wurde in einem Rucksack auf dem Gepäckträger verstaut. Vorsorglich hatten wir unseren Zulassungsbescheid jeweils im Gepäck dabei, da wir auch mal einen Abstecher nach Westberlin machen wollten, um uns dort umzuschauen und gegebenenfalls zu erkundigen, ob man eventuell auch in Westdeutschland ein Studium beginnen kann, wenn man schon einen Zulassungsbescheid an einer auch in der BRD anerkannten Universität nachweisen kann.

Wir sind sehr zeitig gestartet, denn der Weg nach Leipzig führte uns mit dem Fahrrad über Landstraßen mit einer Gesamtlänge von insgesamt etwa 150 km. Nachmittags waren wir im Leipziger Krankenhaus angelangt. Dietmars Mutter war bereits operiert worden und auf dem Weg der Besserung, was alle sehr freute. Wenn man nicht ständig Fahrrad fährt, plötzlich eine so lange Strecke hintereinander ohne Pause bewältigt, merkt man bereits am Abend worauf man gesessen hat. Wo wir in Leipzig die müden Häupter zur Ruhe betteten ist mir nicht mehr erinnerlich. Auch wieder sehr zeitig starteten wir die etwa 220 km Landstraßenfahrt in Richtung Berlin bei herrlichem Wetter. Anfangs machten uns Sitzbeschwerden und Muskelkater das Fahrradfahren fast zur Qual, aber je weiter wir vorankamen, desto besser ging es uns. Nachmittags erreichten wir dann den Müggelsee um uns vorsorglich bei einer Jugendherberge einzutragen, möglichst für mehrere Tage. Was wir zu hören bekamen war typisch Mangelsystem DDR: " ihr könnt rund um den Müggelsee fahren und jede Jugendherberge abklappern, in dieser Saison werdet ihr nirgendwo hier Glück haben. Es ist alles ausgebucht!". Wir hatten so verdattert dagestanden, dass der Herbergsleiter sich erbarmte und uns folgenden Rat gab: " fahrt nach Westberlin, zum Beispiel an den Tegeler See, da findet ihr garantiert eine Unterkunft für längere Zeit". Geschafft wie wir waren machten wir uns auf den Weg und kurz vor dem Brandenburger Tor ist mir die Kette vom Ritzel heruntergefallen. Heiß war es, die Oberbekleidung wurde ausgezogen, weil man es sonst gar nicht ausgehalten hätte. Wer schon mal eine Fahrradkette wieder auf das Ritzel auflegen durfte weiß wie hinterher die Hände und andere Körperstellen an die man zufällig mit der Hand gelangte verschmiert aussehen. So fuhren wir mit unseren Fahrrädern und nacktem Oberkörper in Richtung Siegessäule unbehelligt durch das Brandenburger Tor in den Westsektor. Freundliche Berliner im Westen zeigten uns den Weg zum Tegeler See. Was uns besonders auffiel war die Rücksichtnahme die uns die Westberliner Autofahrer erwiesen. Endlich am Tegeler See angekommen konnten wir feststellen, dass diese Jugendherberge auf einem umgebauten Schiff eingerichtet war. Die Herbergsmutter machte mir klar, dass ich mich erst mal gründlich reinigen muss bevor ich überhaupt die Herberge betreten darf, womit sie auch Recht hatte. Freundlicherweise wurde mir in einem großen Behältnis Wasser zur Verfügung gestellt und auch Seife und Handtuch gehörten dazu, also kein Problem. Wir waren sehr überrascht, dass man uns nach Vorlage unseres DDR-Ausweises großzügig ein Doppelzimmer mit einem für DDR-Verhältnisse vergleichsweise luxuriösem Interieur überließ. Wir mussten Garnichts bezahlen und erhielten außerdem noch eine ganze Menge Wertmarken, die uns berechtigten in dieser Jugendherberge Schokolade, Getränke usw. kostenlos zu bekommen, denn Westgeld hatten wir ja keines. Großzügiger geht's ja nun wirklich nicht mehr. Auch ein Zeitlimit für den Aufenthalt war nicht gegeben worden, sodass wir rundum glücklich waren. Interessant für uns war, dass auch viele Ausländer, wie etwa Franzosen oder Engländer, hier Gäste waren. Die Kommunikation war ungezwungen und angenehm. Wir wurden auch nicht wie Menschen zweiter Klasse behandelt. Da wir kein Westgeld hatten, sind wir mit dem Fahrrad jeweils in den Ostsektor gefahren, um unser Mittagessen einzunehmen oder kleine Einkäufe für den täglichen Bedarf zu machen. Neu für uns waren im Straßenverkehr Westberlins so kleine Messerschmidt – Dreiradautos mit interessanter Ein – und Aussteigtechnik für die Fahrzeuginsassen. In einem Amt in Berlin-Charlottenburg erkundigten wir uns offiziell unter Vorlage unserer Zulassungsbescheide, ob zum Beispiel an der Freien Universität Berlin eine Immatrikulation möglich wäre. Uns wurde kategorisch erklärt, dass erst einmal ein gültiger Abiturabschluss in der Bundesrepublik Deutschland zu absolvieren wäre, was voraussetzt, dass wir das 12. und 13. Schuljahr zu wiederholen und den Abschluss erfolgreich bestehen müssten, da das DDR-Abitur nicht anerkannt wurde. Erst dann wäre dies möglich.

Welch eine Arroganz, die uns nach der Übersiedelung 1989 bei der Darmstädter Behörde bezüglich des von meiner Frau vorgelegten Abschlusses als Kindergärtnerin für Vorschulkinder gleichermaßen wiederfuhr. Mit 59 Jahren sollte sie noch ein kostenfreies halbjähriges Praktikum absolvieren um ihre Eignung und Kompetenz auch für Schulkinder bestätigen zu lassen. Da hätten 14 Tage mit abschließender Überprüfung bei dem mir hier bekannten Niveau genügt! Das hätte die Behörde gerngehabt, kostenlos ein halbes Jahr arbeiten und anschließend keine Einstellung aus Altersgründen! Mit Fug und Recht kann ich heute behaupten, dass die DDR ein sehr hohes Bildungsniveau hatte und teilweise dem westdeutschen Bildungssystem zumindest in der Breite weit überlegen war, trotz der massiven ideologischen Eintrichterungen.

Zwei zusätzliche Ausbildungsjahre wollten wir natürlich nicht in Kauf nehmen. Da uns gesagt worden war, dass ein bestandenes Vordiplom an der TU Dresden anerkannt wird, war für uns nun die Marschrichtung klar!

Ein Besuch im Kaufhaus des Westens (KDW) war für uns überwältigend. Durch raffinierte Spiegeltechnik wurde zum Beispiel das Obstangebot (Raritäten wie Bananen, Apfelsinen und andere Südfrüchte) noch reichhaltiger dargestellt, als es ohnehin schon war. Das hat uns fast erschlagen und so richtig gezeigt, in welchem Mangelsystem wir doch lebten, dass angeblich dem Kapitalismus so überlegen sei. Was uns auch beeindruckte war die Werbung und ich erinnere mich noch an ein riesengroßes Filmplakat (damals wurden viele Western gezeigt) mit dem Titel „Ein Schuss und 50 Tote". Was das größte war, wir Ostdeutschen konnten unter Vorlage unseres Personalausweises kostenfrei ins Kino gehen. Die Innenausstattung im Zoo-Palast war derart pompös und in keinster Weise mit dem Holzgestühl unserer Kinos zu vergleichen. Zwischendurch wurden auch noch Getränke und Popcorn gereicht, sofern man Westgeld hatte und dies bezahlen konnte. Etwas befremdend war für mich, als ich im Kino auf die Super-Toilette ging, dass dort ein Bettler vor der Tür stand und mich um eine milde Gabe ansprach. Meine Reaktion war „Nehmen Sie auch Ostgeld?" Und tatsächlich bejahte er dies. Ich gab ihm ein DDR-Fünfzigpfennigstück und er bedankte sich überschwänglich. Auch das gab mir zu denken. Betteln war im Osten nicht erlaubt und auch nicht notwendig!

Viele Sehenswürdigkeiten im West- und Ostsektor Berlins besichtigten wir während dieser Zeit. Es war ein rund herum gelungener Urlaub geworden, dank der damals noch offenen Grenzen. Hierbei sind wir gern mit der U-Bahn nach Ostberlin gefahren, denn unsere Fahrräder waren im Westen absolut sicher, die hätte keiner geklaut. Doch alles Schöne hat leider einmal ein Ende.

Wir sind die ca. 250 km lange Landstraßenstrecke in einem Ritt von Berlin nach Dresden gefahren. Unterwegs hatten wir uns mal am Straßenrand auf dem Rücken lang gestreckt, eine Coca-Cola getrunken und weiter ging's. Sitzbeschwerden und Muskelkater waren die anschließenden Folgen.

2.3 Studienzeit an der TU Dresden

Nach der Immatrikulation an der TU Dresden erhielt ich meinen ersten Sozialversicherungsausweis, vorher gab es für meine Schaffnereinsätze bei den Dresdner Verkehrsbetrieben nur entsprechende Interimsausfertigungen.
Wegen meiner dürftigen finanziellen Lage wurde mir ein bescheidenes Stipendium gewährt, das möchte ich lobend erwähnen, denn das wäre im Westen nicht selbstverständlich gewesen. Später musste ich mir dann ständig anhören, dass ich auf Arbeitergroschen studiert habe, obwohl ich dann durch meine Leistungen ein potenziell Vielfaches von dem was man mir gewährte an den Staat zurückgegeben habe.

Die Grundausbildung erfolgte in der Sektion Allgemeiner Maschinenbau. Erst nach dem Vordiplom war die Spezialisierung auf das Fach Chemische Verfahrenstechnik vorgesehen.

Das 1. Halbjahr war durchweg ein Praktikumssemester. Das heißt – kein Besuch von Vorlesungen in der Universität, sondern Grundausbildung in allen spanabhebenden Metallberufen. Dies ist insbesondere für Studenten die ohne Berufsausbildung direkt ein Maschinenbaustudium aufnehmen wollen die beste Möglichkeit mit der Praxis vertraut zu werden und Einblicke in Betriebsabläufe, Technologien und berufliche Arbeiten dieser Branche zu erhalten. Weiterführend in diesem Maschinenbaustudium gehörte es zum festen Bestandteil der Ausbildung, dass man regelmäßig zwischen bestimmten Semestern Berufspraktika zu absolvieren hatte, wobei jeweils andere Schwerpunkte des Maschinenbaus, wie etwa Gießerei-Technik, Konstruktion und zum Schluss Helfer des Betriebsleiters wahrzunehmen waren.
Für das Praktikumssemester wurde ich dem VEB (Volkseigener Betrieb) Kartonagenfabrik Dresden (KAMA) zugeteilt. Hier konnte man sich tatsächlich mit der Praxis vertraut machen, Fragen stellen, die kompetent jederzeit beantwortet wurden und auch selbst Hand anlegen. Gleich am Anfang bei der Einstellung wurde ein Plan abgesprochen, wann, wie lange, welche Abteilung zu durchlaufen waren. Neben den typischen Produktionsbereichen bekamen wir auch Einblicke in die Konstruktionsabteilung (damals wurde noch am Reißbrett konstruiert) und letztendlich konnte ich, weil diese Firma zum Beispiel für das BRD – Waschmittel „Persil" eine komplette Verpackungsstrasse entwickelt, gebaut, erprobt und exportiert hat, die Versuchs-Fertigungsstraße in einer separaten Halle ausführlich besichtigen. Für mich war das prägend, weil man den Werdegang von der Idee bis zur Realität gut nachvollziehen konnte.
Mit grundlegenden Arbeiten am Schraubstock lernte man sehr schnell akkurat zu feilen. Beim Durchlaufen der verschiedenen Abteilungen ist mir die spanabhebende Metallbearbeitung noch in guter Erinnerung. Es gab Revolverdrehbänke und Shapingmaschinen (Metallhobelmaschinen) in deren Bedienung man eingewiesen

wurde. Bemerkenswert war für mich beispielsweise ein Spitzendreher, der an einer schon langgedienten Maschine arbeitete und eine ungeheure Präzision herausholte, weil er ganz genau wusste an welchen Stellen der Maschine er ab und an etwas zugeben musste. Da ich ja auch irgendwann die Qualitätskontrolle durchlaufen und dabei natürlich mit Rachenlehre und ähnlichem Gerät die Präzision nachgemessen habe, konnte ich bei diesem Spitzendreher nicht einen einzigen Fehler finden. Da zufällig in der Spitzendreherei eine Maschine frei war, durfte ich auf mein Bitten hin für die Produktion Buchsen drehen. Mit wenig Ausschuss unterstützte ich dann erfolgreich die Produktion. Leider kam nach kurzer Krankheit der zuständige Spitzendreher wieder an seine Maschine zurück und oh Wunder - es war mein ehemaliger Grundschulkamerad Eckard. Da er sich in der Volkshochschule weiterbilden wollte, nahm ich einmal seine Einladung an und bin in eine Mathematikstunde mitgegangen. Binomische Gleichungen wurden da exerziert, was für mich ziemlich langweilig war, weil das sattsam bekannter Oberschulstoff war. Zwei Begebenheiten aus dieser Praktikumszeit sind noch erwähnenswert. Es gab in der KAMA eine Anreißerei, wo zum Beispiel an einem sehr großen Gussblock absolut präzise alle irgendwie zu bearbeitenden Stellen kenntlich gemacht werden mussten, bevor sie dann in die weitere Fertigung kamen. Eine sehr verantwortungsvolle Tätigkeit, denn schon kleinste Abweichungen oder Fehlanzeichnungen führten später zum Ausschussprodukt, was in so einem Fall sehr teuer war. Dieser Arbeiter meinte, dass sich das Studieren für ihn nie lohnen würde, weil er einen relativ hohen Arbeitslohn jeden Monat in der Lohntüte hatte. So viel vorerst zum Thema Motivation und Entlohnung der Intelligenz in der DDR.

Irgendwie befremdend wirkte auf mich, wie die aus der BRD zurückgekehrten Monteure, allesamt SED-Genossen (sonst hätten sie gar nicht fahren dürfen), mit ihren West-Zigaretten und sonstigen mitgebrachten Westprodukten penetrant prahlten.

Ach ja und eines noch zur Ergänzung, das Freihand -Anschleifen von Spiralbohrern jeder Größe lernte ich bei dieser Gelegenheit auch, was für mich als Heimwerker später sehr nützlich war.

In diesem Zeitrahmen absolvierte ich selbstverständlich jede Menge Schaffnerdienste um damit ein für meine Verhältnisse gutes Zubrot auf ein Sparkassenbuch bringen zu können.

Unvergessen ist mir ein Rangierdienst Mitte Dezember 1959, weil ich gleich beim Dienstantritt vom schlimmsten Straßenbahnunglück Dresdens hörte, das sich auf unserer Stammlinie 11 nahe Coschütz ereignet und 11 Tote sowie 70 Verletzte verursachte, was den Personenschaden betrifft. Kurze Zeit danach schilderte mir Bettina, so hieß die Unglücksfahrerin, den Unfallhergang. Es war kalter Winter und zur Oberbekleidung gehörte ein sperriger Dienstmantel. Der Rückwärtsfahrschalter im großen Hechtwagen war etwa in Kniehöhe frontal angeordnet und hatte keine

Schutzkappe! An der Haltestelle „Kotteweg" ging es ziemlich steil bergab, man wusste, dass nach ca. 290 m eine 180° Haarnadelkurve mit abgebremster Geschwindigkeit zu befahren war. Da es steil bergab ging war die Vorschrift für alle Fahrer festgelegt, dass bei der Talfahrt „Weißer Hirsch" und „Kotteweg" zum Anfahren nur die Handbremse zu lösen war und der Wagen dann ins Rollen kam. Ab einer gewissen Geschwindigkeit betätigte man dann das Bremspedal, um so geschwindigkeitskontrolliert diese Haarnadelkurve zu befahren. Beim Lösen der Handbremse, *für Bettina völlig unbemerkt*, hatte der sperrige Mantel diesen Rückwärtsfahrschalterknopf kurz angetippt und dabei den Fahrschalter in die Nullstellung gezogen. Was dann passierte war die reine Panik. Sie betätigte das Bremspedal und nichts geschah. Immer und immer wieder versucht sie mit dem Bremspedal Wirkung zu erzeugen, aber vergebens. Immer schneller wurde die Fahrt und da sie wusste, dass die Haarnadelkurve immer näherkam, setzte bei ihr das Denken aus und die Panik obsiegte. Sie hätte das Schienenbremspedal viel früher einsetzen müssen, was aber viel zu spät passierte. Da es sich hier um ein Magnet-System handelt wird die Bremswirkung dieser Schienenbremse immer schwächer, je höher die Geschwindigkeit ist. Sandstreuen wäre in dem Falle absolut kontraproduktiv gewesen. Sie hätte nur auf den Vorwärtsschalter drücken müssen und schon wäre alles wieder im Lot gewesen. Hinterher ist das immer leicht gesagt, wenn man weiß warum die Motorbremse ausgefallen ist. Bettina hat die Alleinschuld bekommen und musste dafür schwer büßen. Fast über Nacht wurden alle Hechtwagen mit einer Schutzkappe über dem Rückwärts-Schaltknopf ausgerüstet. Das eigentliche Verschulden war eben diese fehlende Sicherheitsmaßnahme, die eigentlich selbstverständlich war, was natürlich nie öffentlich gemacht wurde, weil ja nicht sein kann was nicht sein darf. Die Fahrerin hätte rechtzeitig richtig reagieren müssen und gleich die Schienenbremse einsetzen müssen, hieß es. Da wurden dann noch Versuche gemacht, indem man eine zulässige Reaktionszeit vorgab und dann beim Einsatz der Schienenbremsen den Wagen auch zum Stillstand brachte. Das war dann der Beweis für die Alleinschuld der Fahrerin, menschliches Versagen!

Das Verhältnis zur Pflegemutter wurde immer inniger, vertrauter und herzlicher.

Im Januar 1960 fuhr ich noch einmal Schaffnerdienste, danach konzentrierte ich mich aber nur noch auf das Direktstudium an der TU Dresden.

Schon bei der ersten Veranstaltung im großen Hörsaal der TU Dresden wurde uns neuen Studenten klargemacht, dass hier absolut das Leistungsprinzip gilt. "So viele Personen im Hörsaal wie sie heute sind, werden sie bald nicht mehr sein und dann genügend Platz finden", war gleich die Eingangsthese. Tatsächlich wehte gleich am Anfang ein scharfer Gegenwind, zumal uns noch lobenswerterweise eingeprägt wurde, dass man das richtige und effektive Lernen trainieren muss, sonst würde man unter die Räder kommen. Von nun an bis zum Vordiplom war ein ungeheurer Leistungsdruck mit erhöhter nervlicher Anspannung das prägende Element fast aller Studenten, denn nach der Exmatrikulation wäre man ein absolutes Nichts gewesen, zumindest zunächst einmal und die bisher absolvierte Studienzeit eine verlorene. Jedem war bewusst, wer 3- mal eine Abschlussklausur vergeigt, wird exmatrikuliert. Der Professor des Lehrstuhls Physik, Recknagel, brachte es gleich in seiner ersten Vorlesung auf den Punkt, indem er in der ihm eigenen Bescheidenheit sagte: „Es gibt in Deutschland zurzeit zwei berühmte Physik-Professoren, mein Kollege unterrichtet in Heidelberg". Danach kam dann noch der bemerkenswerte Satz: „In meinem Fach fallen regelmäßig 70% der Studenten durch die Prüfung!"

Von einem derartigen Nervenkrieg mit Ansage halte ich gar nichts, weil die meisten der Studenten motiviert ins Studium kommen und wissen, dass man fleißig lernen muss, wenn man vorankommen möchte. So kann man Lust aufs Lernen auch im Keim ersticken. So etwas ist äußerst kontraproduktiv. In diesem Zusammenhang möchte ich einmal zeitlich einen Vorgriff machen und schildern was mir bei einem Professor aufgefallen war. In seiner Vorlesung hatte er uns stark beeindruckt, indem er plötzlich wie aus einer Eingebung heraus eine mathematische Lösung aufzeigte und so die ziemlich komplizierte Aufgabe effektiv und schnell löste. Durch Zufall bin ich zwei Semester später aus Versehen in die gleiche Vorlesung dieses Professors geraten und was soll ich sagen, dieser Selbstdarsteller machte genau den gleichen Trick noch einmal. Eine der wenigen Ausnahmen im Verhalten der Professoren war ein ungarischer Gastprofessor, der menschlich geblieben war und die Studenten mit „Kollega" ansprach, was von allen Studenten sehr positiv aufgenommen wurde. Seine Wissensvermittlung war nicht auf Selbstdarstellung wie bei den meisten deutschen Professoren ausgerichtet, sondern nur darauf ausgelegt, die Studenten mit seinem Wissen zu ertüchtigen.

Das menschliche Miteinander an dieser Universität war die ganze Studienzeit über denkbar miserabel nach dem Motto: Der Student kann nichts und ist nichts, beim Assistenten fängt erst die unterste Form des Menschseins an. Mein Professor gab mir bei der Diplomübergabe noch den ermutigenden Satz mit auf den Weg: "Nun können Sie sich Diplom-Ingenieur schimpfen!". Was das zu bedeuten hatte, ist mir bis heute ein Rätsel geblieben, hatte ich doch nicht schlecht abgeschnitten. Diese Praktiken sind leider noch heute an bundesdeutschen Universitäten weit verbreitet, wie ich von den Enkelkindern erfahren habe.

Damals verkehrte ein Trolleybus (Oberleitungs-Omnibus mit Anhänger) als Linie 61 zwischen Bühlau und Nürnberger Ei. Im morgendlichen Berufsverkehr war es immer ein taktisches Kunststück an der Haltestelle Tännichtstraße in dem schon gefüllten Bus noch einen Stehplatz zu ergattern, um in die Uni zu gelangen, was mit etwas Routine jedes Mal gelang.

Im 1. Semester des Direktstudiums (Frühjahrssemester 1960) wurden häufig Klausuren geschrieben und bei dieser Gelegenheit hatte ich einmal in Projektionslehre und Kinematik eine Note 5 eingefahren. Da schrillten bei mir alle Alarmglocken! Dieses Fach bestand ich mit Note 1-2 in der Abschlussprüfung. Im Übrigen galt unter Studenten der Grundsatz: die 4 ist die 1 des kleinen Mannes, denn mit Note 4 hatte man bestanden, was bedeutete, dass man mindestens 50 % der

Aufgaben richtig gelöst hatte, egal in welchem Fach. Jetzt war mir auch klargeworden, warum die BRD jeden Abschluss an der TU-Dresden anerkannte.

Dem gesellschaftspolitischen Geschehen in der DDR ist die nachstehende Information geschuldet.

Am 12. September 1960 entfiel das Amt des Präsidenten der Republik. An dessen Stelle wurde der DDR-Staatsrat gebildet. Sein erster Vorsitzender, wie konnte es auch anders sein, hieß Walter Ulbricht.

Für Klavierstunden hatte ich keine Zeit mehr und brach daher den Klavierunterricht ab. Lediglich auf Fingerübungen und Spielen verschiedener klassischer Stücke habe ich mich ab und an noch einlassen können.
Da Dietmar und ich die gleiche Fachrichtung in der gleichen Seminargruppe belegten, ergab es sich fast zwangsläufig, dass wir Studienkameraden wurden. Gemeinsames Lernen insbesondere bei Dietmars Familie (Mutter und Großmutter in einer Mietswohnung im 2. Stock) war für uns beide effektiv und nützlich. Seine Mutter war nun inzwischen wieder zu Hause und ich lernte diese intelligente Frau mit scharfem und wachem Verstand schätzen.

Am Ende des 1. Semesters hatte man schon etwas Routine, sowohl im effektiven Lernen, als auch in der richtigen Ausführung von Belegen und Prüfungsvor-bereitungen. Irgendwie haben wohl die meisten Studenten in einem gewissen Stoßarbeitsrhythmus gelebt, was besonders vor Zwischenprüfung und ähnlichem zu intensivem nächtlichen Lernen führte.
Systemimmanent und typisch waren politische Fächer, die bis zum Vordiplom „Dialektischer und historischer Materialismus" und nach dem Vordiplom „Grundlagen des Marxismus-Leninismus" erweitert um „Grundlagen der politischen Ökonomie" hießen und bei allen ziemlich unbeliebt waren. Sehr schnell ergab sich solidarisches Handeln, in dem immer nur einige wenige die Vorlesung besuchten und diese dann die Namen der Nichtanwesenden in die Anwesenheitsliste eingetragen haben. Natürlich gab es nur in diesem Fach eine Anwesenheitsliste – aus gutem Grund. Leider mussten derartige Seminare unbedingt wahrgenommen werden, da dort die Seminarleiter mit einer vorgefertigten Unterschriftenliste die Anwesenheit dokumentierten.

Sogenannte Rückenwinde (Belege von Studenten höherer Semester, Prüfungsunterlagen früherer Klausuren und Ähnliches) waren sehr begehrt und auch nützlich.

Am Ende des 2. Semesters (Herbstsemester 1960-61) wollten Dietmar und ich in den Winter-Semesterferien wieder Schaffnerdienste bei der Dresdner Straßenbahn leisten. Stattdessen erhielten wir die einmalige Chance uns als Straßenbahnfahrer

ausbilden zu lassen, was dann später dazu führte, dass wir als „Facharbeiter für städtischen Nahverkehr" eingestuft wurden. Es gab zwei Studentenbrigaden die von der Hochschule für Verkehrswesen Dresden initiiert wurden, da die Führungsriege der Dresdner Verkehrsbetriebe sich aus Absolventen dieser Hochschuleinrichtung rekrutierte. Wir erhielten eine *einwöchige* Ausbildung, die mit Theorie begann, wobei hier die Maßstäbe der Verkehrshochschule angewendet wurden. Lektor war meist der zweithöchste Leiter der Verkehrsbetriebe, der selbst noch als Dozent an der Verkehrshochschule Vorlesungen hielt. Was da gelehrt und verlangt wurde wäre für einen Stammfahrer sogenannte „Böhmische Dörfer" gewesen. Hier war es selbstverständlich zu wissen, dass der Normalwagen zwei Gleichstrommotoren hat und wie die einzelnen Stromverläufe bei Serien- und Parallelschaltung dieser Motoren, sowie bei den einzelnen Controllerstufen verliefen, was Shuntstufen sind usw. Danach kam der praktische Teil auf einem Fahrschulwagen, der dem Fahrlehrer erlaubte bestimmte Defekte zu manipulieren, wobei der Schüler sehr schnell reagieren musste und den jeweiligen Fehler exakt zu definieren hatte. Gefahrenbremsübungen wurden stets mit eingebaut, wobei sowohl die schnelle Reaktion, als auch das rechtzeitige Betätigen des Sandauslaufes zur Vergrößerung des Reibungsfaktors zwischen Rad und Schiene zum Erreichen eines kürzeren Bremsweges kontrolliert wurde. Auch das Anfahren elektrisch zu stellender Weichen, vor allem mit Strom nur mithilfe des Controllers beim Rechtsabbiegen, wurde ausgiebig geübt, denn damals gab es noch keinen Weichen-Stellknopf. Die theoretische und praktische Abschlussprüfung als „Fahrer ohne Personenbeförderung" wurde vom Verkehrsdirektor persönlich abgenommen. Die theoretische Abschlussprüfung verlief wie eine Abschlussklausur, wobei immer der nächste Fahrschüler die Antworten zu geben hatte, wenn ein Fahrschüler entweder unkorrekt oder nicht ausführlich genug geantwortet hatte.
Danach ging es dann auf den Fahrschulwagen zur Prüfungsfahrt. Vorher wurde gleich angesagt: wer die manipulierten Fehler nicht richtig erkennt und nicht sofort reagiert oder eine Gefahrenbremsung nicht schnell und korrekt ausführt ist durchgefallen! Auch hier wieder der übliche Nervenkrieg.
Selbstverständlich kann man nach einer derartig kurzen Ausbildungszeit die Anforderungen nicht hoch genug einstufen, aber es war doch jedem klargemacht worden und jeder hat es ja auch gewusst, dass dieser Beruf im öffentlichen Nahverkehr einer hohen Verantwortung bedarf. Vor Ausführung einer Gefahrenbremsung rief der jeweilige Fahrlehrer " Gefahr!". Als der Verkehrsdirektor während der Prüfungsfahrt bei mir das Wort „Gefahr" gerufen hatte, klang das so als ob er niesen würde. Deshalb reagierte ich gar nicht, sondern rief „Gesundheit". Da ist er fast ausgerastet, konnte mir aber nichts anhängen, weil es tatsächlich so geklungen hatte. Beim nächsten eindeutigen Gefahrruf reagierte ich dann prompt. Beide Studentenbrigaden bestanden ausnahmslos.

Um die Personenbeförderung zu erlangen war eine bestimmte Anzahl von Diensten mit Lehrfahrer zu absolvieren, wenn ich mich nicht irre waren es 30 Dienste. Jeder der Lehrerfahrer musste nach Dienstende den Lehrling beurteilen, wobei nicht jeder

Lehrfahrer bereit war das Ergebnis seiner Beurteilung direkt bekanntzugeben. Da ja nun das 3. Semester begonnen hatte, konnten wir nur noch den großen Rest der Dienste an Wochenenden oder unter der Woche an Spätdiensten zulasten unseres Schlafes absolvieren. Mit Beginn der Ausbildung und als Lehrling im öffentlichen Nahverkehr hatten wir schon den obligatorischen Nominallohn von sage und schreibe 1,25 Mark pro Stunde erhalten. Irgendwann im Frühjahr 1961 beendeten wir dann die Ausbildung, erhielten unsere „Fahrerlaubnis mit Personenbeförderung" und konnten uns nun, natürlich nur für Normalwagen, Dienste bei beliebigen Betriebshöfen geben lassen, was wegen des permanenten Fahrermangels überhaupt kein Problem war. Leider war der mir nächstgelegene Betriebshof in Bühlau deshalb nicht wählbar, weil hier ausschließlich große Hechtwagen zum Einsatz kamen. Diese Spezialtriebwagen waren in den dreißiger Jahren des 20. Jahrhunderts die modernsten in der Welt und mein Wunsch war es diesen Wagentyp auch fahren zu dürfen. Mir wurde versichert, dass ich nach einem fehlerfreien Jahr als Normalwagenfahrer diese Zusatzausbildung gewährt bekomme.

Zu dieser Zeit gab es nur wenige MAN-Wagen, die mit einem Sitz und einem Controller-Handrad ausgerüstet waren. Normalerweise waren es alte Triebwagen, in denen man stehend mit der linken Hand die Controllerkurbel und mit der rechten Hand die Handbremskurbel betätigte. Es gab drei Controllertypen (Schaltertypen), vorzugsweise MAN, Brown&Bovery sowie Siemens&Schuckert. Am Boden war dann noch die Glocke mit einem Fußhebel zu betätigen und daneben der Sandhebel der im Gefahren- oder Rutschfall bedient wurde. Natürlich gab es auch keine Türen, was im Winter bitterkalte Zugluft bedeutete. Filzstiefel und Pelzmantel wurden von der Kleiderkammer gestellt. Es war schon eine Zumutung bei Frost in dieser schweren Kluft meist acht Stunden lang stehend durch die Stadt zu kutschieren. Deshalb war die Vorfreude groß, bald nur noch sitzend im bequemen Hechtwagen Dienste leisten zu können.

Natürlich ging der Studienbetrieb mit voller Intensität weiter und forderte auch unsere volle Konzentration. Je nach Möglichkeit die uns das Studium zuließ, haben Dietmar und ich Dienste bei den Verkehrsbetrieben geleistet, um unser Budget aufzubessern.

Unser kleiner Studentenzirkel, der sich gemeinsam auf anstehende Prüfungen oder sonstige studienbedingte Anforderungen sehr kollegial vorbereitete, wurde von einem Mitstudenten am 12. August 1961 unter dem Siegel der größten Verschwiegenheit auf einen bevorstehenden Mauerbau an der Staatsgrenze hingewiesen, da er ungefähr wusste, mit wem er es zu tun hatte und keinen Verrat befürchten musste. Er sagte: „Packt heute noch eure Sachen und fahrt außer Landes solange ihr es noch könnt". Seine Familie werde heute Abend starten, deswegen sollten wir uns nicht wundern, wenn wir ihn nicht wiedersehen werden, falls wir hierblieben. Uns allen kam das sehr überraschend und nicht ganz glaubwürdig vor. Da Dietmar und ich wussten, dass nur mit einem bestandenem Vordiplom unserer weiteren Ausbildung nichts im Wege stehen würde, hatten wir diesen Hinweis in den

Wind geschlagen und so viele weitere Lebensjahre in Unfreiheit und unter erheblich schlechteren Konditionen leben müssen, bis hin zu den späteren Rentenberechnungen im wiedervereinigten Deutschland, die in der Bewertung der Punkte für ehemalige DDR-Bürger erheblich schlechter waren, da der Faktor für die jeweiligen Jahreseinkommen viel zu niedrig bemessen wurde, denn für den sich danach ermittelten Lohn hätte damals in der BRD bei entsprechender Qualifizierung niemand gearbeitet.

Am Ende des Frühjahrssemesters im 2. Studienjahr 1961 war die gefürchtete Physikprüfung, die es in sich hatte, wie von Professor Recknagel angekündigt. Es gab da immer einen Schaukasten, wo man zuerst die Prüfungsergebnisse für jeden einzelnen Studenten namentlich ersehen konnte. Dietmar und ich führten Freudentänze vor diesem Schaukasten auf, denn wir hatten beide mit Note 4 bestanden. Es gab nur eine Note 2 und 2-Mal Note 3 in diesem Fach! Allerdings waren tatsächlich 70 % der Studenten mit Note 5 geerdet worden.

Es hatten sich immer mehr DDR-Bürger in Richtung BRD aufgemacht (allein im Monat Juli 1961 waren über 30.000 Menschen geflüchtet), obwohl Republikflucht ein Strafbestand war, was von den meisten nicht als solcher gesehen wurde, da ja eigentlich in einer echten Demokratie Freizügigkeit ein grundsätzliches Bürgerrecht ist.

Am 15. Juni 1961 erklärte der Staatsratsvorsitzende W. Ulbricht im miesesten Sächsisch auf einer Pressekonferenz „Niemand hat die Absicht, eine Mauer zu errichten!".
Am 13. August 1961 wurde auf Weisung der DDR – Führung und unter ausdrücklicher Zustimmung der Sowjetunion die DDR-Grenze durch Stacheldrahtzäune, später mit Selbstschussanlagen und die Grenze zu Westberlin durch Mauererrichtung hermetisch abgeriegelt. Die von den Westmächten initiierten Drohgebärden haben rein gar nichts bewirkt, denn eventuell hätte bei dieser Gelegenheit die Konfrontation in einen Dritten Weltkrieg mit der Ausradierung Europas enden können. Der kalte Krieg war jedoch nun eingeläutet. Das Erschießen flüchtender DDR-Bürger wurde danach am 22.08.1961 für die Grenztruppen im sogenannten Schießbefehl zwingend vorgeschrieben. Nur so konnte nach Meinung der DDR-Machthaber der Exitus aufgehalten werden, weil sich zu viele DDR-Bürger „mit den Füßen" gegen diesen sogenannten Sozialismus entschieden haben.

270 DDR-Flüchtlings – Todesopfer wurden bis 1989 gezählt –
Landsleute von den Grenztruppen der DDR erschossen oder Opfer
der Selbstschussanlagen an den Grenzbefestigungen, was für ein
„humaner Sozialismus" das doch war, pfui Teufel!! Es gab jedoch
wesentlich mehr Opfer, die nicht registriert wurden!

An einen besonders langen Dienst kann ich mich noch erinnern. Der etwa 8 Stunden dauernde Dienst auf der Linie 10 (Strießen-Übigau, wurde als Rakete bezeichnet, da man an beiden Enden den Dreierzug umsetzen musste, was bedeutete, dass der Triebwagen die Anhänger umfahren musste um die Fahrtrichtung zu wechseln) und man deshalb kaum Wendezeit zur Erholung hatte. Dieser Dienst endete mit dem Einrücken in den Bahnhof Tolkewitz. Der genervte Standdienst im Betriebshof Tolkewitz sprach mich händeringend an, ob ich noch in der Lage wäre einen Dienst auf der Linie 3 zu fahren, da er massive Ausfälle auf dieser Linie hatte. Da ich Geld brauchte, stimmte ich zu und hoffte einen Sitzwagen zu bekommen. Als sich der Triebwagen der Ablösestelle näherte glaubte ich, dass sich meine Hoffnung erfüllt. Als dann aber der klein geratene Fahrer („Kopf mit Schalter") ausstieg, war mein Schicksal besiegelt, erneut musste ich den ganzen Dienst lang stehen. Insgesamt waren das dann 16 Stunden hintereinander weg.

Es muss an einem Sonnabend (das war damals noch ein regulärer Arbeitstag) im Spätherbst 1961 gewesen sein, als ich im Betriebshof Dresden-Tolkewitz meinen Frühdienst beendet hatte. Damals war vom Betriebshof Tolkewitz in Richtung Dresden Stadtmitte auf der linken Seite eine Fahrzeugauslieferungsstelle angesiedelt und beim Vorbeifahren mit meinem Straßenbahnzug sah ich, dass im Hof jede Menge Motorroller Marke „Berlin" aufgestellt waren. Das veranlasste mich sofort nach Dienstschluss direkt in diese Verkaufsstelle zu laufen, anzufragen ob man einen derartigen Roller käuflich erwerben kann und was er kostet. Ich konnte es kaum fassen, ich hätte sofort einen derartigen Motorroller kaufen können, zumal ich auch genügend Bargeld auf dem Sparbuch hatte. Damals musste man sich für den Kauf eines Motorrads oder Motorrollers anmelden und nach etwa ein bis zwei Jahren bekam man Bescheid, dass man das bestellte Fahrzeug nun erwerben darf. Somit war das für uns eine einmalige Gelegenheit, die man beim Schopf packen sollte. Da sofort bar bezahlt werden musste, bat ich den Verkäufer unter Vorlage meines Personalausweises mir bis zum Geschäftsschluss zwei Motorroller namentlich zurückzulegen, da ich ja erst einmal das Bargeld holen musste und gleichzeitig meinem Studienkamerad Dietmar die Chance für einen Rollererwerb erhalten wollte, was der Verkäufer zugestand. Nun wurde es für mich hektisch, denn die Zeit war knapp. Zum einen musste ich Dietmar erreichen, wissen ob er kaufen möchte und selbst bei der Sparkasse Geld abheben. Da ich zuerst Dietmar informierte, wusste ich, dass er nicht genügend Barmittel zur Verfügung hatte, aber gern einen Roller kaufen wollte. Da bot ich ihm an die fehlenden 1200 Mark vorzustrecken, was er auch dankend annahm. Was war das doch für ein Gefühl plötzlich bei der Sparkasse mehrere 1000 Mark in bar (fast mein gesamtes Erspartes) ausgezahlt zu bekommen. Dietmar musste ja auch sein Geld abheben und dann sind wir gemeinsam mit der Straßenbahn wieder nach Tolkewitz gefahren und haben es gerade mal 10 Minuten vor Ultimo geschafft. Nun konnte nach der Bezahlung jeder seinen Motorroller in Empfang nehmen. Das nennt man eine spontane Reaktion!

Da wir noch gar keine Fahrerlaubnis hatten, außerdem die Batterien nicht geladen waren, sich auch kein Benzin-Öl-Gemisch in den Tanks befanden, mussten wir die gesamte Strecke die Motorroller schieben. Gemeinsam von Tolkewitz bis zum Schillerplatz, über das blaue Wunder und dann immer bergauf die Grundstraße die sich „zieht". Da Dietmar zum „Weißen Adler" musste, trennten sich dann irgendwann unsere Wege. Um nach Oberloschwitz zu gelangen, bog ich endlich in die noch steilere Tännichtstraße ein. Auf halber Höhe erreichte mich Nachbars Fritz und half mir beim Schieben, da ich kaum noch in der Lage war weiter zu kommen, denn ich hatte schon eine erkleckliche Zahl von Kilometern hinter mir. Kurz darauf kaufte ich mir eine Schutzplane, damit mein Roller im Garten neben der ehemaligen Hühner-Voliere unbeschadet den kommenden Winter überstehen konnte. Nun galt es so schnell wie möglich sich bei einer Fahrschule anzumelden um die Fahrerlaubnis Klasse 1 für Motorräder zu erlangen. Natürlich hatte ich in der Zwischenzeit den Motorroller fahrbereit gemacht und auch jede Menge Probefahrten absolviert, aber nicht im öffentlichen Verkehrsraum und auch nicht ganz unfallfrei, da ich auf dem völlig vereisten Schulweg trotz geringer Geschwindigkeit einmal zu Boden ging mit dem Resultat, dass die Seitenstütze weggebrochen ist. Kein Problem, da das immer das erste Teil war, welches bei einem Sturz kaputtging, war es auch als Ersatzteil stets zu haben und leicht auszutauschen.

Inzwischen hatten wir schon das 4. Semester (Herbst 1961 bis Winter 1962) erfolgreich abgeschlossen.

Da ich bei Dresdens größtem Fahrschulbetrieb geltend machen konnte bereits ein eigenes Fahrzeug zu besitzen und dieses für die praktischen und Prüfungsfahrten zu benutzen, konnte ich bereits Anfang Februar 1962 mit der Fahrschule beginnen und schon am 1. März 1962 erfolgreich meine Fahrerlaubnis entgegennehmen und endlich mit meinem eigenen Motorroller auch nach Hause fahren. Kein Wunder also, dass ich das absolute Minimum an Fahrstunden benötigte. Die einzige Hürde bei dieser praktischen Fahrt in der Fahrschule war das Gespannfahren (Motorrad mit Seitenwagen). Da man hierbei nicht die Balance halten muss und das Lenken ziemlich ungewohnt war, hatte ich da keine Freude daran. Ab jetzt war ich endlich mobil und nicht mehr nur auf den öffentlichen Nahverkehr angewiesen!

Das 5. Semester (Frühjahrssemester 1962) hatte nun begonnen. Höhere Mathematik 4 und Mechanik 4 (Dynamik) waren hochkompliziert und wurden teilweise von einigen Studenten nicht mehr richtig und vollständig verstanden.

Im Frühjahr 1962 hatte ich ein fehlerfreies Jahr als Straßenbahnfahrer für Normalwagen absolviert und die Verkehrsbetriebe hielten Wort, die Ausbildung zum Spezialwagenfahrer für Hechtwagen konnte beginnen.

Dieser etwa 15 m lange, vorn und hinten sich verjüngende Großraum - Zweirichtungs-Triebwagen (111 Fahrgäste, 36 Sitz - und 75 Stehplätze) hatte tatsächlich die Form eines Hechtes. Er besaß zwei zweiachsige Drehgestelle an denen mittig links und rechts je eine Magnetschienenbremse angeordnet war. Angetrieben wurde er von je zwei ständig in Reihe geschalteten Halbspannungsmotoren (je 55 kW Leistung), die mit einem elektromechanisch betriebenen Unterflurschalter angesteuert wurden, wobei die getrennten Fahr- und Bremsschalter mit je 16 Stufen (Der Normalwagen hatte nur 8) ausgerüstet waren. Somit waren drei unabhängige Bremssysteme vorhanden, wenn man die mechanische Handbremse mitberücksichtigt. Beachtenswert war die Tatsache, dass jede der beiden Fahrerkabinen einklappbar war, sodass die nicht genutzte Kabine dann als Fahrgastraum genutzt wurde. Zum Schutz des Fahrers war die Vorderseite komplett mit Panzerstahlblech bestückt. Mit einer Seilzugkette wurde die vordere Tür vom Fahrer geöffnet und geschlossen. Es gab 3 Fußpedale: links für die magnetische Schienenbremsbetätigung, in der Mitte zur Freigabe des Sandes und rechts für das Motorbremssystem, angesteuert über ein Gestänge. Links befand sich einklappbar der Fahrschalter auf dem u. a. die Drucktasten für die Serien- und Parallelschaltung der Motorgruppen angeordnet waren, wobei 9 Fahrstufen der Serienschaltung und 7 Fahrstufen der Parallelschaltung beider Motorgruppen vorbehalten waren und damit über ein elektromagnetisches System den Fahrschalter ansteuerte. Die letzte Drucktaste war der Vorwärtsschalter. Jede Fahrtaste konnte so bedient werden, dass man jede Fahrstufe einzelnen schalten und auch auf Widerständen fahren konnte, wenn man die jeweilige Taste losließ, was aber weder ökonomisch noch materialschonend war und deshalb vermieden wurde. Der Rückwärtsschalter war etwa in Kniehöhe mit ausklappbarer Schutzkappe abgedeckt an der Frontseite angeordnet. Bei einer nächtlichen Werkstattfahrt habe ich mit einem Solo-Triebwagen dieser Bauart über 80 km/h erreichen können. Der offizielle Geschwindigkeitsrekord, gemessen auf der Königsbrückerstraße in Dresden, liegt nachweislich bei 98 km/h. Das ist auch heute noch Geschwindigkeits-Weltrekord für Straßenbahnen!

Dietmar (sein Arbeitsweg war noch kürzer als meiner) und ich absolvierten die Spezialwagenausbildung im gleichen Lehrgang und bestanden in kürzester Zeit die Abschlussprüfung erfolgreich. Ab da konnten wir beide im Betriebshof Bühlau Hechtdienste fahren. Endlich Sitzen dürfen! Leider waren die Pedale nach unten ziemlich offen, sodass im Winter die eiskalte Zugluft permanent einströmte und trotz der Filzstiefel noch eine sogenannte Bratpfanne (Elektroheizgerät) untergestellt wurde, was auch nur bedingt half. Damals fuhr die Linie 11 von Bühlau nach Coschütz.

Zum Dienst konnte ich nun mit dem Motorroller fahren, was eine große Erleichterung war.

Zu der Zeit als ich Klaus-Peter noch Nachhilfeunterricht gegeben hatte, lernte ich einen auf der Mahlerstraße wohnenden Joris kennen (seine Mutter stammte aus Holland, daher dieser Vorname). Er ging in eine Parallelklasse der Martin-Andersen-Nexö-Oberschule und war auch Mitglied im „Politischen Kabarett". Inzwischen hatte er sich ein Motorrad zugelegt und war ebenfalls mobil.

Hättest du nicht Lust in der „Sächsischen Schweiz" Felsen zu besteigen fragte er mich eines Tages. Er zeigte mir ein Büchlein "Fehrmann" genannt. Das war ein Kletterführerbuch, wo alle Routen der im Elbsandsteingebirge befindlichen Kletterfelsen detailliert beschrieben sind. Er klärte mich auf, welche wichtigen Regeln bei der Kletterei zu beachten sind. Außerdem gab es noch einen kräftigen Maurer aus „Kamerun", der meines Erachtens Peter hieß. Der war schon länger als Kletterer in der „Sächsischen Schweiz" zugange, hatte viel Erfahrung und war sehr geeignet als Vorsteiger. Wir drei sind an Wochenenden manchmal auf Klettertour gegangen und für mich war es ein tolles Erfolgserlebnis, natürlich als Nachsteiger am Seil, einige Klettergipfel mit noch nicht so hohem Schwierigkeitsgrad (maximal 5) bezwungen zu haben. Das Abseilen im Sachsensitz war immer eine gewisse Mutprobe, musste man sich doch dann mit dem Rücken zum Felsen 50 oder 80 m über dem Boden heraushängen lassen, nur die Füße hatten noch Kontakt zum Felsen.

Eine Besteigung war besonders spektakulär, weil an dem Felsgebilde namens „Lokomotive" eine besondere Mutprobe notwendig war. Um auf den wie ein Schornstein einer Lokomotive aussehenden Felsen zu gelangen musste man sich nach vorn über den Abgrund in Richtung dieses Felsens fallen lassen, sich dort an einem geeigneten Griff festhalten und dann den Unterkörper auf diesen Felsen hinüberziehen, um weiter klettern zu können. Kleine Personen konnten diesen Felsen nicht besteigen, weil sie durchgefallen und in den Abgrund gestürzt wären.

Zwei besondere Ereignisse sind mir in Erinnerung geblieben.
Einmal fuhren wir drei in die hintere Sächsische Schweiz zu einem Felsen namens „Verlassene Wand". Ein Kletterweg mit dem Schwierigkeitsgrad 6 war für mich vorgesehen. Peter kletterte voran und als er auf dem Gipfel war, begann ich nachzusteigen. Dieses Mal war wenig an der Wand zu greifen und daher alles kraftraubend. Mein Fehler bestand darin, dass ich zu viel meine Hände belastete um nicht herunterzufallen, anstatt das Gewicht immer auf die Beine zu verlagern. Sage und schreibe zwei Meter unterm Gipfel (ich hatte Blick- und Rufkontakt zu Peter) versagten meine Kräfte in den Händen, trotz eines jetzt besseren Griffes (ich hatte alle schwierigen Stellen überwunden) verließen mich die Kräfte, meine Arme konnten nichts mehr festhalten und ich habe nur noch „Achtung Peter" geschrien und dann fiel ich steil nach unten. Es müssen etwa 8-10 m freier Fall gewesen sein, dann gab es einen gewaltigen Ruck, beinah wäre ich aus der Seil-Sicherung herausgerutscht, schlug gegen den Felsen, konnte mich aber dabei mit den Füßen

federnd abstützen und blieb dann frei über dem noch tiefen Boden hängen. Peter ließ mich dann langsam am Seil herunter gleiten.
Es hat mindestens einen Monat gedauert bis ich wieder schmerzfrei war. Ansonsten hatte ich mir aber keine ernste Verletzung zugezogen - noch mal gut gegangen!

Nachdem es mir wieder besserging, es war im Herbst zur Pilzzeit (wir bereiteten uns damals in einem Kochgeschirr eine Pilzmahlzeit), wollten Joris und ich einen Felsen mit einer Kletterroute der Schwierigkeitsstufe 6 ebenfalls in der hinteren Sächsischen Schweiz angehen, sozusagen als Vorübung für einen Kletterweg der Schwierigkeit 7 am Felsen „Gans-Südwand". Nachts gedachten wir in einer sogenannten „Bove" zu schlafen (von Bergsteigern in Felshöhlen errichtetes primitives Nachtlager). Jetzt war Joris der Vorsteiger. Bei diesem Felsen gab es eine Besonderheit. Vor dem Einstieg lag im Abstand von ca. 6 m eine etwa 100 m tiefe Schlucht. Deshalb war es Aufgabe des Nachsteigers den Vorsteiger am Seil zu sichern, was wir auch sorgfältig gemacht haben. Ich war nun direkt unter ihm in einer Felsspalte und konnte jede seiner Bewegungen beobachten. Er gab mir auch schon Hinweise, damit ich dann im Nachstieg besser zurechtkommen würde. Er habe jetzt einen starken Griff in einer Sanduhr (Aushöhlung im Fels deren festes Teil wie eine Sanduhr aussieht) rief er und versuchte sich nun daran hochzuziehen.
Leider wird von Jahrzehnt zu Jahrzehnt in der hinteren Sächsischen Schweiz der Fels durch die Witterungseinflüsse immer brüchiger und so geschah das Unerwartete. Die ach so sichere Sanduhr brach heraus und Joris stürzte ab, kam mit den Füßen auf, wurde seitlich weggeschleudert und geriet über die Kante in die Schlucht hinein. Ich habe zwar geistesgegenwärtig sofort versucht das Seil so kurz wie möglich zu halten, aber gegen derartig große Kräfte (Joris hatte ein größeres Gewicht als ich) ist man machtlos. Ich wurde aus der Felsspalte herausgerissen und dank unserer sorgfältigen Verankerung bin ich nicht über diese Kante geraten, sonst wären wir beide zu Tode gestürzt. Nun hatte ich aber große Mühe mich zurück zu arbeiten und Joris wieder über die Kante nach oben zu hieven. Es hat eine lange Zeit gebraucht bis ich das geschafft hatte. Joris stöhnte die ganze Zeit vor Schmerzen und ich war völlig erledigt. Er konnte auf keinen Fall mehr mit seinem Motorrad fahren. Er hat dann hinter mir auf meinem Motorroller gesessen, sich an mir festgeklammert und versucht nicht ohnmächtig zu werden, weil seine Schmerzen so heftig waren. Ich bin sehr langsam gefahren, um ihm nicht noch mehr weh zu tun und habe es irgendwann geschafft ihn in einem Krankenhaus der nächstgelegenen Stadt abzugeben. Auf den Befund wartend wurde mir gesagt, dass er mehrere Rippenbrüche hat, sonst aber keine weitere Gefahr besteht und alles wieder gut werden wird. Damit war meine Karriere als Bergsteiger endgültig beendet!!

Pflegemutter Gretel ging es gesundheitlich nicht mehr so gut, sie hatte öfters mal Luftbeschwerden und Herzschmerzen, was wohl den Beanspruchungen der Vergangenheit geschuldet war.
Wir hatten nun ein recht herzliches Verhältnis zueinander gefunden. Man merkte ihr an, dass ich ihr Hans-Ersatz geworden war.

Öfters traf ich Jochens Mutter als Standdienst im Betriebshof Bühlau und jedes Mal fragte ich auch nach Jochen, ihrem Sohn und meinem ehemaligen Klassenkameraden. Lange gab sie immer Allgemeinplätze von sich, doch irgendwann teilte sie mir mit, dass Jochen jetzt in der Schweiz sei. Da das ja nach der Mauer nicht ohne weiteres möglich gewesen wäre schob sie nach, dass es eine Familienzusammenführung mit seiner Schwester in West-Berlin gegeben habe und er irgendwann einmal in die Schweiz gefahren sei und dort das Glück seines Lebens fand. Ein klein wenig habe ich mich ja gewundert, dass sie als Genossin der SED nicht aus der Partei entfernt wurde und alles so glattgegangen sei. Jedenfalls hatte ich ihr regelmäßig Grüße ausrichten lassen. Eines Tages stand Jochen vor der Tür, brachte einfallslos eine Flasche Cognac „Dujardin" mit, wo es doch bei uns Schnaps in Hülle und Fülle gab und ich mir gar nichts daraus mache. Eine Tafel Schweizer Schokolade wäre mir eher willkommen gewesen. Er sah blendend aus und berichtete, dass er in eine Kombination aus Tankstelle, Autowerkstatt und Fahrschule hineingeheiratet hat und er die Fahrschule leitet. Donnerwetter dachte ich mir, hat der Junge ein Glück! Heute ist mir ziemlich klar, dass die Schwester in Westberlin als Maulwurf tätig war und Jochen in der Schweiz einen ähnlichen Job übernommen hat, wo er doch ständig mit Menschen zu tun hatte als Fahrlehrer. Nur so ist erklärlich, wie beide so unbehelligt in den sogenannten nichtsozialistischen Bereich gelangen konnten und die Mutter keiner Sippenhaft ausgesetzt war, sondern eine Leitungsfunktion, wenn auch im unteren Bereich, ausüben durfte.

Wieder einmal verabschiedete ich mich vormittags mit Küsschen von Gretel-Mutter zu einem Übergangsdienst bei den Verkehrsbetrieben, der noch vor 12:00 Uhr begann.
Nach Dienstende wollte ich gerade auf meinen Roller steigen, als der Standdienst mich ins Büro zu kommen bat. Hier wurde ich gebeten erst einmal Platz zu nehmen, was mich äußerst verwunderte, hatte ich mir doch nichts zu Schulden kommen lassen. Und dann erfuhr ich die bittere Nachricht, dass Pflegemutter Gretel an einem Herzinfarkt verstorben war. Da war ich froh, dass ich saß, sonst hätte mich das umgehauen. Pflegevater Hans war vor Trauer zu nichts mehr zu gebrauchen, mir oblag es dann alle behördlichen Wege zu absolvieren, was mich auch von der Riesentrauer etwas ablenkte. **Erneut hatte ich eine Mutter verloren!!** Eines aber hat mir dann im Nachgang dabei zu denken gegeben– warum bin ich nicht adoptiert worden, wenn man mich doch ursprünglich an Sohnes-Statt haben wollte?

Am 24. Januar 1962 hatte die Volkskammer die Einführung der allgemeinen Wehrpflicht in der DDR und Ost-Berlin beschlossen!

Natürlich ging der Studienbetrieb mit unverminderter Härte weiter, zumal im Februar 1963 das Vordiplom zu absolvieren war. Öfters besuchte ich Vorlesungen überhaupt nicht mehr, sondern besorgte mir die Lehrbriefe für das Fernstudium zum Studieren, weil ich ein visueller Typ bin und das gesprochene Wort von mir nicht so intensiv aufgenommen wurde wie das geschriebene. Außerdem hatte das den Vorteil, dass ich mehr Dienste fahren konnte um Geld zu verdienen. Das war natürlich eine gewisse schmale Gratwanderung.

Bei einem Frühdienst im Jahr 1962 geschah dann etwas ganz Schlimmes. Es war vormittags als ich mit meinem Hechtzug von Coschütz kommend zügig auf die Marienbrücke auffuhr und nach Erreichen von etwa 60 km/h die Motoren im Leerlauf rollen ließ. Vor mir gewahrte ich etwa in Brückenmitte ein breites Pferdefuhrwerk mit Bierfässern beladen. Ein großes Stück dahinter fuhr ein Radfahrer. Nach Einschätzung der Geschwindigkeit des Radfahrers, meiner Geschwindigkeit und dem langsam dahin rollenden Pferdefuhrwerk war mir klar, dass der Radfahrer erst nach meinem Überholvorgang auch das Pferdefuhrwerk überholen konnte, zumal er vor dem Überholvorgang noch die rückwärtige Verkehrslage zu beachten hatte. Hier habe ich nicht mit dem jugendlichen Unverstand des Radfahrers rechnen können. Als ich das Ende des Fuhrwerks mit der Spitze meines Triebwagens erreichte, das sind Sekundenbruchteile der Wahrnehmung, war der Fahrradfahrer ganz dicht hinter dem Pferdefuhrwerk. Nachdem ich dieses Vorwerk überholt hatte bekam ich plötzlich ein Notklingelsignal von der Schaffnerin. Sofort leitete ich vorschriftsmäßig die Gefahrenbremsung ein und kam nach etwa 90 m zum Stillstand. Das war bei der gefahrenen Geschwindigkeit unter Beachtung der Reaktionszeiten (Schaffnerin und Fahrer) ein polizeilich nachgewiesener kurzer Bremsweg für eine Straßenbahn. Natürlich bin ich nach dem Stillstand sofort ausgestiegen, um zu sehen was los war. Da hatte sich schon eine Menschentraube von Fahrgästen gebildet. Unter dem Anhänger direkt vor der Räumleiste lag der Fahrradfahrer, der mitgeschleift worden ist. Damals gab es noch keine Handys und es hat ziemlich lange gedauert bis die Polizei und der Krankenwagen gekommen sind. Meine Schaffnerin hat mir gleich gesagt, dass ich unschuldig sei, dass sie den Vorgang genau gesehen hat, weil sie ja auf dem vorderen Perron des Anhängers stand und unmittelbar sehen konnte wie der Radfahrer in die Lücke zwischen Triebwagen und Anhänger hineingefahren ist, weil ja da plötzlich so viel Platz war. Natürlich kam er dann wegen des Anhängers ins Straucheln ist dann links heruntergefallen und unter den Anhänger geraten. Zu seinem Glück hat ihn die Räumleiste vor den todbringenden Rädern bewahrt. Wenn ich damals gewusst hätte, was mir später erfahrene Fahrer mitgeteilt haben, wären für mich außer dem Schock keine weiteren Konsequenzen möglich gewesen. Hätte ich nämlich gewusst, dass jedes Fahrzeug eine Staubschicht an sich hat, hätte ich gegenüber der Polizei sofort den Nachweis erbringen können, an welchen Stellen der Radfahrer zuerst mit der Straßenbahn kollidiert ist. Später wurde nämlich behauptet, der Radfahrer habe vor mir den Überholvorgang eingeleitet, was eigentlich technisch gar nicht möglich sein konnte. Fast ein Vierteljahr habe ich noch weitere Dienste gefahren und für mich und die Dienststellenleiterin in Bühlau war die Angelegenheit eigentlich schon längst erledigt, als sie mich wieder nach einem Dienstende zu sich rief und mir mitteilte, dass ich ihr jetzt die Fahrerlaubnis übergeben müsse, weil ihr mitgeteilt worden war, dass gegen mich ein Strafverfahren wegen fahrlässiger Körperverletzung eröffnet wird. Mir gegenüber hat sie ihr Unverständnis für diese Maßnahme erklärt, da sie sich ziemlich sicher war, dass ich unschuldig bin, zumal sie ja die Aussage der Schaffnerin kannte, die sehr vertrauenswürdig war.

Ich war wie vor den Kopf geschlagen und tatsächlich kurz darauf war der entsprechende Gerichtsbescheid in unserem Briefkasten. Für mein Studium war das äußerst kontraproduktiv. Musste ich mich doch einerseits voll auf mein Studium konzentrieren und andererseits meine Verteidigung bei Gericht vorbereiten, da ich mich selbst verteidigen wollte, weil ich den geldgierigen Winkeladvokaten sowieso nicht getraut habe und bei dem Sachverhalt der Meinung war, dass es einfach nicht zu einer Verurteilung kommen konnte. In der Praxis sah es dann leider anders aus. Wie aus dem Hut gezaubert waren da plötzlich eine Menge Zeugen, von denen ich keinen auf der Brücke wahrgenommen hatte. Meine Hauptentlastungszeugin wurde zwar gehört, aber das war es auch schon. Andere Zeugen, die wer weiß wo gestanden hatten, waren dem Gericht viel wichtiger. Da half all mein logisches Argumentieren nicht, weder von deren Sichtweisen, noch Ablaufschilderungen, die von den herbeigezauberten Zeugen eigentlich so gar nicht stimmen konnten. Mehrere Male befragte ich diese Zeugen peinlichst und befand ihre Aussagen als unglaubwürdig und absurd.
Im Namen des Volkes wurde ich zu 10 Monaten auf Bewährung wegen fahrlässiger Körperverletzung verurteilt!
In der Sächsischen Zeitung gab es dann eine Notiz des Gerichtsreporters in dem er unter anderem feststellte "der Angeklagte, der sich wie ein Staatsanwalt verhielt…" Einen mathematischen Beweis mittels Differenzialgleichung für meinen Bremsweg hatte ich beigelegt und der Richterin übergeben, der wohl von Fachleuten überprüft worden ist. Interessanterweise wurde ich kurz darauf angesprochen, ob ich nicht zur Verkehrshochschule überwechseln möchte, da man ein großes Interesse an mir habe. Um mich zu locken wurde mir angeboten, dass ich auch für Güterzuglokomotiven ausgebildet werden könnte, anstatt Straßenbahn zu fahren. Das kam jedoch bei mir nicht infrage.
Bei den Verkehrsbetrieben durfte ich ab sofort nur noch als Begleitschaffner tätig sein. Zu dieser Zeit gab es für die Fahrgäste eine Fahrschein-Selbstbedienung, in die man das Fahrgeld für jeden sichtbar in eine mittels Handhebel drehbare Box einwarf und einen Fahrschein abreißen konnte. Betrugssicher war das zwar nicht, aber bei den kleinen Fahrpreisen und einer gewissen öffentlichen Kontrolle kam es nicht zu oft zu „Schwarzfahrten", zumal ja das aufwändige Schaffnerpersonal eingespart wurde. Die Hauptverantwortung lag nun beim Fahrer, der mittels vergrößerten Seitenspiegels die Fahrzeugtüren zu überwachen hatte und eigenständig das Abfahrtsignal gab. Heute ist dies alles selbstverständlich, doch damals hatten die meisten Wagen noch keine selbstschließenden Türen! Durch die Hechtwagenform bedingt, konnten die hinteren Türen des Triebwagens nicht über Spiegel eingesehen

werden (Der hierfür notwendige Spiegel hätte eine unzulässige Ausladung gehabt), weshalb auf dem Anhänger zwingend ein Klingelschaffner erforderlich war. Mir wurde jedoch versichert, dass ich bei guter Führung bereits nach einem Jahr (1963) noch in der Bewährung nach erneuter Prüfung wieder die Fahrerlaubnis zurückerhalten würde. Das ist übrigens auch geschehen. Viele Jahre später habe ich unter dem Siegel größter Verschwiegenheit im Hochhaus der Dresdner Verkehrsbetriebe erfahren, dass diese Farce nur einem Ziel diente, dem Geschädigten eine Rente zukommen zu lassen, da er nur noch bedingt in bestimmten Berufen einsatzfähig war. Das konnte nur funktionieren, wenn ich die Alleinschuld bekam. Nach 2 Jahren wurde dann der Eintrag im Strafregister gelöscht und somit gelte ich nicht als vorbestraft. Genau das war die Zielrichtung. Dem einen tut's nicht weiter Weh und dem anderen ist geholfen. Interessanterweise ist in meinem Sozialversicherungsausweis diese Schaffnertätigkeit nicht eingetragen worden, sondern als Bezeichnung der Tätigkeit steht da "Fahrer".

Leider hatte dieser Nervenkrieg auf meine Studienabschlüsse doch Einfluss beim Vordiplom. Die Herren Professoren hatten sich hierbei etwas Besonderes ausgedacht, indem nämlich jeden Tag innerhalb einer Woche im Februar 1963 eine Abschlussklausur geschrieben wurde. Das habe ich nervlich nicht durchgestanden und bin in den letzten zwei Fächern durchgefallen und zwar in „Grundlagen der Elektrotechnik" (hier war ich so fertig, dass ich kaum die Fragen richtig verstanden habe, so nervös war ich) und „Maschinenelemente / Schweißtechnik" (hier hatte ich in den Belegen die Note 2-3). Bei der Wiederholung erreichte ich in beiden Fächern Note 1 in der Prüfung, aber bei Wiederholungen gab es grundsätzlich nur mit Note 4 bestanden auf dem Zeugnis! Ein W zeigte an, dass es sich hierbei um eine Wiederholung handelte.
Somit war klar, dass ich mir nach dem Vordiplom keine weitere Note 5 leisten konnte. Mein Glück war es, dass kaum noch jemand nach dem Vordiplom exmatrikuliert wurde, da nun die Spreu vom Weizen gesiebt war und bereits eine Menge in die Studenten investiert worden ist.
Um vor den Prüfungen locker zu bleiben haben einmal Dietmar und ich uns im Februar barfuß auf die Straße begeben und sind Schlitten gefahren, natürlich nur kurz, um uns dann wieder aufzuwärmen. Wir waren halt noch jung!

Und so begann das siebente Semester (Frühjahrssemester) im Jahre 1963, das erheblich ruhiger war, weil keine Abschlussprüfungen im Plan waren, für mich jedoch leider die zwei Nachprüfungen in petto hatte.

Familiär änderte sich auch einiges, da Hans Rieck nun siebzigjährig allein nicht zurechtkam und eine verwitwete Frau M., die früher beim Zirkus Sarassani Köchin war, geehelicht hatte. Sie kannten sich wohl von früher und sie kam öfters mit ihrem Ehegatten zu bestimmten Anlässen zu uns zu Besuch. Da sie gut kochen konnte war das am Anfang für mich angenehm. Bald begann sie mich jedoch zu moppen, weil ihr meine Anwesenheit nicht behagte. Das ging dann so weit, dass Sie tätlich wurde.

Da musste ich mich einfach wehren und habe klar angesagt wer hier der körperlich Stärkere ist und dass Sie, wenn sie unbeschadet bleiben wollte, solche Attacken künftig zu unterlassen hat. Das hat auch gewirkt, die Feindseligkeit aber blieb. Offensichtlich hat der Pflegevater den Charakter seiner neuen Ehefrau überhaupt nicht gekannt und sehr bald diese Eheschließung bitter bereut, denn sie hat sich nicht entblödet von seinem Sparbuch einen Teil seines Geldes zu sich zu transferieren.

Das für mich wie eine Erniedrigung wirkende Schaffnerjahr war noch nicht einmal um, da bekam ich schon die Freigabe auf Nachprüfung, die ein Witz war. Der prüfende Fahrmeister aus dem Hochhaus, der mich gut kannte und dessen Frau ebenfalls Fahrerin in Bühlau war, setzte sich gemütlich auf einen vorderen Sitzplatz, las Zeitung und sagte zu mir: „Dass du fahren kannst weiß ich, mach mal, wir fahren zum Neustädter Bahnhof und dann wieder zurück" und das war es. Recht hatte er und schon hatte ich meine Fahrerlaubnis wieder und die Verkehrsbetriebe einen dringend benötigten Hechtfahrer für weitere Einsätze.

Eine jung wirkende, dunkelhaarige, hübsche Schaffnerin war im Betriebshof neu dazugekommen und ich meinte, dass es sich hierbei auch um eine Studentin handeln könnte. Und wie der Zufall es so will war sie eines Tages in meinem Dienst die mir zugeordnete Schaffnerin. An den Endpunkten unterhielten wir uns recht nett und an ihrer Art zu sprechen und ihren Reaktionen verstärkte sich mein Eindruck, einen geistig regen Menschen vor mir zu haben. Daher erkundigte ich mich mal beim nächsten Dienst kollegial, ob es sich hierbei wohl um eine Studentin handeln könnte. Aber da wurde mir gesagt, dass sie eigentlich Fahrerin ist und aus gesundheitlichen Gründen jetzt Schaffnerdienste macht, Kinder hätte und keinesfalls Studentin wäre. Inzwischen fast 23-jährig und nur immer lernend und arbeitend hatte ich zum anderen Geschlecht überhaupt keinen Kontakt bisher gehabt und wurde deswegen von meinem Studienfreund auch oft gehänselt, weil er inzwischen eine Freundin hatte. Am 26.08.1963 heiratete Dietmar seine Gertraude, da wahrscheinlich ein Kind unterwegs war. So kam es, dass er für seine Mutter fast gar keine Zeit mehr übrighatte und ich ihr Gesellschaft leistete, da sie nicht gern allein und mir sympathisch war, zumal krankheitsbedingt sehr gehandicapt. Daher ging ich, wenn ich etwas Zeit hatte, mit ihr spazieren (es waren immer angeregte, interessante und anspruchsvolle Themen, auch über Ihre geschiedene Ehe und Zukunftsbedenken bezüglich ihres Sohnes und seiner neuen Freundin/Frau, über die wir sprachen) und habe sogar dort die Treppe geputzt.

Es war im 8. Semester (Herbstsemester 1963) als ich die hübsche, kleine Schaffnerin wieder in meinem Dienst hatte. Dieses Mal waren unsere Gespräche an den Endpunkten noch lockerer und sie wurde mir immer sympathischer. Ziemlich am Ende des Dienstes fasste ich mir ein Herz und fragte, ob sie Angst vorm Fahren mit einem Motorroller habe, was sie verneinte und im Gegenteil meinte, dies wäre mal eine neue Erfahrung. Weiterhin wagte ich sie zu fragen, ob sie noch etwas Zeit nach Dienstschluss hätte und ob ich ihr mal mein Zuhause zeigen könnte, natürlich völlig unverbindlich betonte ich, weil mir plötzlich der Trick mit der Briefmarkensammlung einfiel. Später wusste ich, dass sie eigentlich gar keine Zeit hatte, weil ein einjähriges Kind von der Großmutter betreut, zu Hause sehnlichst auf sie wartete. Nach Feierabend nahm sie dann hinter mir auf meinem Motorroller "Berlin" Platz und hielt sich an mir fest, was ich ganz reizvoll fand (zu dieser Zeit gab es noch keine Sturzhelmpflicht für Beifahrer). Die Einladung hatte ich auch deswegen mir gewagt auszusprechen, weil ich genau wusste, dass der Pflegevater und die neue „Moppingfrau" nicht zu Hause waren. Nach Einnahme einer kurzen Erfrischung führte ich sie in die "gute Stube" (damals war es üblich, einen wenig genutzten aber gut ausgerüsteten Aufenthaltsraum vorzuhalten, der als gute Stube bezeichnet wurde), wo ja bekanntlich das Klavier stand. Natürlich war die erste Frage, ob ich denn dieses Instrument spielen könne. Als ich dann einige Notenhefte vorlegte und fragte was denn gewünscht sei und sie anspruchsvolle, klassische Musik offensichtlich kannte und schätzte, spielte ich dann einiges vor und war erstaunt, dass sie Noten lesen konnte und immer rechtzeitig umblätterte. Es stellte sich heraus, dass sie Mandolinenunterricht gehabt hatte. Später ist mir schon klargeworden, dass sie als erfahrene Frau hier die Chance ihres Lebens sah und unbedingt eine engere Bindung herbeiführen wollte. Anders ist es nicht zu erklären, dass ich plötzlich kein Jüngferling mehr war. Unerfahren wie ich war, nahm ich es ihr sofort ab, als sie meinte, sich niemals so schnell nach so kurzer Bekanntschaft intim einzulassen, aber ich sei eben etwas ganz Besonderes und zu mir habe sie Vertrauen usw. Das war Musik in meinen Ohren und ich fühlte mich wie im „siebenten Himmel", heute sagt man im Schlager „Wolke 7" dazu. Zum Abschluss dieses Tages hat sie mich noch bekocht und wir haben gemeinsam eine Holundersuppe mit Zwieback (etwas Besseres war leider nicht da) zu uns genommen. Anschließend fuhr ich sie natürlich mit dem Motorroller noch nach Dresden-Strießen auf die Fürstenwalder Straße, wo wir uns auf der Straße mit einem Küsschen verabschiedeten.

Es hat nicht lange gedauert da lud mich Helga, so hieß die kleine Schaffnerin, zu sich nach Hause ein und versichert mir gleich, dass ihre Großmutter zugegen sei, damit keine falschen Vorstellungen in mir aufkommen sollten. Mein erster Eindruck war ein äußerst positiver, hatte sie doch in einem Plattenneubau im 4. Stockwerk eine wunderschöne Wohnung der Arbeiter Wohnungsbau Gesellschaft (AWG) erworben, die einfach aber sehr geschmackvoll eingerichtet war.

Das Erwerben von Genossenschaftsanteilen war eng mit der Betriebszugehörigkeit verknüpft und erforderte zum einen die Einzahlung eines festgelegten Geldbetrages je nach Wohnungsgröße und eine manuell zu erbringende Aufbauhilfe.

Helga hatte tatsächlich einen Teil der Aufbauhilfe in Form von unbezahlten Diensten erbracht und für die Geldzahlung monatliche Ratenzahlungen vertraglich vereinbart. Das bedeutete, dass sie noch viele unbezahlte Dienste zu leisten hatte und von ihrem Lohn jeden Monat eine bestimmte Summe abstottern musste. So kam es, dass sie sich nicht einmal mehr einen Kaffee leisten konnte, weil sie mit dem Gewerkschaftsbeitrag im Rückstand war. Ihre Situation war fast verzweifelt!

Die Respekt einflößende Großmutter begrüßte mich zwar relativ freundlich, brachte es aber schnell auf den Punkt mit diffizilen Fragen z. B. wie alt ich denn sei und wann ich denn mit meinem Studium fertig wäre. Als weitere Überraschung wurde mir Helgas einjähriger Sohn Thomas vorgestellt. Dass sie ein Kind hatte, weshalb sie ja Schaffnerin war, wusste ich schon von den „lieben" Kollegen vom Betriebshof in Bühlau. Somit hatte diese Situation keine abschreckende Wirkung auf mich. Eine nochmalige Einladung in das Haus des Pflegevaters musste wegen der dort residierenden Xanthippe verständlicherweise entfallen, zumal ich mich zu Hause überhaupt nicht mehr wohl fühlte. So kam es dann, dass ich mich mehr und mehr auf der Fürstenwalder Straße, statt in Oberloschwitz aufgehalten habe.

Zufällig begegneten Joris und ich uns an der Uni. Er war zur NVA (Nationale Volksarmee) eingezogen worden und hatte seine Wehrdienstzeit absolvieren müssen. Er legte großen Wert darauf, mit mir in Kontakt zu bleiben und lud Helga und mich auch seine Kleinstwohnung am Veilchenweg ein, die er mit seiner Freundin bewohnte. Erst später ist mir klargeworden, dass er die sogenannten „Rückenwinde" von mir haben wollte, um im Studium gut voran zu kommen. Natürlich bekam er jede Menge dieser Ausarbeitungen von mir. Warum sollte ich ihm auch nicht helfen, waren wir doch Kletterkameraden gewesen. Er ist dann später an der Uni geblieben, in die SED eingetreten, promovierte und machte Karriere. Als wir uns Jahre später beim Pilze sammeln in der Sächsischen Schweiz mal zufällig wieder trafen, grüßte er nicht einmal, so eingebildet war er geworden.
Auch hier galt wieder der Grundsatz: Ist einer besonders freundlich zu dir will er was und das möglichst umsonst.

Es hat nicht lange gedauert, sprach mich der Pflegevater an, ob ich ihm nicht bei seinem Scheidungsbegehren helfen könnte, da auch er von der Verhaltensweise seiner neuen Frau gründlich die Nase voll hatte. Er hatte ja feststellen können warum ich nicht mehr so oft zu Hause war. Er habe eine neue, jüngere Frau in der Landesdruckerei kennengelernt, die jetzt als Reinigungskraft tätig war, früher aber als Lehrerin gearbeitet hatte.
So wurde ich dann eines Wochenendes in die Mietwohnung dieser Frau eingeladen, um die Strategie für diese Scheidung abzusprechen. Diese Frau gab sich vordergründig Mühe nett zu mir zu sein, aber für mich wirkte das recht aufgesetzt. Sie hatte einen Sohn namens Siegbert, was ich so nebenbei erfuhr, weil er nicht anwesend war. Wir waren gerade bei Kaffee und Kuchen mitten im Gespräch, als die Mutter dieser Frau mit lauter Stimme ins Zimmer trat und rief: " Sie ist eine Teufelin, glaubt ihr nichts!" Die alte Frau wurde zurückgedrängt und uns wurde gesagt, dass sie geistig umnachtet sei und nicht mehr wisse was sie sage. Damals glaubte ich das, später wusste ich dann, dass diese Warnung sehr berechtigt war und

sicher war ihr äußerst schlechter Charakter auch der Grund warum sie aus dem Lehrerdienst entfernt wurde.

Die Scheidung wurde erfolgreich durchgezogen und die ehemalige Frau Müller musste sich eine neue Bleibe suchen.
Kurz danach heiratete der Pflegevater zum dritten Mal und ist vom Regen unter Umgehung der Traufe direkt in die …. geraten.

Kaum war die neue Frau in Pflegevaters Haus eingezogen, war mir gegenüber jede Freundlichkeit wie weggeblasen, stattdessen gab es nur noch Gemeinheiten. Sohn Siegbert war ihr ein und alles. Er und seine Freundin „Fränze" hatten das Sagen. Für mich blieb die Arbeit im Garten am Haus und weil ich ja einen Motorroller hatte, die Fahrt in die Landesdruckerei zur Versorgung des Pflegevaters mit Mittagessen. Als die neue Frau mitbekommen hatte, dass bestimmte Speisen wie "Weiße Bohnen" oder "Kraut- Eintopf" für mich nicht nur nicht bekömmlich, sondern auch eine Plage waren, wurden natürlich diese Speisen sehr oft gekocht, weil doch der Pflegevater das angeblich so gerne aß. Vorgehalten wurde mir, wie doch meine Unterwäsche vor der Wäsche ausgesehen hat. Sie hat also das ganze Repertoire an Bosheiten und Erniedrigungen aus ihrer Büchse der Pandora herausgelassen, um mich wegzuekeln. Als ich das Helga schilderte, reagierte sie sofort und schlug vor, doch zu ihr zu ziehen, da wir uns doch recht gut verstehen würden. Ihr kam das natürlich sehr entgegen und ich nahm das unter diesen Umständen dankbar an.

Inzwischen hatte ich auch Karin kennengelernt, Helgas große Tochter, die neun Jahre jünger war als ich und ebenfalls im Haushalt lebte. Da Helga neuneinhalb Jahre älter war als ich (sie sah aber mindestens 7 Jahre jünger aus), war ich eigentlich mittendrin, was das Alter betraf. Karin war im kritischen Alter von etwa 15 Jahren, ziemlich aufsässig und keinerlei Hilfe im Haushalt, jedoch für ihren kleinen Bruder Thomas eine liebe Schwester. Einige Zeit ging alles gut, sie hatte ja auch in der Schule noch fleißig zu lernen. Aber manchmal lag ihr Kamm schon ganz dicht bei der Butterdose.

Das 9. Semester (Frühjahrssemester 1964) hatte begonnen. Meine Besuche bei Dietmars Mutter waren nun seltener geworden, weil ich einfach keine Zeit mehr hatte.

Für Thomas wurde eine Kinderkrippe gefunden, wo er tagsüber gut untergebracht war. Sehr oft habe ich ihn in der Krippe abgegeben und ich höre noch heute seine weinerliche Bitte „Nicht Kinder gehen!" Das lag aber nicht daran, dass es ihm in der Kinderkrippe schlecht ging, sondern er wäre eben lieber bei seiner Mama geblieben, was ganz normal ist. Umso größer war immer seine Freude, wenn er wieder abgeholt wurde.
Nun konnte Helga wieder als Fahrerin im Straßenbahnhof Tolkewitz tätig sein und ihren Verdienst aufbessern, denn finanziell war sie völlig am Boden gewesen und

nur dank meiner finanziellen Hilfe ist's überhaupt noch weitergegangen, was mich fast meine gesamten Ersparnisse kostete. Oft habe ich sie mit dem Roller zu Frühschichten gefahren, die ja meistens früh etwa um 4:00 Uhr begannen. Das ist dann so weit gegangen, dass ich ihre kompletten Dienste gefahren habe, wenn sie sich gesundheitlich nicht wohl fühlte. Das gab zwar Gerede im Bahnhof Tolkewitz, aber ich machte geltend, dass ich eine gültige Fahrerlaubnis besitze und es ja egal ist ob sie oder ich den Dienst fahre, wichtig ist doch, dass der Dienst ordnungsgemäß abgeleistet wird! Dem musste natürlich stattgegeben werden.

Auch im Betriebshof Bühlau gab es Gerede und Kollegen haben es gut mit mir gemeint und mich gewarnt, mich nicht noch länger mit dieser Frau einzulassen und welche negativen Konsequenzen das für mich hätte, würde ich ihre Ratschläge in den Wind schlagen.

Aus heutiger Sicht muss ich dazu sagen, dass diese Ratschläge tatsächlich teilweise wohlmeinend waren. Aber in meiner damaligen speziellen Situation und mangelnder Erfahrung habe ich dann doch den wesentlich dornenreicheren Weg in meinem Leben gewählt.

Zu dieser Zeit gab es noch keine Kühlschränke für Privathaushalte. Regelmäßig fuhr ein Lkw durch die Straßen und der Beifahrer betätigte eine laut schallende Glocke, wie heute die mobilen italienischen Speiseeisverkäufer. Dann wurde immer mal kurz angehalten und die Leute strömten zum Auto. Mit einem messerscharfen Pickel trennte der Beifahrer von großen Eisblöcken Teile ab, kassierte und übergab den Eisbrocken dem jeweiligen Käufer. Aus einem alten Ofen baute ich einen Eisschrank und so hatten wir auch einen provisorischen Kühlschrank, was im Sommer sehr wichtig war.

Mein Studienkamerad Dietmar hatte es sich auch nicht leichtgemacht, denn schon bald war er Vater und noch Student. Bei Dietmars Mutter hatten Dietmar und Gertraude sowie Helga und ich mal einen Nachmittag verbracht, damit wir uns alle kennenlernen konnten. Hinterher an einem anderen Tag hat mir Dietmars Mutter auch mächtig ins Gewissen geredet und es gut mit mir gemeint. Vielleicht hat sie auch gehofft, dass ich, wenn ich von Helga ablasse, wieder mehr Zeit für sie hätte. Ein oder 2 Jahre später ist sie vereinsamt in einem depressiven Moment freiwillig aus dem Leben geschieden.

Als ich mich 1964 zur Abschlussprüfung in Kältetechnik bei der Sekretärin meldete, meinte sie, ich solle nach der Prüfung unbedingt warten, da ein Herr dringend mit mir sprechen möchte. Wer denn das sei fragte ich, doch sie sagte abweisend: „Das erfahren sie, wenn sie mit ihm zusammen kommen". Dieser Herr Lavrik war von der Staatssicherheit und hatte sich dementsprechend im Sekretariat ausgewiesen. Natürlich wusste das auch der Professor sofort, nur ich nicht. Professor J. muss wohl gegen diesen Verein eine gewisse Aversion gehabt und sich gedacht haben, dass ich ein Stasi-Spitzel bin. Bei der mündlichen theoretischen Abschlussprüfung war ich so souverän, dass er mir eine Note 1 geben musste, bei der praktischen Prüfung hat er mich ganz bewusst reingelegt und lächerlich gemacht. Einige Dinge am Kühlschrank waren zu erklären. Ich hatte noch gar nicht richtig die Tür vom Kühlschrank aufgemacht hat er schon losgefrozzelt: „Na sie schauen ja hinein als wenn sie beim Volkswagen vorn die Motorhaube aufmachen wollen... wo doch der Motor beim VW hinten ist, wie ich wusste. Er hat mir keine Chance gegeben und so habe ich in der praktischen Abschlussprüfung eine Note 5 gefangen, was eine Gesamtnote 3 ergab.

Danach war ich ziemlich sauer, wusste ich doch gar nicht was gespielt wurde. Nun stellte sich dieser Herr Lavrik (Deckname) als Mitarbeiter der Staatssicherheit vor. Wir gingen in einen ungestörten Bereich und er gab bekannt worum es sich handelt. Er teilte mir mit, dass die neue Frau meines Pflegevaters einen Bruder im Westen hat, der wohl ein bekannter Historiker war. Die Staatssicherheit hatte festgestellt, dass eine Republikflucht geplant war. Mir wurde die Aufgabe zuteil, doch zu Hause die Post durchzulesen oder sonstige Wahrnehmungen aufzusammeln, um meine Beobachtungen zeitnah über eine Telefonnummer (die dieser Mitarbeiter mir gab) zu übermitteln. Ich war so freundlich und habe zu Hause diese Information sofort direkt weitergegeben, damit sie wissen, dass ihr Plan aufgeflogen ist und ich ihnen nicht schaden will. Gedankt ist mir das nicht worden, die Nachteile hatte nur ich. Denn mehrmals musste ich mit diesem Mitarbeiter der Stasi telefonieren, um bekannt zu geben, dass mir "leider" nichts in die Hände gefallen war.

Zu dieser Zeit gab es auf bestimmte Lebensmittel wie beispielsweise Kaffeesahne oder Schweineleber noch Zuteilungsmarken. Deshalb hatte mich Helga berechtigterweise gedrängt mir meine zustehenden Zuteilungsmarken von zu Hause mitzubringen. Bei meinem nächsten Besuch in Pflegevaters Haus hatte ich mal erfahren müssen, wie weit die Gemeinheiten dieser neuen Frau noch gehen konnten. Bei dieser Gelegenheit wollte ich nämlich meine noch mir gehörenden persönlichen Gegenstände mitnehmen. Normalerweise hatte ich seit ich Student war jeden Monat 80 Mark für Kost und Logis abzugeben gehabt (da blieb ganz wenig vom Stipendium für mich übrig, weshalb ich immer fleißig Dienste leistete). Da ich bei meinen sporadischen Besuchen jedes Mal feststellen musste, dass für mich Krautsuppe in der Röhre bereitgehalten wurde und nichts Anderes und da ich sowieso dort nicht mehr wohnte, bezahlte ich die 80 Mark nicht mehr. Als ich nun in meinem ehemaligen Zimmer überhaupt nichts mehr von meinen Sachen vorfand (da war ein goldener Ring, den mir Gretel-Mutter geschenkt hatte, meine komplette Fechtausrüstung, die auch nicht gerade billig war und so einige andere Dinge noch) habe ich mal nachgefragt, wo sie das denn hin geräumt habe. Zu meinem Erstaunen antwortete sie mir frech: „Du hast ja für Kost und Logis nichts mehr bezahlt und dich auch nicht abgemeldet, da haben wir halt deine Sachen veräußert!" Auf meine Vorhaltung gar nicht mehr da gewohnt zu haben und auch außer ihrer Krautsuppe, die ich verschmähte, keine Gegenleistung erhalten zu haben, lachte sie nur frech. An diesem Tag hatte ich ihr dann auch mal meine Meinung gegeigt, denn das Maß war nun voll und Rücksichtnahme nicht mehr angebracht. Doch das hat sie völlig unberührt gelassen. Pflegevater saß dabei und sagte kein Wort dazu, er war nun völlig unterm Pantoffel. Unverrichteter Dinge musste ich wieder gehen, hatte mich sofort umgemeldet und damit war auch gesichert, dass ich diese Zuteilungsmarken nun selbst bekam.

Wahrhaftig diese Frau war ein gemeiner Teufel in Menschengestalt!!

Karin war inzwischen im letzten Schuljahr und hatte ihre Abschlussprüfung bestanden. Sie wollte Krankenschwester werden. Sie kam nun öfters nicht mehr nach Hause und trieb sich mit jungen Burschen herum. Sie ließ sich auch nichts mehr sagen. Einmal musste ich mit ihr auf einen Rummelplatz gehen, weil man ihr dort die Geldbörse gestohlen hatte. Beinahe hätte es noch eine Prügelei gegeben, aber ich war besonnen genug um der aus dem Wege zu gehen. Als sie sich irgendwo auf dem Dorf mit dem Sohn vom Bürgermeister eingelassen hatte und nicht nach Hause kam war das Maß voll. Um sich unserem Unmut zu entziehen, flüchtete sie sich zur Großmutter und erzählte ihr Lügenmärchen. Wutentbrannt kam da die Großmutter zu uns mit Karin im Schlepptau. Mit der charmanten Bemerkung "Hat der Leckarsch auch etwas zu sagen" trieb sie es auf die Spitze. Gemeinsam haben wir dann mal geklärt was Sache war und wie gemein Karin gelogen hatte. Eines ist aber sicher, den Rest ihres Lebens hat Großmutter diesen Auftritt und diese Bemerkung mir gegenüber bitter, bitter bereut und mir das später auch mehrfach gesagt.

Im 9. Semester war der große Beleg im Fach Verfahrenstechnik zu erbringen. Mein Thema war der "Gonellsichter", ein Gerät zur Korngrößenanalyse von Feststoffen, in dem Fall wichtig für die Kaliindustrie. Hierbei musste ein von mir entworfenes Gerät von der Werkstatt gebaut werden, mit dem ich dann meine Versuche durchführte und die entsprechenden Ergebnisse analysierte.
Zu dieser Zeit gab es noch keine elektronischen Hilfsgeräte. Zuerst musste der handgeschriebene Text erstellt werden, um dann das gesamte Manuskript mit der Schreibmaschine in einem Schreibbüro abschreiben zu lassen. Ergebnis-Auswertungen zur Tabellenerstellung wurden mittels Handrechenmaschine (Kurbelantrieb und nur Addition ohne Ergebnisstreifen) ausgeführt. Hier muss ich Helga lobend erwähnen, die eine wesentlich leserlichere Schrift hatte als ich und sehr viele Seiten für mich geschrieben hat. Denn es konnte passieren, dass das Schreibbüro bei zu unleserlicher Schrift die Ausführung verweigerte.

Dietmar und ich nutzten in dieser Zeit unsere mathematischen Kenntnisse zur Erstellung eines Tippsystems für das beliebte Fußballtoto und stellten dabei fest, dass wir jede Woche garantiert den Mindestgewinn erreichen, wenn wir die ermittelte Anzahl Tippreihen spielen und entsprechend unser Geld gemeinsam investieren. Leider war der Einsatz für unsere Verhältnisse schon ganz ordentlich, die jede Woche erzielten Gewinne leider nicht, da offensichtlich noch andere dieses Phänomen erkannt hatten und damit die Quoten niedrig blieben. Dietmar legte fest, dass nur wir beide spielen, diese Tippreihen anderen nicht zugänglich gemacht werden, da wir eine Menge Zeit in dieses System investiert hatten. Man hätte halt nur mal bei den Spiel-Prognosen der Mannschaften "Unentschieden" oder "Siegen" etwas besser liegen müssen, dann wäre der große Geldsegen schon möglich gewesen.

Obwohl ich bei unserem intensiven Liebesleben äußerst vorsichtig war, teilte mir Helga Anfang 1964 mit, dass sie beim Frauenarzt war und ihr bescheinigt wurde, dass sie schwanger ist, das Kind etwa im Juli zu erwarten sei und zeigte mir zugleich die Mütterkarte vor. Erfreut war ich ja nun gar nicht! Noch nicht mit dem Studium fertig und auch schon Vater werden wie Dietmar, so hatte ich mir das nicht vorgestellt. Ab da hatte ich mich natürlich nicht mehr vorgesehen, warum auch. Stutzig wurde ich erst, als zum vorausgesagten Geburtsdatum nichts geschah und die nächste Untersuchung eine nicht mehr erklärbare Zeitdifferenz ergab, denn nun war sie wirklich schwanger. Aktualisiert hieß es, dass die Geburt zum Jahresende 1964 zu erwarten sei, das wäre das Ende meiner regulären Studienzeit gewesen. Daraus ergab sich für mich folgende Schlussfolgerung: Entweder hatte der damals untersuchende Arzt eine totale Fehldiagnose getätigt, oder ich bin bewusst getäuscht worden. Natürlich hat Helga immer grundsätzlich eine derartige Täuschung heftig bestritten und war beleidigt, dass ich ihr so etwas unterstellen würde. Doch was tut man nicht alles, wenn man schon zwei enttäuschte Ehen hinter sich und bereits 3 Kinder hat und nun einen finanziell vielversprechenden Partner findet, mit dem man gern sein weiteres Leben teilen möchte (Karin war aus erster Ehe und Sohn Peter lebte beim geschiedenen zweiten Ehemann, der Erzeuger von Thomas gab ein Eheversprechen und löste es kurz vorm standesamtlichen Termin eben nicht ein). Nur wenn ein Arzt eine Schwangerschaft definitiv festgestellt hatte gab es eine Mütterkarte.
Dieses Geheimnis werde ich wohl nie lüften können, aber an eine totale Fehldiagnose zu glauben fällt mir immer noch schwer, denn ein Dreimonatefötus ist von einem Facharzt meines Erachtens zweifelsfrei festzustellen.

Nach Ende des 9. Semesters wurden wir Studenten seminargruppenweise zur sozialistischen Hilfe in die Kartoffelernte nach Mecklenburg verpflichtet. Es war für mich sehr interessant zu sehen, welche Arbeitseinstellung die LPG-Bauern hatten und wie sie mit uns umgingen. Wir kamen uns vor wie polnische Gastarbeiter, jedoch ohne Lohn, ausgebeutet und angetrieben. Dort hatte ich geraucht wie ein Weltmeister und richtig, in der herbstlichen Nebellandschaft bekam ich eine Art Asthma, ging zum Arzt, der mich zur weiteren Behandlung nach Dresden überwies, wie ich es ihm souffliert hatte. Nach kurzer Zeit ging es mir wesentlich besser und Helga freute sich, dass ich wieder zu Hause war. Hier hatte ich eine gewisse Bestätigung, dass man Ärzte auch beeinflussen kann.

Nun wurde Helga aber dringlich und meinte, dass wir bald mal heiraten sollten bevor das Kind kommt.
Da hatte ich eine Grundsatzerklärung abgegeben und gesagt, dass ich ein Jahr Probezeit mir ausbedingen muss. Denn nur, wenn wir gemeinsam unter dem neuen Stress harmonieren, haben wir eine Chance auf dauerhafte Haltbarkeit einer

derartigen Verbindung unter den gegebenen Umständen. Das musste sie akzeptieren, ob sie wollte oder nicht. Außerdem hatte ich so meine Hintergedanken, nachdem ich die ganze Wahrheit ihrer Vergangenheit kannte und mir sagte, dass zwei geschiedene Ehen nicht ganz einseitig gescheitert sein können und eine gewisse Dominanz zwischenzeitlich von ihr ausging, die mir auch zu denken gab.

Leider hatte sie bei der Wahl Ihrer Partner zu sehr auf das schöne Äußere geachtet, aber Charakter und Intelligenz nicht genügend berücksichtigt. Da ich ihre Partner später kennenlernen musste, wurde mir völlig klar, dass es mit diesen Kleingeistern und Egoisten einfach nicht gut gehen konnte.

Das Herbstsemester 1964, zugleich Abschlusssemester, endete mit der Diplomarbeit. Auch hier galten wieder die gleichen Randbedingungen, die ich schon bezüglich des großen Beleges dargelegt habe und Helga hat mich ebenfalls wieder tatkräftig unterstützte.

Nebenbei musste ich aus dringenden finanziellen Gründen noch viele Straßenbahndienste leisten und alles artete in totalen Stress aus.

Der Lehrstuhl Verfahrenstechnik an der Uni Dresden war eng mit dem Thüringer Kaliforschungsinstitut Sondershausen liiert und die Tendenz des Lehrstuhls war es, möglichst viele Absolventen an dieses Institut zu vermitteln.

Meine Diplomarbeit war Teil der Doktorarbeit unseres Oberassistenten und einem wichtigen Thema der Kaliindustrie gewidmet, wobei ich wieder eine praktische Versuchsausrüstung benötigte, die erst einmal von mir konstruiert werden musste, um dann in der Versuchswerkstatt in die Endfertigung zu gelangen. Leider hatte die Versuchswerkstatt meine Versuchsanlage äußerst verspätet geliefert, so dass ich aus diesem Grund den Endtermin für die Abgabe der Diplomarbeit nicht einhalten konnte und um Terminverlängerung ersuchen musste, die selbstverständlich gewährt wurde. Mit Abschluss der regulären Studienzeit endete jedoch auch die Zahlung meines kleinen Stipendiums. Das bedeutete für mich ab dato: Kein Geld vom Staat.

Im 4. Quartal 1964 sind Dietmar mit seiner Traudl und ich mit Tochter Karin (Helga war ja schwanger) nach Sondershausen gefahren, um mal unsere neue Wirkungsstätte in Augenschein zu nehmen, da auch er in die Kaliindustrie vermittelt worden ist.

Sporadisch bin ich zu Dietmars Mutter gefahren und wir haben unsere interessanten Spaziergänge oder auch mal einen Kinobesuch absolviert. In diesem Zeitraum musste Helga zum Zahnarzt und ihr wurden gleich mehrere Zähne gezogen (was keiner ahnen konnte). Trotz Ansage waren weder Karin, die inzwischen ihre Schule absolviert hatte, noch ich zugegen und Helga ging es an diesem Nachmittag äußerst schlecht. Beim Frühstück am nächsten Tag hatte sie sich bitterbös beschwert, so alleingelassen zu werden und ein bisschen Eifersucht auf Dietmars Mutter war herauszuhören. Hier hatte ich dann geltend gemacht, dass Karin auch nicht da war, denn sie hatte ja wieder einen neuen Freund. Sie hätte doch auch der Mutter zur Hand gehen können. Ein Wort gab das andere, Karin wurde immer dreister in ihren Äußerungen und warf mir schließlich unbeherrscht und wutentbrannt ein Brötchen an den Kopf. Das war mir denn doch zu viel. Alle lebten mehr oder weniger von meinem schwer verdienten Geld und jedwede Forderung wurde von mir erfüllt. Da stellte ich Helga kurz entschlossen vor die Wahl, entweder geht Karin und das sofort und kommt nicht wieder in diese Wohnung herein, oder ich gehe mit gleichem Resultat. So kam es, dass Karin sogleich bei ihrer Großmutter auf der Wöhlerstraße einzog. Anschließend wohnte sie im Rahmen ihrer medizinischen Lehrausbildung in einem Schwestern-Internat in Dresden.

Am 11.12.1964 kam meine Tochter Annett zur Welt und war von Anfang an ein kleiner Sonnenschein. Aber wie das natürlich so ist, bringt so ein neuer Erdenbürger auch viel neuen Aufwand und Unruhe ins Leben. Da die Wohnung nicht gerade geräumig war, musste ich die schönen Betten zersägen und daraus Wandklappbetten bauen, damit das Schlafzimmer zugleich als Kinderzimmer nutzbar war.

Da wir finanziell recht klamm waren hatte ich mir gedacht, versuch doch mal dein Glück im Fußballtoto und reduziere das gemeinsam ausgearbeitete System auf ein Optimum, sodass wir es finanziell stemmen können und wette mal nur nach dem eigenen Bauchgefühl. Das von Dietmar und mir gewettete System erbrachte leider an dem Wochenende wieder nur ein Patt, während meine Tipps im reduzierten System tatsächlich mal einen Gewinn von etwa 270 Mark ergaben, der für den Kauf eines Kinderwagens für unsere Annett gerade mal so reichte. Da war die Freude natürlich groß und ich Esel hatte trotz Helgas Warnung es als fair betrachtet, wenn ich von unserem Gewinn auch Dietmar einen Anteil abgebe. Da wir ja das Hauptsystem gemeinsam erarbeitet hatten, wenngleich ich es privat optimierte und er keinen Einsatz dafür bezahlte, somit die ursprüngliche Regelung, dass keiner von uns beiden unser System extra nutzen darf, meiner Meinung nach nicht gebrochen wurde. Wenn ich gewusst hätte, wie eigen mein „Studienfreund" tickt, wäre das Verschweigen dieses Gewinns die bessere Lösung gewesen. So aber hat er zwar das Geld genommen aber bitterböse reagiert, weil ich seiner Meinung nach doch Wortbruch begangen hätte. Für mich war das nicht nachvollziehbar, zumal ich doch meinte fair gehandelt zu haben. Kurz danach hatte sich das System erübrigt, weil die Sporttoto-Gesellschaft neue Regeln einführte.

Kurz nach Annetts Geburt war klar, dass ich in Dresden bei Helga bleiben wollte. Durch Dietmars Mutter erfuhr ich, dass er auch in Dresden blieb und eine Anstellung in Form eines Vorvertrages im „Institut für Chemieanlagen Dresden" gefunden hatte. Mir hat er aus Wut natürlich nichts gesagt. Da ich in Erfahrung brachte, dass dieses Institut noch weitere Mitarbeiter suchte, habe ich mich sofort auch dort beworben und wurde als zukünftiger Technischer Mitarbeiter angenommen. Nun galt es nur noch den Vorvertrag mit Sondershausen zu lösen. Daher machte ich definitiv Forderungen bezüglich einer Neubauwohnung geltend. Gehaltsmäßig hatte ich keine

Chance, da die Anfangsgehälter für Studienabgänger klar geregelt waren. Im Chemieanlagenbau gab es sogar mehr Geld (780,- Mark pro Monat brutto) als in der Kaliindustrie, was ebenfalls für mich eine Verbesserung bedeutete. Tatsächlich war meine Wohnungsforderung nicht erfüllbar, weshalb ich diesen Vorvertrag mit der Kaliindustrie erfolgreich lösen konnte. Erst Ende Januar 1965 konnte ich meine Diplomarbeit abgeben und wurde anschließend in Ehren exmatrikuliert. Entsprechend meines Vorvertrages mit dem „Institut für Chemieanlagen Dresden" konnte ich erst am 15. März 1965 die neue Anstellung beginnen, da ich mir ein Zeitpolster einräumen musste, weil zu dieser Zeit der Abgabetermin der Diplomarbeit noch ungewiss war. Einnahmen hatte ich seit 1. Januar 1965 keine, da all meine Zeit für die Fertigstellung der Diplomarbeit eingesetzt werden musste. Erst ab Februar war es mir möglich täglich Straßenbahndienste im Betriebshof Bühlau zu fahren. Der Ende Februar ausgezahlte Lohn bei der Straßenbahn musste nun für alle weiteren Aufwendungen reichen, denn Helga konnte ja wegen der Kindesgeburt nicht arbeiten gehen, erhielt nur eine kleine Ausgleichszahlung, von der auch noch die fällige Rate für die Wohnung abgezogen wurde!

Thomas war auf seine kleine Schwester nicht eifersüchtig und Annett, unser kleiner Sonnenschein, entwickelte sich prächtig.

Kapitel 3: *1960 - 1989 Meine DDR – Jahre bis zur Übersiedelung in die Bundesrepublik Deutschland vor dem Mauerfall*

3.1 Berufsjahre, Familie, Umfeld bis 1986

Endlich konnte ich am 15.03.1965 meine erste Anstellung im „Institut für Chemieanlagen Dresden" antreten. Dort traf ich auch Dietmar wieder, der schon eher arbeiten ging, weil er pünktlich seine Diplomarbeit beenden konnte. Seine Reaktion mir gegenüber war recht hässlich. Er meinte zynisch „Musst du mir immer alles nachmachen!" Ein toller Kamerad ist das, dachte ich mir. Irgendwie hat sich das dann später eingerenkt. Ab jetzt wusste ich, dass er sehr nachtragend und nicht immer fair war. Leider hatte ich ihn immer noch nicht richtig durchschaut!

Gleich zu Beginn wurde mir offeriert und im Arbeitsvertrag festgelegt, dass ich eine Woche später ab Montag ein halbes Jahr in der Außenstelle im VEB Chemische Werke Buna in Schkopau (nahe der Stadt Halle, direkt neben der Stadt Merseburg) tätig sein muss. Es galt, sich mit den inzwischen veralteten Anlagen aus der IG Farben-Zeit vertraut zu machen, neue Technikkonzepte zu erarbeiten, sowie verbesserte Verfahren in Zusammenarbeit mit dem Buna-Personal zu realisieren. Eine reizvolle Aufgabe war das schon, nur fern der Heimat die ganze Woche zu sein, war weniger prickelnd. Das bedeutete ganz zeitig am Montag früh mit der Reichsbahn zu starten und freitags meist spätabends wieder zu Hause zu sein, um am Sonnabend (der damals ein gesetzlicher Arbeitstag war) im Institut in Dresden zu arbeiten. Für Helga war das eine Zumutung, musste sie doch nun mit allem allein fertig werden und das im 4. Stockwerk. Da ich nur noch 20 Mark zu meiner persönlichen Verfügung hatte, die bis zum Monatsende reichen mussten, bat ich mir die Fahrkarten für Hin- und Rückfahrt direkt auszuhändigen, was nach Offenbarung meiner misslichen finanziellen Lage selbstverständlich akzeptiert wurde. Allgemein üblich war, dass man die Fahrkarten erst einmal selbst bezahlte und dann später abrechnete. Mir jedenfalls war das recht peinlich für den Anfang.

In Schkopau angekommen meldete ich mich erst einmal im sogenannten "Bullenkloster" (Ledigenwohnheim) an und dann war es gar nicht weit bis zum Werkseingang. Die ganze Umgebung trostlos grau, die ständige Staub-Hinterlassenschaft der Zementfabrik prägte das Bild. Ab Werkseingang roch es dann intensiv nach den verschiedensten Aromaten oder auch mal nach Salzsäure oder Chlor, je nachdem in welchem Bereich man sich gerade bewegte. Alles machte einen heruntergekommenen Eindruck, aus Rohrtrassen tröpfelte es nach unten und man hielt sich möglichst fern davon, weil es auch Schwefelsäure sein könnte und das tut den Kleidungsstücken und der Haut auch nicht gerade gut.

Die Außenstelle unseres Institutes hatte ich endlich gefunden. Sie war bis jetzt nur mit einer Person besetzt. Mein neuer Chef, Sohn eines Professors und äußerst intelligent, empfing mich freundlich. Sicher war er froh, dass er nun einen Gesprächspartner hatte. Es stellte sich gleich heraus, dass auch er im gleichen Ledigenwohnheim logierte. Damit war klar, dienstlich und privat war man sich ständig auf der Pelle. Er war ein starker Zigarettenraucher und da ich auch rauchte, boten wir uns gegenseitig Zigaretten an und bis zu je 20 Zigaretten am Tag ab der folgenden Woche waren üblich. Nur gut, dass wir miteinander harmonierten, was die Sache erträglich machte. Nach etwa einem Monat gelang es ihm sich mit seines Vaters Hilfe ("Vitamin B" Beziehungen sind alles) in eine Einraumwohnung in einem nahe gelegenen Neubau-Hochhaus einzumieten.

Meine Aufgabe war zunächst recht simpel, weil ich die PVC-Fabrik im Ist-Zustand erst einmal gründlich recherchieren sollte, um dann neue Wege aufzuzeigen, wie man diese Anlage optimieren und verbessern kann. Mit Feuereifer widmete ich mich dieser Aufgabe und schon nach der ersten Woche hatte ich einen guten Überblick über die Gesamtanlage. Am Essen sparte ich wegen meiner diffizilen Finanzlage, so dass ich sogar noch etwas Bargeld vor der Heimfahrt mein Eigen nannte. Meine Bitte an den Außenstellenleiter, ob ich denn nicht am Freitag etwas eher nach Hause fahren könne hat er mit der Bemerkung abgelehnt: „Sie kommen doch montags erst am späten Vormittag hier an, da können Sie doch nicht freitags schon eher nach Hause fahren wollen". Viele Jahre später als er selbst Familie hatte gestand er mir, dass er im Nachhinein verstehen könne, warum ich damals eher nach Hause fahren wollte. Aber leider kam diese Einsicht erheblich zu spät. So war ich leider erst nach 20:00 Uhr wieder bei Helga und den Kindern zu Hause.

Am Sonnabend hatte ich im Institut gleich mal den Betriebshof Bühlau angerufen und tatsächlich noch einen Spätübergangsdienst ergattert, sodass mir noch Zeit blieb schnell nach Hause zu fahren und die Dienstkleidung anzulegen um diesen Dienst zu absolvieren. Das war mir wichtig, weil ich, wie im Institut, auch bei den Verkehrsbetrieben die fällige Lohntüte in Empfang nehmen wollte, was äußerst dringlich und notwendig war. Für den Sonntag hatte ich mir dann noch einen Nachmittagsdienst geben lassen.

Bisher war ich ja außer zum Schlafen so gut wie gar nicht präsent gewesen. Aber am Sonntagvormittag gab es eine große Überraschung für Helga. Auf einem Tablett hatte ich alle Banknoten der beiden Lohntüten rundherum gelegt und das gab ein stattliches Bild. Mit „Tata" wurde Helga überrascht. Mitten in die Freude hinein ertönte die Türklingel und Helga öffnete. Eine blonde Hausbewohnerin namens Christel trat ein. Sie war ebenfalls Straßenbahnfahrerin (es war ja ein Straßenbahnerblock), die Helga manchmal etwas half und mit einem älteren Mann namens Arno zusammenlebte, der Standdienst im Bahnhof Bühlau war.

Sie sah dieses Geldtablett und sofort kehrte leider Missgunst in ihr Herz ein.

Nun waren wir wenigstens finanziell erst mal wieder „überm Berg" und das Leben konnte weitergehen. Eine tätige Hilfe war ich für Helga nicht, da ich ja schon wieder kurz nach dem Mittagessen zum Dienst musste. Spät abends kehrte ich dann heim und sehr zeitig Montag früh klingelte der Wecker und ab ging es wieder nach Schkopau.

In der PVC-Fabrik kannte ich mich bald besser aus als die dort Beschäftigten, da ich jeder Rohrleitung nachgegangen bin und jegliche Zuordnungen erkannte. Damals wurde PVC noch diskontinuierlich im Chargenbetrieb produziert. Die relativ kleinen, emaillierten Rührwerksbehälter der Firma Pfaudler, die mit einem Kühlmantel versehen waren, stammten noch aus der Zeit der IG Farben. Die am Ende des Reaktionsprozesses entstandene milchartige Flüssigkeit musste abgelassen werden, kam dann in eine Filteranlage (Seitz Filter) und wurde schließlich in einem Sprühtrocknungsprozess zum fertigen PVC-Pulver konditioniert. Ständig mussten die Behälter gereinigt werden, bevor sie wieder befüllt und zur Reaktion gebracht wurden.

Ein Problem in der Verfahrenstechnik ist es, wenn sich das Volumen-Oberflächen-Verhältnis durch extreme Vergrößerung der Apparatur drastisch verändert und damit der mögliche Kühlprozess zur Beherrschung einer exothermen chemischen Reaktion (bei der Wärme frei wird) infrage gestellt ist. Als nächstes Ziel zur Verfahrensverbesserung wurde ein 20 m³ Rührwerks-Emaillebehälter mit Kühlmantel gefertigt, in der Behälterhalle aufgestellt und in den Prozess einbezogen. Die älteren Apparaturen fuhr man mittels MSR (**M**ess-, **S**teuer-, **R**egelungstechnik) automatisch. Anhand eines Mehrfarbenschreibers wurden die jeweiligen Parameter (Druck, Temperatur usw.) auf einem Leporellostreifen (Papier beidseitig mit Löchern versehen, das in einer Vorrichtung aufgerollt war und mittels Zahnradkonstruktion langsam abgerollt wurde) aufgezeichnet. Damit konnte man zeitabhängig nachvollziehen, wie der Reaktionsablauf von statten gegangen war. Um auch den neuen Behälter sicher mit MSR bestücken zu können war es notwendig, dass er im Zweischicht-12-Stundenrhythmus von Hand gefahren wurde. Pro Schicht waren entweder mein Außenstellenleiter oder ich eine ganze Woche lang an diesem Reaktionsbehälter tätig, um anhand des Schreibers vorausahnend die Kühlung händig einzuregulieren.

Am Anfang waren wir noch nicht 100 % sicher, ob die maximale Kühlung bei niedrigster Kaltwassertemperatur in der Reaktionsspitze ausreichen wird. Unsere Berechnungen stimmten jedoch und nach einer Woche konnten wir die Meßstreifen der MSR-Abteilung übergeben, die dann eine gut funktionierende Regeltechnik einbaute. Nun konnte man Schritt für Schritt die alten 12 m³- durch weitere 20 m³-Reaktoren ersetzen und eine enorme Produktionssteigerung erreichen.

Meine Tage waren alle mit interessanter Arbeit ausgefüllt, die Zeit verging wie im Fluge und der Rhythmus war immer der Gleiche, wie schon beschrieben. Als die nächsten zwei Lohntüten fällig waren, beschlossen Helga und ich, dass eigentlich Unwichtigste zu kaufen.

Da Helga immer allein war, sollte sie doch wenigstens etwas Unterhaltung haben. Zu der Zeit war ein Kombinations-Standgerät aus Fernseher und Radio Marke "Clarissa" das Beste was zu haben war, musste sofort bar bezahlt werden und wurde angeliefert. Damit waren natürlich die Barmittel wieder nahe Null! Helga hat die

Aufgaben zu Hause bestens gemeistert und verstanden, dass ich jetzt der Geldverdiener sein muss. Aber wir wussten auch, dass Helga bald wieder arbeiten gehen muss, sobald sie eine Kinderkrippe fand, die ja von den Verkehrsbetrieben auch bereitgestellt wurde. Wieder einen Monat später half ich ihr am Wochenende beim Wäschewaschen. Wir hatten leider noch keine Waschmaschine kaufen dürfen, weil unsere Bestellung noch lange nicht dran war. Wie ein Waschtag einer Hausfrau damals aussah hatte ich ja schon ausführlich beschrieben, und daran hatte sich noch nicht viel geändert. Am Holzbottich begleitete ich Helga am zweiten Rubbelbrett. Diese ungewohnte Arbeit in Verbindung mit der Seifenlauge brachte mir heftig schmerzende Blasen an beiden Händen ein. Ich beschloss: So kann das nicht weitergehen, vor allem Helga zuliebe!

Es gab da in Helgas Verwandtschaft eine Tante Ilse, die im Zahlenlotto gewonnen hatte. Helga sprach Tante Ilse an, ob sie uns eine gewisse Summe für den Kauf einer Waschmaschine leihen könnte, mit Zinsen natürlich. Das sagte sie zu und übergab gegen Quittung mit Zinsausschreibung die gewünschte Summe an Helga. Am nächsten Wochenende bin ich dann mit etwa 5 Anmeldungen für eine Waschmaschine PEREX ins Zentrum Warenhaus am Postplatz mit dem Roller hingefahren. Einer hübschen jungen Verkäuferin übergab ich mit der einen Hand die 5 Anmeldungen und in der anderen Hand zeigte ich ihr einen 50 Mark-Schein. Schelmisch gefragt habe ich, ob nicht doch vielleicht eine der Nummern jetzt dran sei? Sie ging kurz nach hinten und kam freudestrahlend zurück, übergab mir eine Nummer, die sicher nicht meine war, und sagte, dass ich sofort mit dieser Nummer eine Perex kaufen könne. Mit Handschlag inklusive 50 Mark-Schein bedankte ich mich und habe diese Maschine sofort gekauft. Jetzt gleich könne diese Maschine im Lager abgeholt werden, Anlieferung ist leider nicht, wurde mir vom Verkäufer gesagt. Da bin ich dann auf die Straße gegangen und habe nach geeigneten, parkenden Autos Ausschau gehalten und hatte Glück. Gerade kam ein Wagenbesitzer und wollte einsteigen. Ihn sprach ich höflich an und fragte, ob er sofort 20 Mark verdienen möchte. Warum eigentlich nicht meinte er. Dann fuhr ich mit meinem Roller vornweg und gemeinsam bugsierten wir noch die Waschmaschine in den 4. Stock. Vor Begeisterung wusch Helga dann mit der neuen Maschine noch am gleichen Tag Wäsche.

Was war das doch für ein gewaltiger Fortschritt, zumal wenn man kleine Kinder hatte!

In der Außenstelle verging die Zeit immer wie im Flug, weil die Arbeit interessant war und man andere Produktionsbereiche kennenlernte, um auch hier Verbesserungen zu erzielen. Seit mein Außenstellenleiter eine eigene Mietwohnung hatte und er feststellte, dass ich musikalisch interessiert war, lud er mich oft nach Feierabend in seine Wohnung ein. Eine umfangreiche Plattensammlung hatte er und häufig durfte ich Quizfragen beantworten, aus welchem klassischen Stück welche Arie stammte oder welcher Interpret das gewesen war.

In diesem Chemiebereich Leunawerke und Buna Schkopau war die Atmosphäre sehr ungesund, dafür wurde aber das Warenangebot auf Geheiß der Regierung besser bestückt. So kam es, dass ich das erste Mal im Leben Pampelmusen (Grapefruits) sah und meinte das wären große Orangen. Wie groß war dann meine Enttäuschung als ich diesen bitterlichen Geschmack auf der Zunge hatte. Wie gesund diese Früchte sind, wusste ich nicht. Abnehmer fand ich aber sehr schnell für den Rest meiner Pampelmusen.

Ein oder zwei Wochen später wurde im Ledigenwohnheim gemunkelt, dass Kühlschränke zum freien Verkauf gesichtet worden sind. Da bin ich natürlich sofort hingegangen und hatte mir mithilfe meines Personalausweises einen Kühlschrank sicherstellen lassen, weil der Verkäufer ja sehen konnte, dass ich aus Dresden bin und erst einmal das Geld holen musste. Über das Wochenende war er kulant, aber, wenn ich nicht am Montagnachmittag bei ihm bin, würde der Kühlschrank anderweitig verkauft.

Am Wochenende wollten wir Tante Ilse noch einmal um einen Geldbetrag bitten und sagten ihr auch wofür. Eine derartig miese Reaktion dieser Frau hätte ich nicht für möglich gehalten, denn Geld hatte sie genug und es hätte ihr gar nichts ausgemacht noch mal einen kleineren Betrag zu erübrigen, zumal ich meine Raten pünktlich zurückzahlte. Stattdessen teilte sie uns empört mit, dass man nicht gleich ein Fernsehgerät kaufen sollte und erst mal seine Schulden zu bezahlen hat, bevor man neue macht.

Da hat mich „der Senf gepackt" und ich bin zum Pflegevater gefahren, da ich ja wusste, dass er reichlich Geld (wegen des Grundstücksverkaufs) auf dem Sparbuch hat. Da ersuchte ich ihn um ein Darlehen und zwar über eine Gesamtsumme, die es mir erlaubte dieser Tante Ilse sofort ihr Restgeld mit Zinsen wieder zurückzugeben und außerdem den Kühlschrank kaufen zu können. Natürlich auch wieder mit Quittung und Ratenzahlungsverpflichtung pro Monat wie gehabt. Glücklicherweise war der Hausdrachen nicht anwesend. Noch an diesem Wochenende legte ich Tante Ilse ihr Geld auf den Tisch und bedankte mich für die „Großzügigkeit", die sie hat walten lassen und sie sicher sein kann, dass ich nie wieder Geld von ihr borgen werde.

Termingerecht konnte ich nun den dringend benötigten Kühlschrank kaufen, damit Helga nicht immer wieder zum Eismann laufen musste. Ein kleines Problem war natürlich der Transport nach Dresden. Da musste erst einmal eine Ummantelung aus Holzbrettern geschaffen werden, bevor man das gute Stück ohne Beschädigungen der Reichsbahn zur Auslieferung nach Dresden anvertrauen konnte. Auch das bewerkstelligte ich mithilfe fremder Menschen. Und irgendwann zwei Wochen später ist der Kühlschrank dann auch angekommen, wurde aber nicht in den 4. Stock geliefert. Helga schaffte es, dass alles zum guten Ende kam und endlich auch ein Kühlschrank unser Heim modernisierte.

Leider währte das Glück nicht lange, da bekam die teuflische Frau Rieck Wind vom Darlehen und bestand auf sofortiger Rückzahlung.

Pflegevater stand da wie ein Trottel und ich sagte dieser Frau: „Das ist nicht ihr Geld und wenn Vater es mir borgt ist das seine Sache, merken Sie sich das endlich". Ein Wort gab das andere und diese Hexe vergiftete alles und führte mich wieder vor. Da ich aber fleißig in zwei Arbeitsverhältnissen bis zum geht gar nicht mehr arbeitete, war es mir bald danach möglich die restliche Gesamtsumme aufzubringen. Es war mir ein innerer Parteitag dieser Frau das Geld auf den Tisch zu legen und ihr meinen Abscheu kundzutun, denn ich war nun nichts mehr schuldig. Seitdem galt für mich der eiserne Grundsatz: „borge dir niemals Geld von Fremden, sondern verzichte lieber!"
Geld bei der Bank zu borgen war damals nicht so einfach möglich wie heutzutage!

Mitte September 1965 war das halbe Jahr in der Außenstelle Buna in Schkopau endlich zu Ende und ich konnte nun ein normaleres Leben führen. Natürlich hatte ich in der Außenstelle durch den direkten Kontakt mit der chemischen Industrie unheimlich viel dazugelernt und praktische Erfahrungen gewonnen. Vor allem mit dem Stand der Technik vor Ort bestens vertraut, war es leichter neue Ideen zu haben und diese möglichst in die Praxis umzusetzen. Es hat auch nicht lange gedauert, wurden vom Institut für Chemieanlagen auf der Hamburger Straße in Dresden Möglichkeiten zur Errichtung von kleinen Versuchsanlagen geschaffen, sodass man seine Ideen im ersten Schritt in einer Kleinversuchsanlage erproben und verbessern konnte, bevor man den großtechnischen Maßstab anpeilt.

Natürlich absolvierte ich jedes Wochenende zwei Dienste als Straßenbahnfahrer, damit genügend Geld in die Haushaltskasse kommt. Nun konnte ich Helga auch an den Werktagen entlasten und bestimmte Hausarbeiten übernehmen, wie zum Beispiel Staubsaugen, Fenster putzen und Einkaufen. Das war dringend notwendig, weil Helga wieder arbeiten gehen musste (im Sozialismus hatte jeder das Recht und die **Pflicht** auf Arbeit, was bedeutete, dass jeder werktätig zu sein hatte). Je nach Erfordernis brachte ich die Kinder in die Kinderkrippe oder holte sie ab. Helga fragte nun ständig nach, wann ich denn gedenke das Aufgebot für die Hochzeit zu bestellen und setzte mich nun ihrerseits unter Druck. Lange würde sie diesen Zustand nicht mehr mitmachen, was ich auch verstehen konnte, denn sie wurde von jedermann mehr oder weniger geschnitten und hinter dem Rücken als Studentenliebchen bezeichnet (es war ja ein Straßenbahner-Wohnblock und jeder kannte fast jeden). Natürlich war sie in der Zwischenzeit wieder als Fahrerin im Betriebshof Tolkewitz tätig. Da war der Arbeitsweg für sie von Strießen zum benachbarten Stadtteil Tolkewitz nicht weit.
Auf dem Standesamt wurde uns der 04.12.1965 als Termin für unsere Eheschließung bekannt gegeben. Jetzt war für Helga die Welt wieder in Ordnung! Um Kosten zu sparen (Kinder kosten nun mal viel Geld) habe ich Helga überredet, niemandem in der Familie von dieser Hochzeit zu erzählen, da wir zwei in aller Stille und ohne pompöse Feier ehelichen sollten, was ihr sehr schwer fiel.
Ausschlaggebend für meinen Entschluss in diese Eheschließung einzuwilligen war nur meine Tochter Annett, ihr wollte ich ersparen, was ich als Waisenkind erleiden

musste. Sie sollte behütet in einer intakten Familie Kind sein dürfen und in gesicherten Verhältnissen aufwachsen. Mir war sehr bewusst und klar, dass mich kein Zuckerschlecken erwartete, war doch meine Holde fast 10 Jahre älter als ich, inzwischen ziemlich dominant und hatte außer meiner Tochter Annett noch drei Kinder in petto, für mich wahrlich kein Grund zum Feiern.

Bei einem meiner Einkäufe hatte ich beim Fleischer sehr bescheiden unter anderem Leberwurst eingekauft. Hinter mir unbemerkt stand ein Hausbewohner der im Erdgeschoss wohnte, frisch verheiratet war und eine für sozialistische Verhältnisse perfekte Arbeiter-Ehe verkörperte. Das Lohngefüge in dieser sogenannten Arbeiter- und Bauernmacht war so geartet, dass Spitzengehälter von Arbeitern und normale Ingenieurlöhne fast gleich waren. Dementsprechend hatte dieses junge Ehepaar als normale Doppelverdiener (vermutlich zu damaliger Zeit etwa 900 Mark Gesamtverdienst) ein gutes Auskommen für DDR-Verhältnisse, zumal in der AWG-Verkehrsbetriebe Dresden für diese Genossenschafts-Wohnung kaum mehr als 38 Mark im Monat zu bezahlen war.
Ziemlich laut raunte er mir bei diesem Fleischereinkauf ins Ohr: "Na, für mehr als Leberwurst reicht's wohl nicht!". Das hatte ich mir gut gemerkt, denn es hat nicht lange gedauert hatte er ein Kind nach dem anderen produziert und wie es der Zufall so will, traf man sich Jahre später wieder mal beim Fleischer und da habe ich dann sehr laut die gleiche Phrase gedroschen. Nur mit dem feinen Unterschied, dass es mir da finanziell wesentlich besserging als ihm.

Einen großen Urlaub konnten wir uns 1965 nicht leisten, aber die linke Wand unseres Bades habe ich in eine wunderschöne Südseelandschaft verwandelt. So konnte man wenigstens von der Badewanne aus sich einen Südseeurlaub vorgaukeln. Ansonsten haben wir nur gearbeitet und uns wenig gönnen können, aber den Kindern hat es an nichts gefehlt.
In diesem Spätherbst gönnten Helga und ich uns einmal einen Einwochen-Kurzurlaub in der näheren Umgebung ohne Kinder, die wir in der Obhut von Helgas Großmutter gut behütet wussten. Hinter dem Gästezimmer plätscherte ein kleines Bächlein, das uns bei geöffnetem Fenster regelrecht in den Schlaf wiegte. Das war Entspannung pur und dringend notwendig. Außerdem hatten wir endlich einmal etwas Zeit für uns, was für unsere weitere Zukunft sehr wichtig war. Mit dem Motorroller unternahmen wir kleine Touren und ließen es uns gut gehen.

Unsere Hochzeit auf dem Standesamt verlief unspektakulär, die vergoldeten Ringe wurden getauscht, Helga hatte ein paar Tränchen in den Augen und mit dem Motorroller Berlin sind wir dann wieder nach Hause gefahren und machten uns bei Kaffee und Kuchen einen gemütlichen Nachmittag mit den Kindern. Wir wussten, dass an diesem Tag im DDR-Fernsehen (es gab nur ein Programm) ein westdeutscher Film „Die Abenteuer des Hochstaplers Felix Krull" gesendet wurde, was eine außerordentliche Seltenheit war. Justament an diesem Abend fiel es Tante Ilse und deren Mutter ein, dass wir ja ein Fernsehgerät neuester Bauart haben und man da mal unangemeldet zu Besuch kommen sollte, zumal man doch einmal Geld geliehen hatte, was ihrer Meinung nach eine gewisse Gegenverpflichtung rechtfertigte. Und so kam es, dass wir an unserem Hochzeitsabend diese Verwandtschaft unangemeldet einlassen mussten. Natürlich sahen sie sofort die Eheringe und da mussten wir dann auch noch die Gratulation über uns ergehen lassen. Es hat auch keinen Tag gedauert, da hatte sich dieses Ereignis im Haus schon herumgesprochen. Ab da wurde Helga plötzlich voll anerkannt und auf das Höflichste gegrüßt. Meine Tochter war nun kein „Bankert" mehr. So waren damals die Sitten und Gebräuche!

Am 11.12.1965 feierten wir den einjährigen Geburtstag unserer kleinen Maus gebührend. Noch heute sehe ich vor meinem geistigen Auge das kleine Wesen auf dem Arm meiner Frau mit einem Nuckel im Mund lächeln.
Das gesamte Weihnachten, Silvester und Neujahr fuhr ich jede Menge Dienste, gab es doch für Feiertage 100 % Zulage.

Die Arbeiten im Institut waren reine Forschungsthemen und hochinteressant. Leider hatten wir einen Abteilungsleiter, der ein echter „Korinthenkacker" war. Jedes Schriftstück musste ihm vorgelegt werden und was er dann daran herumzukritisieren hatte war lächerlich. Als körperlich kleiner Mann war er ein Möchtegern-Napoleon. Aus meiner Erfahrung heraus kann ich nur feststellen: Diese kurz geratenen Männer sind fast immer giftig! Da ich einen ausgeprägten Gerechtigkeitssinn habe, geriet ich natürlich mit ihm in Konfrontation. Die Folge war, dass ich innerhalb der Abteilung immer der letzte war der auch eine Gehaltserhöhung bekam.
Ab März 1966 wurde mein Gehalt erstmals auf MDN (Mark der Deutschen Notenbank) 855,- brutto erhöht.

Ab 1. April 1966 musste die DDR Führung den Lebensverhältnissen in der Bundesrepublik Deutschland Rechnung tragend auch für ihre Bürger etwas tun und erklärte gesetzesverbindlich jeden zweiten Sonnabend als arbeitsfreien Tag.

Das war schon eine große Erleichterung für uns, da ich ja sowieso jedes Wochenende Dienste gefahren habe und so etwas mehr Freiraum zur Unterstützung der Familie hatte.

Im April 1966 änderte Helga mit meinem Einverständnis den Nachnamen für Thomas in Hofmann mittels neuer Geburtsurkunde, damit später keine Missverständnisse oder Komplikationen für Thomas erwachsen sollten.

Eines Tages wurde ich in die Kaderabteilung (Personalbüro) gerufen. Man teilte mir mit, dass sich meine Tochter das Leben habe nehmen wollen und ich solle mich doch im familiären Interesse kooperativ zeigen. Diese Quasi-Zurechtweisung war mir unverständlich und ich erklärte zunächst, dass hier ein Irrtum vorliegen muss. Doch dann wurde mir erläutert, dass es sich um Helgas Tochter Karin handelte, die ja eine Schwesternausbildung an der medizinischen Akademie machte. Danach habe ich zu meiner Rechtfertigung die näheren Umstände dargelegt und wurde verstanden. Karin hatte meines Erachtens eine bestimmte Dosis Schlaftabletten zu sich genommen und es so eingerichtet, dass man sie noch rechtzeitig auffindet. Auch eine Methode um wieder Verzeihung in der Familie zu finden. Das hätte sie auch einfacher mit einem Gespräch haben können, denn mit ihrer Mutter den Kontakt zu untersagen wäre mir nicht in den Sinn gekommen, nur wohnen sollte sie nicht mehr bei uns. Danach kam sie öfters besuchsweise zu uns. Nachdem sie ausgelernt hatte war sie als Vollschwester in der Gynäkologie tätig. Bald hatte sie wieder einen neuen Freund namens Gerd, den sie dann später geehelicht hat.

Leider stellte sich heraus, dass unsere Annett nach gründlicher ärztlicher Untersuchung nicht krippenfähig war und es Helga deshalb ausnahmsweise erlaubt wurde zur Betreuung des Kindes Hausfrau zu sein. Natürlich war auch Thomas dann zu Hause, da ja jeder Krippenplatz gebraucht wurde. Nun war ich natürlich der alleinige Verdiener, aber mit zwei Arbeitsverhältnissen.
In dieser Zeit zahlte Helga 2 Jahre freiwillig in die Rentenkasse den zulässigen Monatsbetrag ein und klebte dafür entsprechende Beitragsmarken in den Ausweis ein. Die Beiträge waren vorgegeben und wurden von Helga ordnungsgemäß entrichtet. Gemäß Einigungsvertrag mussten wir leider feststellen, dass diese 2 Jahre von der Deutschen Rentenversicherung im wiedervereinigten Deutschland deshalb nicht angerechnet wurden, weil der Beitrag pro Monat angeblich zu niedrig gewesen sei. Höher hätte man aber gar nicht einzahlen dürfen! So wurde man wieder benachteiligt, weil man aus dem Osten Deutschlands kam!!

An einem Freitag hatte Helga einen großen Topf mit Seifenlauge auf den Gasherd gesetzt um nach kurzer händiger Vorwäsche Windeln für den Einsatz in der Waschmaschine zu kochen. Im Bad stellte sie anschließend diesen kochend heißen Topf ohne Deckel auf den Fußboden ab, um gleich weiter die begonnene Arbeit fortzusetzen. Da sie sich aber kurz auf die Toilette setzen musste, hatte sie diesen Topf im Türbereich voll im Blick. In diesem Moment kam der kleine Thomas um die Ecke gerannt um nach Mama zu sehen. Helga wollte vor dem heißen Topf warnen und schrie Vorsicht! Doch in Sekundenbruchteilen war es schon geschehen. Thomas verlor die Balance und plumpste mit dem Hinterteil voll in diese kochend heiße Lauge hinein. Trotz ihres schnellen Eingreifens und Herunterziehens der Sachen waren großflächige Verbrühungen 3. Grades entstanden. Telefon oder Handy hatte man damals noch nicht. Da gab es nur öffentliche Telefonzellen, die auch noch von Rowdys öfters funktionsuntüchtig gemacht oder kein Bargeld mehr aufnahmen, weil sie nicht rechtzeitig geleert wurden. Zufällig war die alleinstehende Nachbarin, Sekretärin im Hochhaus und Thomas sehr zugetan, zu Hause. In ihrer Verzweiflung klingelte Helga bei ihr und bat um Hilfe. Zufällig hatte diese Dame ein eigenes

Telefon (eine absolute Seltenheit in dieser Zeit und sehr verdächtig!) und so konnte schnell ärztliche Hilfe herbeigeholt werden. Parallel hatte sie im Institutssekretariat übermittelt, dass man mich sofort informieren möge. Leider wurde nicht ich, sondern ein Namenskollege mit Doppel-F informiert, der sofort nach Hause ging, um dann festzustellen, dass es blinder Alarm war. Nach Feierabend bin ich nichtsahnend nach Hause gegangen und treffe doch diese Nachbarin zufällig auf der Straße. Mit großer Verachtung hat sie mein Desinteresse an dem Jungen laut kundgetan und mich heruntergeputzt. Erst als sie merkte, dass ich überhaupt keine Ahnung vom Geschehen hatte, begriff sie, dass irgendetwas schiefgelaufen sein musste.

Lange war Thomas im Krankenhaus und dank einer neuen Sauerstofftherapie konnte er gerettet und wiederhergestellt werden. Eine große Narbe die ständig gepflegt werden musste war dann das Andenken an dieses Geschehen.

Im Herbst 1966 hatte ich vorgeschlagen, Großmutter zu uns zu bitten, damit sie am nächsten Tag die Kinder betreuen möge. Helga und ich wollten dann mit dem Motorroller eine Fahrt zur Elbequelle nach Spindlermühle (Spindleruv Mlyn) ins Riesengebirge in der CSSR unternehmen. Es gab zu dieser Zeit nur die Möglichkeit ins sozialistische Ausland frei nach Polen oder in die CSSR reisen zu können. Dafür konnte man zum Beispiel für eine Eintagesreise nur einen bescheidenen Tagessatz DDR-Geld in tschechische Kronen umtauschen. Entweder hatte man die Wahl dort Benzin zu kaufen um weiterfahren zu können, oder mal essen zu gehen. Zu Beidem hätte es auf keinen Fall gereicht. Da ich vollgetankt hatte und wir zeitig losgefahren waren, haben wir mal in Reichenbach (Liberec) an einer Gaststätte mit Biergarten Halt gemacht um zu rasten und etwas zu uns zu nehmen. Am Nebentisch saßen fröhlich tschechisch schwätzend eine ganze Gruppe Herren.

Offensichlich gefiel ihnen meine attraktive Frau und nach wenigen Minuten wurden wir auf Deutsch eingeladen, doch an ihrem Tisch mit Platz zu nehmen. Es stellte sich heraus, dass hier ein Arbeitskollektiv eines angrenzenden Baubetriebes seine ausgedehnte, sozialistische Frühstückspause verbrachte, die offensichtlich nach Belieben verlängert werden konnte. Statt weiter zu fahren, sind wir dort hängen geblieben und ich habe bis heute noch nicht die Elbequelle besucht. Wir wurden eingeladen und freigehalten. Meine Bitte DDR-Geld direkt in Kronen umzutauschen wurde zum offiziellen Kurs sofort realisiert, da enge Kontakte auch zur DDR bestanden und man dort gern etwas einkaufen wollte. Ein Mann namens Jarko (Jaroslav) war besonders freundlich zu uns und erklärte, dass er schon in der Nazizeit einen guten deutschen Freund gehabt habe, der immer zu ihm gestanden hätte.

Man darf ja nicht vergessen, dass in der Nazizeit die Tschechen schwer unterdrückt wurden und Menschen zweiter Klasse waren, andererseits durch die Benesch - Dekrete die meisten Deutschen zwangsweise vertrieben wurden. Da war beiderseits viel Hass im Spiel. Daher waren wir derart angenehm überrascht so gastfreundlich behandelt zu werden. Zwischen Jarkos Familie und unserer hat sich später regelrecht eine Art Freundschaft entwickelt. Wir wurden eingeladen doch mal einen Urlaub in Liberec zu verbringen und dass wir in seinem Haus wohnen könnten. Auch wir teilten unsere Adresse mit, wobei sie im Falle von Dresdenbesuchen jederzeit bei uns willkommen sind. Das haben sie auch kurz danach an einem Wochenende wahrgemacht und wir waren gute Gastgeber.

Ab 22.04.1967 wurde von der DDR-Regierung die Fünftagewoche gesetzlich eingeführt. Allerdings wurden ab dato 5 Feiertage gestrichen.

Im Institut war die Arbeit nach wie vor hochinteressant und ich bin immer engagiert tätig gewesen.
Im März 1967 erhielt ich eine Bescheinigung, dass mir ab sofort 5 % Treueprämie gezahlt werden und im Oktober 1967 erhielt ich dann als Letzter der Gruppe meine zweite Gehaltserhöhung, die nun MDN 955,- brutto betrug.

Obwohl ich keine Fahrerlaubnis für den kleinen Hecht hatte, wusste ich doch wie man ihn bedienen muss. Daher hatte ich mir einen sogenannten Auslandsdienst für die Linie 2 im Straßenbahnhof Walterstraße telefonisch geben lassen, was natürlich ein gewisses Risiko war, wäre irgendetwas während des Dienstes schiefgegangen. Weil ich in Erinnerung an meine Kindheit auf der Ammonstraße nach dem Bombardement mit dem ausgebrannten kleinen Hecht gespielt hatte, wollte ich unbedingt wenigstens einmal diesen Typ fahren. Während dieses Dienstes war ich hochkonzentriert, damit ja nichts passiert. Da bei diesem Hechtwagen der Außenspiegel zum Überblick auf den hinteren Ausstieg des Hechtes genügte, war kein Schaffner mit an Bord. Lediglich am Endpunkt Schlachthof hatte ich ein kleines Problem, weil die Fahrgastsitze mithilfe eines Hebels jeweils in Fahrtrichtung gedreht wurden. Die jeweilige Kabine umzurüsten war für mich kein Problem, aber wo war der Hebel der verfluchte Hebel? Der Kuppeldienst schaute etwas verwundert und ich habe mich dann herausgeredet. Er zeigte mir wo der Hebel ist und schon war alles erledigt. Auf der anderen Seite in Loschwitz fuhr man rückwärts in ein Gleisdreieck hinein und hatte da in dieser Beziehung keinerlei Probleme. Interessant war die etwas andere Art der Bedienung, die etwas an eine Totmannschaltung erinnert. Ließ man den Fahrknopf los schaltete man automatisch aus, was beim großen Hecht durch Antippen des Bremspedals passierte. Alles ist gut gegangen und damit war auch mein Wissensdurst gestillt.

Mein Bruder Gottfried hatte den Pflegevater zu sich nach Leverkusen schriftlich eingeladen und da Rentner in der DDR einmal im Jahr auch in die BRD reisen durften konnte er tatsächlich 10 Tage in Leverkusen verbringen. Das war für ihn mal ein positives Erlebnis.

Um noch etwas dazu zu verdienen hatte ich mich mit einem im Querblock wohnenden Facharbeiter zusammengetan, um im Auftrag der AWG Wartung und Reparatur der Gasdurchlauferhitzer am AWG Standort Strießen zu übernehmen. Er besaß die Konzession und ich war sein stiller Teilhaber, der am Ende mehr Ahnung von den Geräten hatte als er selbst und immer froh war, wenn ich wieder eine Reparaturlösung fand. Natürlich gab er mir für die erbrachten Leistungen nur maximal 35 % des Nominallohnes, da er ja die Konzession hatte. Dafür durfte ich auch hauptsächlich die Schmutzarbeiten (Reinigungsarbeiten) übernehmen.

An einem Wochenende waren wir zu viert nach Oberloschwitz zu meinem Pflegevater gefahren, damit er meine Frau und die Enkelchen mal kennenlernen konnte. Natürlich war auch seine Xanthippe zugegen und hat dafür gesorgt, dass wir uns dort nicht gerade sehr wohl fühlten. Als „Opa" unsere Annett mal auf den Schoß nehmen wollte, wurde er noch zurechtgewiesen. Daher bot ich ihm an, wenn er es möchte Ihn mal mit dem Motorroller abzuholen, damit er uns besuchen kommen konnte.

Im Sommer 1967 sind wir mit beiden Kindern mit der Reichsbahn nach Liberec gefahren und haben dort eine wunderschöne Urlaubswoche verbracht. Während wir die Natur genossen, war für die Kinder die Hauptattraktion der Schäferhund „Asta". Ein gutmütiges und geduldiges Tier, auf dem unsere Kinder sogar reiten konnten. Von Helenka, Jarkos Frau, wurden wir mit tschechischen Nationalspeisen verwöhnt. Helenkas bildhübscher Sohn Jirko spielte mit uns „kde che co" (wo ist was, Kartenspiel zur Gedächtnisübung), das er uns anschließend für unsere Kinder schenkte. Den damals neuesten Song " California" spielte er auf seiner Plattenspielanlage in Superqualität vor. Alles war blitzeblank sauber, man hätte vom Fußboden essen können. Wir hatten uns sehr wohl gefühlt und das Versprechen abgegeben im nächsten Jahr wieder zu kommen, wenn es denn so intensiv gewünscht war, denn auch wir waren sehr nette Gäste und unsere Kinder wohlerzogen.

An einem Wochenende holte ich dann tatsächlich den Pflegevater mit meinem Roller in Oberloschwitz ab. Wir verwöhnten ihn und verbrachten einen unbeschwerten, angenehmen Nachmittag. Er berichtete uns von seinem Westbesuch bei meinem Bruder Gottfried, was für mich auch interessant war. Bei dieser Gelegenheit erfuhren wir, dass Pflegevater jetzt in jenes Mansardenzimmer verbannt worden ist, in dem wir als Kinder geschlafen hatten. Sicher aus Scham erzählte er nicht alle Ungelegenheiten. Aber was wir hörten, hat uns schon gereicht. Doch helfen konnten wir ihm nicht, hatte er sich doch selbst in diese Lage gebracht.

Da wir keine erneute Schwangerschaft wollten, hatte sich Helga das Verhütungspräparat Ovosiston (Antibabypille) verschreiben lassen, dass in einer speziellen Apotheke in der medizinischen Akademie abgeholt werden musste und in der DDR kostenfrei war. Leider war die Dosierung dieses Präparates damals zu hoch und als unerfreuliche Nebenwirkungen stellte sich eine auf null gehende Libido bei Helga ein. Nach ungefähr anderthalb Jahren wurde bei diesem Präparat der Wirkstoff abgesenkt, aber leider blieb bei Helga dieser unerwünschte Effekt bestehen.

Bei den Verkehrsbetrieben zeichnete sich eine gravierende Änderung ab. Der amerikanische PCC (**P**resident **C**onference **C**ommittee) - Triebwagen wurde in den USA als Standard festgelegt und war als Lizenzproduktion in der CSSR (Tschechoslowakei) eingeführt worden. Ein Musterwagen dieses Typs (T4D) auf unsere Spurweite zugeschnitten, absolvierte erste Probefahrten in Dresden. Sehr schnell erkannte die Dresdener Führung der Verkehrsbetriebe, dass man sowohl das Stromnetz verstärken und gleichzeitig den Unterbau (das Schienennetz) für dieses antriebsstarke, neue System ertüchtigen musste. Eine neue Gleistechnik aus Fertigelementen bestehend, wurde eingeführt, mit dem Nationalpreis ausgezeichnet, angewandt – und hat sich später als ungeeigneter teurer Flop herausgestellt. Außerdem wurde bis zur Einführung des T4D im Jahr 1969 das gesamte Oberleitungsnetz verstärkt.

Der Winter 1967/68 war besonders schneereich und ich musste einmal mehr als 12 Stunden im gesamten Dresdener Stadtgebiet einen Schneeräum-Spezialwagen alter Bauart als Straßenbahndienst fahren. Es war ein seitlich offenes Gefährt wie in alten Zeiten mit Handkurbel und Handbremse, alles war im Stehen zu absolvieren und hatte einen Schneeflug vorn dran. Da hat man sich wieder warm anziehen müssen, um das zu überstehen. Eigentlich sollte dieser Dienst nur 8 Stunden dauern, aber wegen der dauernden Schneefälle und fehlender Ablösung hat sich das dann auf die vorgenannten 12 Stunden belaufen.

Für diesen Winter war es uns gelungen bei der AWG eine größere Wohnung (mit einem Kinderzimmer) in Dresden-Laubegast in einem Straßenbahner-Plattenbaublock auf der Gasteinerstraße 12 im 2. Stockwerk zu erwerben. Um diesen Umzug reibungslos bewerkstelligen zu können, parkten wir zunächst beide Kinder bei der sogenannten "Lala-Oma" (Helgas Mutter, die noch immer berufstätig war). Mein Gasdurchlauferhitzer-Kompagnon konnte uns einen Lkw mit entsprechend großer Ladefläche organisieren und unser Nachbar Hansi half uns beim Umzug. Wir haben ihn großzügig entlohnt und er hat sich darüber auch sehr gefreut. Wegen des hohen Schnees konnten wir das Fahrzeug nicht vorm Haus parken, mussten mit Schlitten jedes einzelne Umzugsgut bis zum Lkw transportieren. Als wir endlich mit dem Umzug in Laubegast fertig waren, streckten wir uns auf den blanken Fußboden aus und sind sofort eingeschlafen, so kaputt waren wir. Am nächsten Tag musste natürlich erst einmal die Wohnung auf der Fürstenwalder Straße besenrein übergeben werden. Danach konnten endlich Aufbau und Ordnung in der neuen Wohnung stattfinden. Als die Kinder wieder zurückgeholt wurden, war deren Freude riesig, hatten sie doch jetzt ein eigenes Kinderzimmer, ohne Wenn und Aber.

Da ich auf dem Boden einige Kleinigkeiten abstellen wollte und nicht ersichtlich war, inwieweit dort eine Zuteilung auf die einzelnen Stockwerke vorgenommen war, stellte ich an einer beliebig freien Stelle meine Sachen ab. Der unter mir wohnende Eigentümer klingelte gleich am nächsten Tag Sturm und zeigte mir, was eine Harke ist. Die paar abgestellten Sachen waren in „seinen Bereich" gekommen und das war ja unverzeihlich. Vor Ort fragte ich ihn dann woran man denn erkennen könne was wessen Bereich ist, doch außer „Blabla" kam da nichts mehr von ihm. Mit ein paar Handgriffen stellte ich dann selbstverständlich an anderer Stelle meine Habseligkeiten ab und das war's dann auch. Ein toller Einstand wieder mal! Es wurde immer deutlicher, dass man es im Straßenbahner-Milieu mit Kleingeistern zu tun hatte.

Im Jahr 1968 zog die gesamte Forschungsabteilung von der Mansfelder Straße direkt ins Zentrum nahe Postplatz auf die Ernst Thälmann Straße um. Nur an wenigen Tagen der Woche war ich dort tätig, weil wir Versuchsanlagen auf der Hamburger Straße betreiben und verbessern wollten. In Buna wurde die PVC-Produktion nach einem sogenannten Emulsionsverfahren betrieben. Wir waren nun als Forscher (Chemiker und Verfahrenstechniker arbeiteten im Kollektiv eng zusammen) bestrebt ein neues Verfahren auszutesten, in dem in einem Druckreaktor die Ausgangsstoffe für die Synthese eingegeben und als Produkt das fertige für die Weiterverarbeitung direkt zu verwendende PVC Pulver anfiel. Aus diesen Arbeiten erwuchs eine Patentschrift 79 000, Anmeldetag 03. Juni 1969 (WP 12 g /140 253) über eine "Rührvorrichtung für Medien, die während des Rührvorganges eine Phasenänderung von flüssig nach pulverförmig durchlaufen", an der ich Miterfinder war. Im April 1968 hatte ich wieder eine Versuchsserie erfolgreich absolviert und fuhr mit meinem Motorroller nach Hause. Auf einer gleichrangigen Nebenstraße näherte ich mich mit etwa 50 km/h einer Kreuzung, aus der links ein Lkw diese Kreuzung ebenfalls befahren wollte. Ganz kurz stoppte dieser Lkw ab und ich meinte, dass er mich gesehen hatte, da ich vorfahrtsberechtigt war. Von rechts kam kein Fahrzeug, sodass ich nicht abbremsen musste. Offensichtlich hat mich dieser Lkw-Fahrer doch übersehen. Denn plötzlich startete er durch, ich bremste spontan ab, mein Roller rutschte nach rechts weg und ich knallte mit dem Kopf voran (Sturzhelm hatte ich vorschriftsmäßig auf) hinter der Vorderachse des Lkw an die Ladefläche, wurde auf den Rücken gedreht in dem ich nun mit dem sturzhelmgeschützten Hinterkopf aufs Pflaster krachte. Keine Zehntelsekunde verlor ich das Bewusstsein und konnte sehen wie ich unter den Lkw mit den Füßen voran in Richtung der linken hinteren Doppelreifen geschleudert wurde. Der Körper gehorcht in solch einer Situation keinem Reflex, weil ich meine Beine anwinkeln wollte um nicht unter die Räder zu geraten. Stattdessen konnte ich sehen, wie diese Doppelräder auf meine Füße zurollten und genau auf meinem rechten Fuß stillstanden, weil der Fahrer inzwischen den Unfall bemerkt und abgebremst hatte. In dem Moment verspürt man keinerlei Schmerz, aber ich habe gebrüllt, er möge von meinem Fuß runterfahren. Das Fahrzeug hatte über Kardanwelle Heckantrieb und so verdrehte er noch mal beim Rückwärtsanfahren auch noch den anderen Fuß. Kaum war ich frei, bin ich auf den Unterarmen, die Beine nachziehend in Panik unter dem Auto hervorgekrochen. Erst dann war eine kurze Ohnmacht gnädig mit mir. Wahnsinnige Schmerzen in den Füßen ließen mich wieder aus der Ohnmacht erwachen. Nach einer Zeit, die einem wie eine Ewigkeit vorkam, traf dann der Krankenwagen ein. Ich wurde auf eine Trage gelegt und ab ging die Fahrt in dem schlecht gefederten Sankra. Als ich zu laut

vor Schmerzen schrie, weil diese Erschütterungen den Schmerz regelrecht verstärkten, rief mir die Begleitärztin zu, dass ich mich doch zusammennehmen soll. Auf dem OP-Tisch gab man mir ein Sedativ, sonst hätte ich es vor Schmerz beim Einrichten und Einrenken der multiplen Knochenbrüche nicht aushalten können. Als ich dann aufwachte, waren beide Beine voll eingegipst. Dann wurde ich nach Hause gefahren und die Treppen hochgetragen. Kurz vor Helgas Geburtstag hatte ich ihr eine große Überraschung negativer Art bereitet, aber ich war völlig unschuldig. Nun hatte sie drei Personen zu betreuen. Der Sturzhelm hatte mich vor einem Kopfschaden bewahrt, zeigte aber leichte Risse weshalb ich mir einen Neuen zulasten der Versicherung gekauft habe. Mein Roller war schwer beschädigt, gelangte in eine Werkstatt und wurde komplett wieder neu auf Kosten der Versicherung hergestellt. Das gewährte Schmerzensgeld war ein Lacher vom Betrag her. Viel, viel wichtiger war mir, ob ich je wieder ordentlich laufen könnte. Je wärmer es wurde, desto unangenehmer ist es voll eingegipst zu sein. Außerdem ist man von der Beweglichkeit her derart gehandikapt, dass sich Helga zur der Bemerkung verstiegen hat:" So gut wie du möchte ich es auch einmal haben, rundherum bedient zu werden". Insgesamt musste ich über 2 Monate zu meiner Genesung zu Hause sein. In dieser Zeit der erzwungenen körperlichen Untätigkeit habe ich mich anhand eines Schachbuches mit der Kunst der Schach-Strategie in Eröffnungen, Mittel- und Endspiele vertraut gemacht, wenn ich allein war. Schon damals stellte ich fest, dass geistige Ablenkung eine gewisse Schmerzunterdrückung bewirkte. Den reparierten Motorroller hat mir ein Bekannter von der Werkstatt abgeholt und auf der Straße abgestellt. Zum letzten Abnehmen des Gehgipses bin ich tatsächlich mit dem Motorroller, wenn auch äußerst langsam und vorsichtig, bis nach Blasewitz in die Chirurgie gefahren. Das Betätigen des Kickstarters war eine Tourtour. Offensichtlich war alles recht gut zusammengewachsen und der inzwischen angepasste Gehgips gab einen ziemlich guten Halt, um humpelnd erst mit Krücken und später freihändig sich bewegen zu können. Nachdem dieser Gehgips abgenommen war erhielt ich einen sogenannten Zinkleimverband, der in relativ kurzer Zeit etwas erhärtete und eine gewisse Stützfunktion hatte. Schon beim ersten Gehversuch wurde mir bewusst, dass ich nicht mit dem Roller hätte kommen dürfen, denn ab jetzt hat wieder jeder Schritt wahnsinnig weh getan. So konnte ich überhaupt nicht den Kickstarter betätigen und habe dann einen Passanten zum Anlassen des Rollers gebeten. Mit Schmerztränen in den Augen bin ich dann äußerst langsam zurück nach Laubegast gefahren und habe mich mühsam die Treppen steigend in das 2. Stockwerk geschleppt.
Wieder einmal dem Tod von der Schippe gesprungen und dabei noch Glück gehabt, denn dieser Unfall hätte auch ganz anders ausgehen können, wenn statt der Füße der Bauch unter die Räder gekommen wäre!!

Helga sollte etwas später wieder in den Arbeitsprozess eingegliedert werden, da Annett nun kindergartenfähig war. Aus gesundheitlichen Gründen (sie hatte große Probleme mit dem rechten Arm, der für die Handbremse bei der Straßenbahn evident wichtig war) konnte sie nicht als Fahrerin eingesetzt werden. Als einzige Alternative wurde ein unterbezahlter Einsatz in der Straßenbahn - Wagenwäsche im Betriebshof Tolkewitz angeboten. Daher bin ich mit Helga ins Hochhaus gegangen und habe in der Kaderabteilung nachgefragt, ob es nicht auch etwas Qualifizierteres geben könne, zumal die Wagenwäsche auch nicht gerade armschonend war. Es war ein Armutszeugnis, was wir da zu hören bekamen. Kurz gesagt potenziertes Unvermögen. Über eine im Kinderwochen-Vollheim der Verkehrsbetriebe beschäftigte Frau im Straßenbahnerblock erhielten wir die Information, dass dort noch Hilfskräfte für die Kinderbetreuung dringend benötigt würden. Das war für uns die Gelegenheit einerseits Helga in Beschäftigung zu bringen und andererseits beide Kinder wohl versorgt zu wissen. Helga wurde ab August 1968 als pädagogische Hilfskraft eingestellt und für beide Kinder war damit die Unterbringung mit Mama gesichert.

Unseren Urlaubswünschen für August 1968 wurde stattgegeben. Nochmals haben wir Helgas Großmutter gebeten als Kindermädchen zu kommen, damit wir zwei Wochen nach Liberec fahren konnten. Wieder hatten wir bei Jarko freundlich Unterkunft erhalten. Zu dieser Zeit war der "Prager Frühling" bereits im vollen Gange und es gab auch eine deutschsprachige Zeitung, in der die 1000 Worte enthalten waren. Wir waren begeistert von diesem 1000 Worteinhalt, der einen freieren Sozialismus propagierte. Jarko aber war in Sorge, dass vielleicht nochmals deutsche Truppen in sein Land einmarschieren, weil bekannt wurde, dass an der tschechisch-DDR-deutschen Grenze die DDR-Armee Einheiten massiv zusammengezogen hatte.
Eines Tages wurde gefragt, ob wir nicht Lust hätten eine Woche im Isergebirge in einer Gebirgshütte kostenlos Urlaub machen zu wollen. Natürlich wollten wir das! Jarkos Freund Ladio, der uns mit seiner etwas eifersüchtigen Frau auch in Dresden besucht hatte, meinte mit seinem Skoda mit Helga voranfahren zu wollen und ich sollte mit dem Roller hinterherfahren. Während der Fahrt hat er sich mehrmals an Helgas Oberschenkeln vergreifen wollen, aber sie hat seine Hand jedes Mal zurückgewiesen und gesagt, dass er das zu unterlassen habe. Also war die Eifersucht seiner attraktiven Frau durchaus berechtigt, denn sie kannte ihren Pappenheimer. Als wir an der Hütte ankamen wurden die bisherigen Bewohner (zwei hübsche junge Damen waren dabei) von Ladio übernommen und fuhren nach freundlicher Verabschiedung mit dem Skoda davon. An diesem Abend warteten gleich zwei Überraschungen auf uns.
1. mussten wir erst einmal gründlich alles säubern
2. entdeckten wir über unserem Bett ein großes, bewohntes Hornissennest, was aber folgenlos blieb.
Leider hatten wir nicht viel Glück mit dem Wetter in dieser Woche. Fast jeden Tag Dauerregen. Einmal bin ich zum Tscherna Hora (Schwarzer Berg) bei strömenden Regen allein gegangen, um mal wenigstens etwas in die Umgebung ausschwärmen zu können. Völlig durchnässt bin ich wieder zurückgekommen, gesehen habe ich nichts.

Eines Tages wollten wir gerade Kaffee trinken, als Wanderer vorbeikamen und auf Tschechisch um Einlass baten. Da wir nicht verstanden und deutsch antworteten stellte sich heraus, dass sie perfekt Deutsch konnten und natürlich haben wir sie in "tschechischer Gastfreundschaftsart" bewirtet. Wir erfuhren, dass sie einer Organisation angehörten, die eine friedliche Revolution wollte. Im besten Einvernehmen haben wir uns verabschiedet. Sie hatten auch Bedenken vor einer Invasion der Armeen des Warschauer Paktes.

Mit dem Roller sind wir dann wieder nach Liberec zurückgefahren und haben bei Jarko den Hüttenschlüssel abgegeben. Was Jarko an mir gefallen hat war mein Eifer im Erlernen tschechischer Vokabeln um mich verständlich machen zu können. Einen riesengroßen Teddybären für die Kinder durften wir nach einem überaus freundlichen Abschied als Geschenk mitnehmen, was zur Folge hatte, dass Helga mit der Eisenbahn zurückgefahren ist. Im Gepäck waren auch die "1000 Worte", die sie gut versteckt hatte. Wären sie bei ihr gefunden worden, hätte man sie sofort inhaftiert!

Am 21.08.1968 erfolgte auf Geheiß der UdSSR der Einmarsch der Warschauer Paktstaaten in das Gebiet der CSSR zur Niederschlagung des Prager Frühlings. Die DDR-Volksarmee hat sich aus historischen Gründen auf Anweisung der UdSSR nicht an diesem Einmarsch beteiligen dürfen, da zwischen den sogenannten Bruderstaaten noch mehr Zwietracht gesät worden wäre und wegen der deutschen Uniformen der tschechische Widerstand wahrscheinlich wesentlich intensiviert worden wäre. Die Propagandisten des Warschauer Paktes haben danach ganz bewusst das Gegenteil behauptet um die Einheit des Warschauer Pakts zu dokumentieren und diese Propaganda wurde von allen geglaubt! Sogar im Westen!

Moskau war daran gelegen, den Konflikt nach der Niederschlagung möglichst schnell zu deeskalieren.

Offensichtlich haben unsere tschechischen Freunde ebenfalls geglaubt wieder von deutschen Truppen überfallen worden zu sein und dementsprechend war dann die Reaktion; nie wieder haben wir Kontakt miteinander gehabt.

Im September 1968 wurde Thomas eingeschult. Erstaunlich wie viele Zuckertüten überreicht worden sind. Schon damals wurde daraus ein großes Familienfest gemacht. Nun hatte auch für ihn der Ernst des Lebens begonnen. Sein Schulweg führte ihn nach Dresden-Leuben.

Ab 01. August 1968 war Helga als pädagogische Hilfskraft im Kinderwochen-Vollheim der Verkehrsbetriebe für 18 Wochenstunden eingestellt worden. Schon am

2. Arbeitstag hatte sie einen Arbeitsunfall, weil sie auf einem Obstkern ausrutschte und sich dabei einen Beinknöchelbruch zuzog. Daher musste sie vom 2. August bis 15. September arbeitsunfähig zu Hause bleiben. So wurden ihre Wünsche erfüllt, die sie anlässlich meiner Unfallverletzungen hegte! Nur leider konnte ich sie nicht von vorn und hinten bedienen, weil ich selbst wieder berufstätig war. Im Kinderwochen-Vollheim hat man ihr nach Wiederaufnahme ihrer Tätigkeit ab Mitte September 1968 den Vorschlag gemacht doch ein Fernstudium an der Pädagogischen Schule für Kindergärtnerinnen in Pirna zu beginnen. Natürlich habe ich ihr zugeraten und ihr jegliche Unterstützung zugesagt. Ihre Bedenken waren ja nicht unberechtigt, da sie wegen der vielen Bombenalarme im Dritten Reich öfters die Volksschule versäumen musste. Im Deutschunterricht gab es damals keine lateinischen Bezeichnungen wie etwa Substantiv (Hauptwort), Pronomen (Fürwort) was nun aktuell gefordert war. Ermutigt habe ich sie auch deshalb, weil sie Ausbildungszeugnisse als Friseurin, Verkäuferin, Lehrausbilderin und Filialleiterin sowie Fremdenführerin bei den Verkehrsbetrieben erfolgreich absolviert hatte. Jedes Mal wurde ihre Karriere durch ein neues Kind jäh unterbrochen.

Allerdings hatte das Semester bereits am 2. September 1968 begonnen, aber einer Nachnominierung wurde stattgegeben.

Das bedeutete zusätzlichen Stress, weil sie den bereits versäumten Stoff noch nacharbeiten musste. Dabei habe ich ihr sehr viel geholfen und sie unterstützt wo ich nur konnte. Zusätzlich musste sie ja als pädagogische Hilfskraft arbeiten gehen, denn sie absolvierte ja ein Fernstudium. Das war eine eklatante Familienbelastung und für Helga extremer Stress, der ihr später eine Psoriasis (Schuppenflechtenerkrankung) übelster Art einbrachte. Aber sie hat sich wacker geschlagen und schloss nach eineinhalb Jahren die Prüfung als Erziehungshelferin mit der Note „gut", sowie den Abschluss als Kindergärtnerin 1972 ebenfalls mit Note „gut" ab!

Einer unserer Chemiedoktoren startete mal ein Back-Experiment in unserer Wohnung. Da wurde mit viel Tamtam ein „Platzkuchen" (Huckelkuchen, aus 6 EL Öl, 6 EL Mehl, 6 EL Weinbrand, 6 Eigelbe, 1 Prise Salz und zum Bestreichen 100g zerlassene Butter, 100g Zucker, 2 Vanillezucker, Puderzucker zum Bestäuben) gebacken. Das war eine interessant geformte, kalorienreiche aber äußerst wohlschmeckende Überraschung.

Den Rest des Jahres 1968 habe ich weiterhin jedes Wochenende und auch zu Weihnachten Dienste gefahren, denn irgendwann wollte ich mir ein Auto kaufen. Bestellt war es ja seit meinem Studium-Abschluss, aber nicht unter 8 Jahren Wartezeit bis zur Auslieferung war damals für einen "Trabbi" üblich. Für die Autofahrprüfung hatte ich mich vorsorglich bei einer der wenigen Privatfirmen, Autofahrschule Ernst Flade, rechtzeitig angemeldet. Aber auch hier waren lange Wartezeiten zu verkraften.

1969 nannte sich unser Institut "Industrie Forschungszentrum Chemieanlagen".

Auf der Bodenbacher Straße in Dresden-Ost war ein Technikums-Gebäudekomplex entstanden, der Werkstätten einschließlich Kfz-Werkstatt für Betriebsautos, Räume für Kleinversuchsanlagen und Büroräume enthielt. Hier waren beispielsweise in einer Abteilung nur Chemiker angesiedelt. Es gab auch eine Elektroabteilung. In einer weiteren Abteilung wurden Versuchsingenieure vorgehalten, die den Verfahrenstechnikern hilfreich bei der Erprobung ihrer kleintechnischen Versuchsanlagen zur Seite standen.

Hier konnte effizient geforscht werden, weil Teamwork interdisziplinär gelebt wurde. Insbesondere die enge Zusammenarbeit zwischen den Chemikern und Verfahrenstechnikern war ein guter Nährboden zur Erforschung neuer Verfahren, Verfahrensstufen und Vorrichtungen. Jeden Tag bin ich mit großer Begeisterung zur Arbeit gegangen um neue Ideen in der Praxis auszuprobieren und daraus neue Erkenntnisse zu gewinnen. Interessanter kann eine Arbeit dann eigentlich nicht mehr sein.

Der Prestigekampf beider Supermächte, die über effiziente, leistungsstarke Träger-Raketen verfügten, der in einem Wettlauf zu einer bemannten Mondlandung ausartete, wurde am 20. Juli 1969 zu Gunsten der Amerikaner entschieden, die 2 Astronauten als erste auf dem Mond landen und heil wieder zurückbringen konnten. Die Amerikaner haben angeblich mit ihrem Apollo-Programm noch weitere fünf bemannte Mondlandungen erfolgreich absolviert, die letzte am 17. Dezember 1972, von denen ich noch nie gehört habe. Den Sowjets gelangen lediglich unbemannte Mondlandungen.

Da Dietmar, der Kindesvater von Thomas, keine Alimente mehr überwies, hatten wir uns mal schlau gemacht, woran das liegt. Es stellte sich heraus, dass sich Dietmar mithilfe seiner Brüder über Bulgarien nach der Bundesrepublik Deutschland abgesetzt hatte. Wie wir seine neue Adresse ermittelten ist mir nicht mehr bekannt, jedenfalls hatten wir ihn mehrfach aufgefordert seinen Verpflichtungen nachzukommen, ohne Reaktion. Erst als wir gerichtlich gegen ihn vorgingen und wir einen Schuldtitel hatten, der natürlich vorsah, dass er in DM zahlte und wir DDR-Mark bekamen, hat er schließlich reagiert. Danach einigten wir uns, dass die Klage nicht weiter betrieben würde, wenn er bereit wäre seine Verpflichtungen durch Schicken von Päckchen abzuleisten. Damit waren Produkte erwartet worden, die in der DDR begehrt waren, die ihm als ehemaligen DDR-Bürger bestens bekannt waren. Natürlich hatte er da eingewilligt, so billig wäre er nie davongekommen. Wie preiswert war es doch im Westen beim Discounter einzukaufen und dann noch diese sogenannten Geschenksendungen steuerlich absetzen zu können. Was er da so schickte und wie oft war eben das nur absolute Minimum!

Heiligabend 1969 heirateten Karin und Gerd (Yvonne war unterwegs). Zufällig war auch mein Bruder aus Leverkusen gekommen und er war sehr erstaunt, dass Karin Hochzeit in unserer Wohnung feierte! Hatte er sich doch ein wenig Hoffnung gemacht Karin für sich zu gewinnen…
Es war ein ausgelassenes Fest am Heiligabend und alle hatten dem Alkohol fleißig zugesprochen.

Der Vollständigkeit soll noch erwähnt sein, dass am 03.10.1969 im DDR- Fernsehen ein 2. Programm eingeführt wurde.

Auch Geburtstage feierten wir jetzt in der Familie. Dabei hatten wir oftmals auch gesungen und viel Spaß. Auch Dietmar und seine Frau Traudl waren mit von der Partie. Auch bei ihren Geburtstagen waren wir zu Gast, denn es hatte sich inzwischen alles mehr oder weniger wieder eingerenkt.

Anfang 1970 war es dann endlich soweit, die Autofahrschule hatte begonnen. Die theoretische Prüfung am 27. April 1970, die eigentlich 2 Stunden dauern sollte, konnte ich schon nach einer dreiviertel Stunde erfolgreich verlassen. Praktische Fahrstunden habe ich nur wenige benötigt, da ich ja durch Rollerfahren und meine große Übersicht im Straßenverkehr mit der Straßenbahn nur auf die Handhabung des Fahrzeuges, es war ein uralter DKW, konzentrieren musste. Leider war der Fahrlehrer eine Ekelperson ersten Grades. Schon bei der theoretischen Ausbildung war zu hören, was doch für eine hohe Kunst das Autofahren sei und wie dumm sich doch viele hinterm Steuer anstellen. Sein Zynismus kannte keine Grenzen, insbesondere während der praktischen Fahrten. Statt der Fahrschülerin mal nett einen Hinweis zu geben, weil sie die Handbremse beim Anfahren nicht gelöst hatte, tönte er nur herum „Da muss doch ein Haken dran sein!". Bei der Abschlussprüfung im Juni 1970 war vor mir als Prüfling eine Frau Doktor an der Reihe. Hinten saß ich mit dem prüfenden Polizisten. In der Art wie der Fahrlehrer die Fahrschülerin mit seinen ständigen ironischen und irreführenden Bemerkungen verunsicherte, der Polizist ihn aber gewähren ließ, war dann mein Eindruck, dass man diese Frau bewusst bei dieser Prüfung hat durchfallen lassen.
Als ich dann meine Prüfungsfahrt absolvierte, machte der Fahrlehrer das gleiche Spielchen mit mir und hat mich derart gereizt, dass ich mich unvernünftiger Weise beim Linksabbiegen im Haltestellenbereich Fučikplatz auf die Straßenbahnschienen begeben habe, ohne dass in irgendeiner Weise eine Verkehrsgefährdung entstanden wäre, aber eine geringfügige Behinderung die Folge war. Bei der Auswertung der Prüfung wurde der Frau die Fahrerlaubnis ausgehändigt und mir wurde gesagt, dass ich durchgefallen bin. Das bedeutete ein Vierteljahr warten, neue Fahrstunden nehmen, um noch einmal für die Prüfung zugelassen zu werden!

Zum 77. Geburtstag des Pflegevaters hatte sich Gottfried für eine Woche bei uns einquartiert. Auch ich war als Gratulant beim Pflegevater zugegen. Natürlich gab es eine Familienfeier bei uns, wo alle zugegen waren. Bei dieser Gelegenheit hatten wir vereinbart, gemeinsam einen 14 Tage-Urlaub in Ungarn am Balaton zu verbringen.

In Budapest am Hauptbahnhof wollten wir uns treffen um dann gemeinsam in seinem Opel Kapitän zum Balaton zu fahren. Mit meiner frisch erworbenen Fahrerlaubnis wollte ich dann gern mal dieses Auto fahren, aber leider war keine Fahrerlaubnis bei mir vorhanden. Rechtzeitig hatte ich Platzkarten für den Zug besorgt, damit wir mit den Kindern etwas entspannt die lange Reise absolvieren konnten, da wir die Nacht durchfahren mussten um morgens in Budapest anzukommen. So viel wie möglich DDR Geld in ungarische Forint hatte ich umgetauscht.
Bis Prag verlief die Reise einwandfrei, dann hieß es plötzlich, dass unser Waggon ausgetauscht werden muss. Helga, die Kinder und das Gepäck waren noch im Zug und ich bin ausgestiegen und über die Gleise gelaufen, weil ich dort einen Bahnangestellten gesehen hatte. Welch Entsetzen für die Kinder als der Zug plötzlich anfuhr und Papa nicht im Wagen war! Nach kurzem Gespräch mit dem Bahnbeamten war klar, dass es sich nur um eine Rangierbewegung gehandelt hatte. Danach war die Familie wieder vereint, nur unsere Platzkarten hatten im neuen Waggon keinerlei Gültigkeit mehr. Irgendwie ist es mir gelungen ein komplettes Abteil zu belegen und nachfolgenden Reisenden klarzumachen, dass dieses gesamte Abteil reserviert ist. Bis kurz vor Budapest habe ich so die Stellung halten können. Die Kinder konnten nachts schlafen und wenn auch etwas verspätet sind wir doch heil in Budapest angekommen.
Wann mein Bruder völlig übernächtigt (er war in einem Ritt von Leverkusen bis Budapest durchgefahren) uns dann am Bahnhof gefunden und in seinen Opel eingeladen hat, weiß ich nicht mehr. Von Budapest zum Balaton ist es eine lange Strecke. Wir haben uns gemeinsam etwas in Budapest umgesehen, da Gottfried dringend eine Pause benötigte. Auf der Margareteninsel sind wir eingekehrt und haben dort lange verweilt. Hier konnte ich das Treiben der ständig bettelnden Zigeunerkinder beobachten und die Verhaltensweise der im Hintergrund agierenden, erwachsenen Roma sehen, denen die Kinder ihre Beute abzugeben hatten oder bei Misserfolg Ohrfeigen ernteten. Erst abends sind wir dann in Richtung Balaton gestartet. Nachtfahrten sind ja immer anstrengend auch wegen des Gegenlichtes. Meinem Bruder hatte ich gleich erzählt, dass ich leider die Fahrprüfung aus bekanntem Grund nicht erfolgreich bestanden habe. Daher hatte er gleich entschieden, dass er es nicht riskieren kann mich fahren zu lassen, weil gerade im Ausland harte Strafen die Folge wären, was ich natürlich sofort akzeptierte. Irgendwann bei dieser Nachtfahrt hat er mich dann doch ans Steuer gelassen, weil er einfach nicht mehr in der Lage war sich zu konzentrieren. Er schlief auch sofort neben mir ein, doch zuvor hatte er mir gesagt, wenn wir uns dem Ziele nähern solle ich ihn sofort wecken. Alles ist gut gegangen und in Balatonfüret sind wir dann auf den Zeltplatz gefahren, haben das Zelt aufgeschlagen und uns erst einmal ausgeschlafen. Leider war mein Bruder wie immer knapp bei Kasse und so habe ich mit meinen Forintscheinen die Zeltplatzausgaben bezahlt. Er hatte eine Menge

Konserven im Auto mitgebracht, sonstige Lebensmittel habe ich dann im Zeltplatz-Shop von meinem Geld bezahlt. So konnten wir gut leben. Bei einem dieser Käufe habe ich mal so einen richtigen BRD-Protz erlebt. Mit einem Rolls-Royce parkte er neben der Eingangstür und ging mit brennender Zigarre großkotzig in den Shop. Seinem primitiven Aussehen nach hatte er sich das Auto nur geliehen, um den großen Max zu spielen.

Da neben unserem Zelt der Opel stand, hat man uns für BRD-Bürger gehalten und wollte immer D-Mark für Forint tauschen. In der zweiten Woche durften Helga und ich insgesamt MDN 200 gegen Vorlage der DDR-Personalausweise in Forint umtauschen.

Die erste Woche hatten wir wunderschönes Wetter und es war auch ein gelungener und harmonischer Urlaub bis dahin. Thomas hatte einmal eine Kröte entdeckt und aufgelesen. Justament beim Vorbeilaufen entfloh die Kröte mit einem kühnen Sprung auf die Decke eines jungen ungarischen Paares neben dessen Zelt ein VW stand. Erstaunlicherweise haben sie das mit Humor genommen, aber mir war es peinlich. Jede Menge Ringelnattern waren damals am Balaton zu sehen, haben uns aber nichts getan.

Leider hatte in der zweiten Woche das Wetter umgeschlagen und ein fürchterlicher Sturm brach los. Mit aller Gewalt haben wir gemeinsam das Zelt festgehalten und nachjustiert und stundenlang dem Sturm getrotzt, während Helga völlig verängstigt und panisch reagierte. Nachdem der Sturm abgeflaut war konnten wir auf dem Zeltplatz sehen was er angerichtet hatte, denn viele Zelte hatte es einfach hinweg geweht. Später haben wir dann gehört, dass es dort der stärkste Sturm seit 20 Jahren gewesen war.

Am 14.07.1970 wurde unser Namen vom Zeltplatzlautsprecher aufgerufen und man hat uns gebeten in die Rezeption zu kommen. Es wurde mitgeteilt, dass unsere Enkelin Yvonne das Licht der Welt erblickt hat und wir nun Großeltern wären (natürlich hatten wir Karin, die ja inzwischen mit Gerd verheiratet war, mitgeteilt wohin wir im Juli fahren wollen). Leider war dann der Urlaub bald zu Ende und auf dem Budapester Hauptbahnhof hatten wir uns herzlich verabschiedet.

Auch unsere Rückreise war problemlos.

Als ich wieder auf Arbeit ging war ich erstaunt, dass aus unserem Industrieforschungszentrum inzwischen ein Großforschungszentrum Chemieanlagen geworden war.

Noch im Juli 1970 nahm ich mit dem Fahrlehrer Kontakt auf und vereinbarte einen Termin für eine praktische Fahrt. Kurz nachdem ich eingestiegen war las ich ihm mal die Leviten, weil ich das inzwischen für notwendig erachtete und wusste, dass er sich selbstständig machen wollte. Ich wies ihn auf sein unmögliches Verhalten während der Prüfungsfahrt hin und drohte ihm damit nun meinerseits seinen Wunsch als selbstständiger Fahrlehrer zunichte zu machen. Es kam dann schnell zur gewünschten Vereinbarung. Der nächste, kürzest mögliche Prüfungstermin ohne weitere praktische Fahrt wurde auf den 4. August 1970 festgelegt. Vor der

Prüfungsfahrt sagte ich dem Polizisten gleich, dass er das Kommando übernehmen soll und nicht der Fahrlehrer, der während der Prüfungsfahrt nicht einen Mucks von sich gab. Nach Ablauf der Prüfung bin ich von dem Polizisten für meine Prüfungsfahrt explizit belobigt worden und damit hatte ich endlich die gewünschte Fahrerlaubniserweiterung auf Klasse 4 (PKW). Ab jetzt war ich bestrebt einen PKW käuflich zu erwerben, da meine Trabbi-Bestellung noch lange nicht dran war.

In den Schulferien besuchte uns Helgas Sohn Peter. Er hatte gerade die Oberschulklasse 11 absolviert und sollte im nächsten Jahr sein Abitur machen. Peters Vater hatte inzwischen wieder geheiratet und zwei Kinder mit der neuen Frau gezeugt. Peters Vater war von Beruf Stahlbauschlosser, ein simpler und etwas sturer Mensch, sehr häufig auf Montage und seit einiger Zeit mehr und mehr dem Alkohol verfallen. Die Stiefmutter war ebenfalls recht simpel und hatte Peter als Sohn hintenangestellt und schikaniert. Was wir da zu hören bekamen war ein einziges Trauerspiel, zumal der Vater mit dem Äußeren seines Sohnes (damals waren lange Haare bei den Jungen in Mode) nicht einverstanden war und ihn deshalb auch prügelte.

Im Juli 1970 wurde uns von Bekannten mitgeteilt, dass sie eine Adresse von einem Mann hätten, der einen Skoda Octavia für etwa MDN 8800,- zu verkaufen hätte. Nun gab es kein Halten mehr, denn endlich wollten wir auch ein Auto unser Eigen nennen, mit dem die ganze Familie mitfahren konnte.
Als ich dann das Auto in Augenschein nahm war es kein Skoda Octavia, sondern ein Moskvitsch älterer Bauart. Da er mir aber versicherte, dass dieses Fahrzeug von den Russen einem Opeltyp nachgebaut war, was auch stimmte, ließ ich mich überhaupt auf ein weiteres Gespräch ein. Erst war ich sehr enttäuscht und wollte eigentlich vom Kauf Abstand nehmen. Natürlich hatte ich mir das Auto zeigen lassen und konnte sehen, dass es einigermaßen in Schuss war. Nachdem der Verkäufer auf einen Preis von MDN 8500,- eingegangen war, machten wir den Verkauf perfekt. Eine ordentliche Betriebsanleitung hatte er leider nicht dabei und was das Wesentliche war, dass man öfters vor Antritt einer Fahrt erst die Motorhaube öffnen, dass Spaltfilter im Ölkreislauf kurz mit Gestänge-Betätigung reinigen muss, hat er leider verschwiegen, weil ich dann dieses Fahrzeug auf keinen Fall gekauft hätte.
Was habe ich später diesen Tag verflucht an dem ich dieses antiquierte Fahrzeug kaufte!
Kaum eine Fahrt ohne Macken. Ständig war wieder irgendein Teil kaputt, musste ersetzt oder repariert werden.
Schon die erste Ausfahrt mit der Familie endete im Straßengraben, wobei das aber meine und Helgas schuld war. Hier fehlte mir noch die Fahrpraxis, weil ich am Ziel keine Parkstelle fand und gezwungen war rückwärts zu fahren. Helga hätte auf ihrer Seite mal das Fenster heruntergelassen und mitschauen können, denn rechts war ein tiefer Straßengraben, der leider zu gewuchert und so ohne weiteres von mir als Fahrer nicht zu erkennen war. Ich bin zwar äußerst langsam gefahren, aber plötzlich rutscht das Fahrzeug rechts nach unten weg und blieb an der Kante hängen. Ein

schöner Kratzer mit Delle am rechten Kotflügel durch die Gegenbegrenzung des Grabens war die Folge. Vier Leute halfen mir beim Herausheben.

 So lernt man Spachteln und Schleifen sowie Reparaturlackieren mittels Sprayflasche kennen. Sehr schnell wusste ich auch, dass man möglichst alles selbst reparieren muss, weil ein Werkstattbesuch äußerst zeitraubend und auch teuer war. Zeitraubend deshalb, weil man ewig keinen Termin bekam. Hinzu kamen dann noch die Ersatzteilprobleme. Zum Glück hatten wir im Technikum eine Hebebühne und so lernte ich Stück für Stück das komplette Fahrzeug kennen und wusste auch wie man es reparieren muss, zumal der für die Dienstwagen zuständige Service-Mann mir sehr hilfreiche Tipps gab. Nichts blieb mir erspart! So fängt zwar Auto mit einem Ah an, endet jedoch häufig mit einem Oh!

Im August 1970 hatten wir der Oma von Helga als Dankeschön für die Kinderbetreuung eine Freude gemacht, indem wir sie mit unserem Auto mal in den Wald zum Pilze suchen mitgenommen haben, weil sie immer davon geschwärmt hatte. Inzwischen war sie fast 87 Jahre alt und konnte daher nicht mehr weit laufen. Wir haben eine schöne Decke ausgebreitet und sie darauf niedergelassen. Sie war glücklich noch einmal im Wald sitzen zu können, den Vögeln zu lauschen und die Waldluft zu genießen.

Im September 1970 begann auch für Töchterchen Annett der Ernst des Lebens, sie wurde eingeschult. Während Thomas nach Leuben zur Schule gehen musste, hatte Annett einen kürzeren Schulweg, da sich ihre Schule in Laubegast befand. Selbstverständlich gab es auch bei ihr jede Menge Zuckertüten und ein großes Familienfest.

Im gleichen Monat hatte ich wieder mal als letzter der Gruppe eine Gehaltserhöhung auf monatlich 1045,- Mark erhalten. Nun hieß unsere Währung nicht mehr MDN, sondern Mark.

Soweit möglich fuhr ich auch 1970 fast jedes Wochenende Dienste bei den Verkehrsbetrieben und daher konnte ich wenig Zeit für die Familie erübrigen.

Das Forschungszentrum Chemieanlagen in dem ich arbeitete gehörte zum Chemieanlagen Bau- und Montagekombinat Leipzig, das als Generalauftragnehmer Chemieanlagen fungierte. Im Frühjahr 1971 besuchten uns einige dieser Vertreter des Generalauftragnehmers. Einer davon kam mir doch sehr bekannt vor. Ein SED-Parteianstecker zierte seine Weste und damit war bei seinem hohen Intellekt eine Bilderbuchkarriere gesichert. Er übersah mich glatt, mein ehemaliger Oberschul-Klassenkamerad "Glatte", der damals eine von Heinrichs Stieftöchtern wahrscheinlich "verführte".

In dem Moment war mir klargeworden, welche Karriere möglich wäre, wenn man sein Gewissen verkauft. Damals hätte ich mit dieser Option nicht in den Spiegel schauen können! Aus heutiger Sicht in unserer Ellenbogen-Gesellschaft sind derlei

Ressentiments absoluter Luxus, denn ausgezahlt hat sich für mich diese damalige Einstellung weder ideell noch materiell. Schon nach der Hitlerära und der Wende in der DDR konnte man immer wieder feststellen, dass die sogenannten "Wendehälse" den Reibach machten und sich kein Gewissen leisteten, aber damit gutgefahren sind!

Im April 1971 wurde ein Wirtschaftspatent 89997 (WP G01n/154555) über eine "Vorrichtung zur kontinuierlichen automatischen Probenvorbereitung von Thermoplasten" eingereicht, an dem ich an 2. Stelle beteiligt war.

Da ich mich nicht abends etwa ab 20:00 Uhr vor dem Reisebüro in Dresden anstellen wollte (einmal im Frühjahr erhielt das Reisebüro ein gewisses Kontingent), um dort die ganze Nacht bis früh um 9:00 Uhr zur Öffnung zu verbringen, um möglichst unter den ersten 20-30 Personen zu sein, die eine reelle Aussicht auf den Kauf eines Urlaubsplatzes hatten. Daher bin ich später in der Frühstückspause mal ins Reisebüro gegangen, das schräg gegenüber auf der Ernst Thälmann Straße angesiedelt war. Wo nichts zu holen ist sind auch wenige Leute zugange. Kurz nach meinem Eintreten konnte ich schon mein Anliegen vorbringen und nachfragen ob noch ein Ferienplatz verfügbar wäre. Leider nein wurde mir mitgeteilt. Egal wo, hakte ich nach. Da gab es nur ein Kopfschütteln. Sehr lautstark und provokativ rief ich dann für alle hörbar auf Russisch: "Da straßtwujet sozialisma!" (Es lebe der Sozialismus!). Plötzlich sagte die Dame am Tresen, sie habe noch einen Ostseeplatz in Korswand frei, jedoch benötige man da ein Auto, weil es eine Unterkunft bei Privatleuten im Hinterland sei (mehrere Kilometer von Ahlbeck an der Ostsee entfernt). Auch die Verpflegung wäre in einer Einrichtung nahe bei, aber auch nur mit dem Auto erreichbar. "Geht doch!" sagte ich und kaufte diesen einzig möglichen Platz sofort.

Im Betriebshof Bühlau kamen 1971 immer mehr Tatra-Traktionen vom Typ T4D (zwei hintereinander gekoppelte Triebwagen, elektrisch als Steuer- und Folgewagen geschaltet) zum Einsatz, weil nach und nach die Hechtwagen ausgemustert bzw. in andere Bahnhöfe überstellt wurden. Daher wurden Dietmar (der inzwischen 2 Kinder hatte) und ich zum Tatra-Straßenbahnfahrer ausgebildet. Der Fahrkomfort sowohl für die Fahrgäste als auch für den Fahrer war enorm. Allein 99 Fahr- und Bremsstufen erlaubten eine wesentlich zügigere Fahrweise, wobei man je nach Fahr- und Bremspedalstellung die Beschleunigung bzw. Verzögerung direkt beeinflussen konnte. Auch die Rollgeräusche wurden gedämpft, da in den Rädern entsprechende Schallabsorber eingebaut waren. Immerhin fanden im Triebwagen 26 Personen einen Sitzplatz und 115 Personen einen Stehplatz vor. Damit konnte man maximal 282 Personen in einer Traktion befördern.
Auf der Linie 7 beispielsweise, die ich später auch mal hatte, fuhren sogenannte Großzüge, die an der Traktion noch einen B4D Anhänger nachzogen. Maximal 325 Fahrgäste konnten mit einem solchen Großzug befördert werden. Natürlich gab es automatisch schließende Türen und ein verbessertes Wirbelstrom-Schienenbremssystem. Ein ausklappbarer Seitenspiegel diente der Kontrolle beim Fahrgastwechsel und war auch beheizt. Beim Großzug war eine Person am letzten

Einstieg im Spiegel nur wenige Millimeter hoch zu sehen, was insbesondere nachts bei Regen und Einblendung durch Kraftfahrzeuge ein richtiges Augenpulver war. Die Verantwortung, die ein Fahrer jetzt hatte war enorm, zumal auch die Verkehrsdichte größer geworden war. Zwar man den Stundenlohn erhöht, aber leistungsgerecht war er keinesfalls.

Mitte Juli 1971 war es endlich soweit. Mit unserem Moskvitsch sollte es nun in den wohlverdienten Urlaub an die Ostsee nach Korswand gehen. Da Benzin an der Tankstelle recht teuer war, hatten viele Kollegen (und auch ich) sich 20 ltr. - Reservetanks besorgt und beim Chemiehandel sowohl niedrig siedendes Waschbenzin, als auch höher siedendes Gasolin zum kleinen Preis besorgt und dann im Tank des Autos mit Tankstellenbenzin anteilig so vermischt, dass eine niederere Oktanzahl zustande kam, was bei höheren Belastungen zu Klingelerscheinungen des Motors führte, aber von den robusten Motoren damaliger Zeit verkraftet wurde. Somit vollgetankt und mit Reservekanistern im Kofferraum bestückt, einschließlich unseres Urlaubsgepäcks gut beladen, sind wir frohgemut gestartet. Zweimal musste ich auf der Hinreise eine Zwangspause einschieben, weil der Motor zu heiß wurde. An der Tankstelle wurde kaltes Kühlwasser nachgeschüttet soweit es ging, etwas gewartet und nicht zu schnell weitergefahren. In Richtung See fährt man mehr bergab als bergauf und wir kamen glücklich am Ziel an. Freundlich begrüßten uns die Wirtsleute und zeigten uns dann das überaus bescheidene Quartier. Fließend Wasser war nicht, dafür gab es aber eine Schüssel mit einer Kanne voll Wasser zum Waschen. Auch ein WC war nicht vorhanden, sondern außerhalb ein Plumpsklo wie vor 100 Jahren! Eine große Hühnervoliere mit sehr vielen Hühnern war für meine Tochter Annett eine große Freude, tierlieb wie sie nun mal war und ist. Korswand liegt ziemlich nahe der polnischen Grenze und unser Verpflegungsstützpunkt stellte sich sehr bald als eine Wirtschaft heraus, in der nur polnisches Personal tätig war. Dementsprechend war die Sauberkeit und Qualität der Mahlzeiten eine einzige Katastrophe, zumal man bei Fleischgerichten öfters verzichten musste, weil man sonst davon krank geworden wäre. Kartoffelschälen war auch zu anstrengend, deshalb gab es grundsätzlich Pellkartoffeln! Der Strand von Ahlbeck war angenehm und wir konnten uns einen Strandkorb mieten, was an der Ostsee wegen des Windes immer ratsam ist. Leider wurde von der polnischen Seite verklapptes Schweröl angeschwemmt, was die Badefreuden etwas eintrübte. Einmal sind wir von Ahlbeck zu Fuß auf die polnische Seite gelaufen, um eventuell Obst einkaufen zu können. Typisch im sozialistischen Ausland war, dass grundsätzlich einheimische den deutschsprechenden Kunden beim Bedienen vorgezogen wurden. Als wir monierten, nun auch mal drankommen zu dürfen, stieß eine ältere, korpulente Polin ihr daraufhin mit dem rechten Ellenbogen mit Wucht in den Bauch. Heftig war der Schmerz und wir bemerkten die Feindseligkeit im Laden. Daher haben wir uns unverrichteter Dinge wieder in die DDR begeben! Auch hier konnten wir wieder typische DDR-Schönredner erleben, die sowohl diese Strandererfahrungen, als auch die Wirtschaftsverpflegung noch verharmlosten und als nicht kritikwürdig betrachteten. Da konnte ich nur ein Dichterwort zitieren: "Man sollte nie so tief sinken, von dem Kakao, durch den man gezogen wird, auch noch zu trinken!". An einem Binnengewässer in der Nähe konnte man ein Paddelboot mieten, was wir ausgiebig nutzten. Wenn man von den Widrigkeiten absieht, hatten wir doch einen angenehmen Familienurlaub erleben können, zumal das Wetter es gut mit uns meinte. Sogar in die Pilze konnten wir gehen, weil es dort viel Mischwald gab. Die Pilze hatten wir zum Trocknen aufgefädelt, am Fenster aufgehängt und dann bei der Abfahrt vergessen mitzunehmen.

Wir sind Sonnabendnachmittags aufgebrochen, weil ich meinte, dass in der Nacht auf der Autobahn nicht so viel Betrieb ist. Am Anfang sind wir ziemlich gut vorangekommen, doch sehr bald wurde der Motor wieder sehr heiß. Nach einer kurz bemessenen Zwangspause an einer Tankstelle und wieder Nachfüllen des kochenden Kühlers mit Kaltwasser konnten wir endlich weiterfahren. Lange ging das nicht gut, dann war der Motor schon wieder heiß und noch keine Tankstelle in Sicht. Daher wollte ich weiterfahren bis ich eine Tankstelle erreichen konnte. Der Motor wurde aber immer lauter und ich musste rechts heranfahren. Als ich die Motorhaube aufmachte waren die Abgasstutzen glutrot! Dann habe ich sehr lange gewartet, den Motor wieder angelassen und bin langsam weitergefahren. Danach klang der Motor schon recht laut, aber immer weiter bis zur nächsten Tankstelle ging die Fahrt. Nach Öffnen der Motorklappe zischte eine Dampfwolke hervor und wieder waren die Abgasstutzen glühend rot. Langsam wurde mir angst und bange, weil nun meine Frau und die Kinder fast panisch reagierten. Nachdem in etwa einer Stunde alles abgekühlt war und nochmals Kühlwasser nachgeschüttet wurde, wollte ich weiterfahren. Der Motor startete, aber es klang als hätte ich einen Hubschrauber in Gang gesetzt. Der Tankwart meinte, dass es jetzt sinnlos wäre weiterfahren zu wollen, da der Motor im Eimer sei und ich zwangsläufig in Kürze im Finstern auf der Autobahn stehenbleiben würde! Nun war guter Rat teuer! Gott sei Dank hatte ich ein Abschleppseil dabei. Zwei Anfragen waren schon negativ ausgegangen, weil entweder das Auto zu schwach oder das Reiseziel nicht übereinstimmte und ich war schon recht verzweifelt. Da kam ein Mercedes herangefahren. Dieses Auto hatte viele PS. Zwei elegante Herren entstiegen diesem tollen Fahrzeug und unterhielten sich recht locker. Höflichst habe ich angefragt, ob sie in Richtung Dresden oder direkt nach Dresden fahren würden, was bejaht wurde. Danach habe ich sie mit meiner Situation vertraut machen und anfragen wollen, ob sie bereit wären mich nach Dresden abzuschleppen. Sie ließen mich gar nicht ausreden. Sofort wurde ich wie ein lästiger Bittsteller behandelt und gebeten sie in Ruhe zu lassen.

Je wohlhabender, desto weniger hilfsbereit sind die meisten Menschen!

Nach ca. zwei Stunden kam ein Konvoi von drei tschechischen Autos zu dieser Tankstelle. An diese Gruppe wandte ich mich und fragte ob jemand Deutsch versteht. Ich hatte Glück, sie verstanden mich. Als ich ihnen dann mein Auto und die kleinen, verängstigten Kinder zeigte, sagte eine der tschechischen Frauen zu mir:

"Um ihrer Kinder willen möchten wir helfen, aber unser Skoda läuft auch nur noch auf drei Töpfen (seit Liberec wussten wir wie kinderfreundlich Tschechen sind, das gilt auch heute noch). Doch wir wollen es versuchen solange es geht, damit sie wenigstens näher an Dresden herankommen" (wir hatten ungefähr noch 190 km vor uns). Da es ein Wochenende war, hätten wir mit einem sowieso kaum vorhandenen Abschleppdienst überhaupt keine Chance gehabt!

Dann ging die Fahrt los und ich habe äußerst konzentriert immer darauf geachtet, dass mein Abschleppseil leicht gespannt bleibt, damit es weder Rucke gibt, noch meinerseits eine Auffahrt zustande kommen konnte. Je näher wir Dresden kamen, desto zuversichtlicher wurde ich. Bis zum Platz der Einheit (früher und heute Albertplatz) wurde mein Fahrzeug abgeschleppt. Dann wurde rechts herangefahren und mir bedeutet das Seil zu entfernen, da sie nun weiter nach Prag fahren mussten. Gleich wollte ich meinem Abschlepp-Fahrer einen 100 Markschein geben und bedankte mich überschwänglich. Der freundliche Tscheche nahm dieses Geld nicht an und sagte nur, dass er diese Hilfeleistung für unsere Kinder gern erbracht habe. Eine gute und unfallfreie Weiterfahrt nach Prag wünschten wir dem Konvoi. Ein deutscher Fahrer hätte sicherlich anders reagiert, leider! Nach dem Verstauen des Abschleppseils, versuchte ich noch einmal den Motor zu starten. Oh Wunder, er startete mit Getöse und ich bin ganz genau bis vor unser Haus gefahren, als er Justament in dem Augenblick den Dienst (wegen eines Kolbenfressers) verweigerte.

Es hat dann eine Weile gedauert bis ich von meinem Diensttelefon aus alles managen konnte, um eine Werkstatt zu finden, die mein Auto abholt und bereits einen Austauschmotor bereit hat. Über 2000 Mark kostete mich diese Reparatur und noch immer wusste ich nichts von diesem Spaltfilter.

Natürlich fuhr ich auch 1971 wieder so viele Dienste wie nur möglich, damit die Verluste egalisiert werden konnten.

Was mir bei Fahrten am Tag der Republik besonders unangenehm aufstieß waren die Transparent-Parolen. So stand beispielsweise auf einem Transparent: "Nichts verbindet uns mit den Imperialisten in Westdeutschland, aber alles mit unserem polnischen Brudervolk!" Wenn ich daran denke, wie meine Frau bei unserem ersten Polenbesuch an der Ostsee behandelt wurde, konnte man schon beim Lesen wütend werden.

Als ich wieder einmal im Herbst 1971 für Helga in der medizinischen Akademie das Ovosiston per Rezept abholen wollte, begegnete mir die sattsam verhasste, neue Frau des Pflegevaters, weshalb ich schnell die Straßenseite wechselte. Als ich an der Rezeption stand, war es mir als hätte jemand meinen Namen gerufen, jedoch konnte ich niemanden entdecken.

Ca. 14 Tage später erhielt ich einen Brief meines Bruders in dem stand, dass der Pflegevater verstorben sei und er zur Beerdigung kommen werde. Ohne diese Information hätte ich nicht gewusst, dass Pflegevater Hans Rieck gestorben war und wann er beerdigt wird. Zum letzten Gedenken in der Bühlauer Kirche musste ich mir dann noch die Lügen dieser Hexe anhören, die sie dem Pfarrer eingetrichtert hatte! Natürlich wurde er nicht neben dem Grab seiner ersten Frau beigesetzt (dass ich inzwischen bezahlt und betreut hatte). Später ließ ich dann einen Grabstein mit einer entsprechenden Inschrift mit Bezug auf den dankbaren Pflegesohn setzen, da er ja nur ein schlichtes Holzkreuz wert war. Auch die Grabpflege hatte ich zusätzlich zum Grab der Pflegemutter persönlich übernommen und mit der Friedhofsverwaltung einen Vertrag über die jährlichen Grabkosten abgeschlossen und pünktlich meinen Jahresbeitrag entrichtet. Es muss in den achtziger Jahren gewesen sein, als ich plötzlich feststellen musste, dass mein Grabstein entfernt und das Grab freigegeben war. Eine Information an mich gab es nicht, da hier offensichtlich von der Verwaltung doppelt kassiert wurde und nach der Republikflucht oder Ausreise der letzten Frau Rieck in die BRD das Grab freigegeben worden war! Das Haus des Pflegevaters übernahm später für wenig Geld ein Bulgare, wie Helga später in der Dresdner Wohnungsverwaltung in Erfahrung bringen konnte.

Im Zeitrahmen 1970 und 1971 hatte ich konzentriert und mit Begeisterung im Technikum im Rahmen meiner Forschungsarbeiten an einem Verfahren und zugehörigen Vorrichtungen zur kontinuierlichen Fällung von Kunststofflatices gearbeitet. Hier kamen mir meine Spezialkenntnisse aus meiner Zeit im VEB Chemische Werke Buna zu Nutze. Meine kleintechnische, zweistufige Versuchsanlage funktionierte schließlich einwandfrei und das erzielte Produkt erfüllte alle Erwartungen und konnte allen Werkstoffprüfungen mit Erfolg standhalten. Im Frühjahr 1971 habe ich dann nach gründlicher Recherche ein Patent formuliert und vom Patentingenieur unseres Betriebes zur Durchsicht und Einreichung beim Amt für Erfindung und Patentwesen der DDR übergeben. Selbstverständlich wurde diese Anlage maßgeblichen Herren von Chemische Werke Buna vorgeführt, da ja eine Überführung in den großtechnischen Maßstab vorgesehen war. So blieb mir nichts Anderes übrig als 4 Herren (alles Doktoren aus der Führungsebene) vom VEB Chemische Werke Buna mit in das Patent aufzunehmen, ihnen 50 % der späteren Vergütung zuzugestehen, damit auch tatsächlich eine Realisierung zustande kam. Mein unmittelbarer Vorgesetzter (Forschungs-Gruppenleiter), zu dessen Vertreter ich nun offiziell auch ernannt worden war, wurde von mir mit 25 % Anteil für eine spätere Vergütung ebenfalls in mein Patent eingesetzt. Dafür bin ich dann auch an seinen Patenten mitbeteiligt gewesen, wobei ich aber auch Arbeitsanteile hatte. Am 16.06.1971 wurde dieses Patent unter dem Aktenzeichen GP C 08 f/155849(S) eingereicht. Danach habe ich Konstruktionsunterlagen für die großtechnische Anlage mit erstellt und war zeitweilig in Buna vor Ort an der neuen Anlage tätig, die nach Fertigstellung im großtechnischen Maßstab einwandfrei funktionierte, wobei auch hier die Produktqualität den Erfordernissen gerecht wurde.

Nach Absprache von Erich Honecker mit Leonid Breschnew wurde Walter Ulbricht entmachtet und Erich Honecker neuer ersten Sekretär des Zentralkomitees der SED.
Nach der taktischen Erprobung der Splittermine SM-70 kam diese tödliche Bedrohung für Grenzverletzer an der Staatsgrenze der DDR zum Einsatz.

Am 29. Februar 1972 hatte Helga ihre staatliche Abschlussprüfung als Kindergärtnerin mit „gut" abgeschlossen und war als Vollkraft tätig, was auch Wochenenddienste und Nachtschichten beinhaltete.

Da Helga wegen ihrer misslichen finanziellen Lage von Alimentenzahlungen für ihren Sohn Peter an den Ex-Mann befreit war, der Ex-Mann wahrscheinlich aus Peters Schilderungen den Eindruck gewann, dass er nun Forderungen an seine Ex-Frau stellen könnte, flatterte im Frühjahr 1972 plötzlich ein Gerichtsbescheid bezüglich Unterhaltszahlung bei uns ein. Auch hier verzichtete ich wieder auf einen Rechtsanwalt und beantragte bei Gericht die Interessen meiner Ehefrau wahrnehmen zu dürfen. Dem wurde stattgegeben. Nachdem mir das Wort erteilt wurde, legte ich die tatsächliche finanzielle Lage meiner Frau dar und informierte, dass ich nicht verpflichtet bin Kosten für den Ex-Mann zu übernehmen, zumal in unserem Haushalt zwei schulpflichtige Kinder zu betreuen waren. Natürlich hatte ich dann auch geschildert, wie Peter in dieser Familie behandelt wurde, was zu einem Eklat führte. Während der Verhandlung musste die neue Ehefrau des Ex-Mannes wegen ungebührlichen Verhaltens den Saal verlassen. Wir wurden entlastet und das Verfahren wurde eingestellt.

Danach hatten wir intern beraten, wie es wohl Peter nun ergehen würde, denn aus Abneigung kann auch schnell Hass entstehen. Es dauerte nicht lange, da besuchte uns Peter wieder und aus seinem Bericht konnten wir entnehmen, dass sich unsere Befürchtungen bewahrheitet hatten. Daher fragten wir ihn, ob er zu uns ziehen möchte, es aber etwas eng im Kinderzimmer zugehen würde. Als Schlafgelegenheit bot ich an, ein flaches Rollbett zu beschaffen, dass wir unter das Doppelstockbett der beiden Kinder schieben könnten. Für ihn war das wie ein Traum, endlich bei seiner Mama sein zu dürfen (bei der Scheidung wurde dem finanziell stärkeren Ehemann der Sohn Peter zugesprochen). Da Peter entscheidungsberechtigt bezüglich seines Wohnsitzes war, ist er nach kurzer Zeit zu uns gezogen. Auf Alimente des Ex-Mannes verzichteten wir definitiv, hatte er doch auch für 2 Kinder zu sorgen. Da Peter in diesem Jahr sein Abitur ablegen sollte, wollte ich diesem Menschen eine Chance geben, zumal er ein liebenswerter Junge war. Schnell hatte er sich in die Familie eingefügt und ich meinte, dass ein Abiturient weiß was er will und dementsprechend seine Lebensführung plant. Viel zu viele Freiheiten ließ ich ihm am Anfang, da ich meinen Werdegang zu Grunde legte und auf ihn übertrug. Es hat nicht lange gedauert wurden wir von Peters Klassenlehrerin, die offensichtlich diesen Elternwechsel nicht guthieß und vom Ex-Mann beeinflusst war, zu einer Aussprache eingeladen. Da erfuhren wir einiges, was Peters Verhalten betraf und gar nicht in mein Bild eines zielstrebigen Abiturienten passte. Daraufhin hatten wir ihn ins Gebet genommen und ihm klargemacht, dass es so nicht mit uns funktionieren kann.

Das Abitur hatte er abgeschlossen, jedoch waren seine Noten mäßig. Für eine Studienbewerbung hätte das nicht gereicht! Aufgefallen war uns, dass er gern mal in die Gaststätte ging, Kumpel hatte, die ihm geistig weit unterlegen waren und er dem Alkohol zusprach. Da habe ich es mal darauf ankommen lassen und bin mit ihm in eine Gaststätte gegangen, wo er sich mit seinen Kumpels traf. Anschließend habe ich dann das Geschehen Revue passieren lassen und ihm an Beispielen dieses Abends aufgezeigt, wie sinnlos und töricht dieser Gaststättenbesuch war. Sinnlos verlebte Zeit! Natürlich war er reuig, geknickt und gelobte Besserung.

Er begann nach dem Abitur bei der Deutschen Post eine Lehre als Fernmeldemechaniker. Er war ein lieber, aber leider sehr willensschwacher Mensch. Sein ausgesprochen hübsches Aussehen machte ihn zum Schwarm vieler junger Mädchen. Da ich über weitere längere Zeiträume während seiner Lehrzeit bemerkte, dass er vom Alkohol nicht ablassen konnte, führte ich erneut ein intensives Gespräch mit ihm. Ob er denn gern einen Motorroller sein Eigen nennen möchte und die Fahrerlaubnis erwerben wolle fragte ich ihn. Natürlich wollte er das! Eine Bedingung knüpfte ich aber daran, dass sein Hang zum Alkohol nun ein Ende haben müsse. Da ich gesprächsweise von einem unserer Chemiedoktoren wusste, dass er seinen Motorroller „Troll", eine Weiterentwicklung des „Berlin"- Rollers, verkaufen wollte, kaufte ich ihm zu einem fairen Preis diesen Motorroller ab. Peters Freude war groß als ich ihm diesen schmucken Roller zeigte und sagte, dass er ihm überschrieben würde, wenn er seine Fahrerlaubnis erworben hätte. Ich hatte nichts dagegen, dass er schon mal Fahrversuche im verkehrsfreien Raum unternahm, weil ich das auch für nützlich hielt, wenn man die Fahrschule schnell absolvieren wollte. Da ich beruflich sehr angespannt war, meiner Straßenbahner-Tätigkeit im 2. AV (Arbeitsverhältnis) intensiv nachging, hatte ich natürlich nicht genügend Zeit mich um Peter zu kümmern. Es hat nicht lange gedauert, dass mir berichtet wurde, Peter sei unter Alkohol mit dem Roller gefahren. Da knöpfte ich ihn mir noch einmal vor und sagte ihm, wenn er das mit dem Alkohol nicht in den Griff bekommt ist meine Geduld am Ende. Was ich leider damals nicht wusste, dass aus Gelegenheits-Trinken sich eine krankhafte Alkoholabhängigkeit entwickeln kann, was hier offensichtlich der Fall war. Mein vernünftiger Ansatz war deshalb zum Scheitern verurteilt. Besser wäre hier eine Einweisung in eine Entziehungskur gewesen!

Kurze Zeit später stellte ich fest, dass Peter mit dem Roller gestürzt sein musste, da die Spuren am Fahrzeug deutlich sichtbar waren. Inzwischen fand ich heraus, dass er ganz normal auf öffentlichen Straßen unter starkem Alkoholeinfluss gefahren war. Er hatte sich und andere unschuldige Menschen im höchsten Maße in Gefahr gebracht. Für mich war das Maß jetzt voll! Unter Hinweis auf sein verantwortungsloses Verhalten forderte ich den nun 19-jährigen Peter 1973 auf, sich eine Mietwohnung zu suchen, da er jede meiner gut gemeinten Chancen nicht genutzt hatte.

Eine Einzimmer-Mietwohnung im verrufenen sogenannten „Hechtviertel" in Dresden-Neustadt konnte er ergattern und ist ziemlich schnell bei uns ausgezogen. Mit Verlust verkaufte ich nach der Reparatur diesen Motorroller dann wieder.

Im Sommer 1972 war mit meinem Bruder eine Reise durch Tschechien geplant. Dieses Mal sind wir zu fünft (Peter war auch dabei) mit der Eisenbahn bis Prag gefahren. Er sollte uns mit seinem Opel am Bahnhof abholen, um dann gemeinsam zum Zeltplatz in Prag zu fahren, weil wir gemeinsam diese interessante Stadt erst einmal erkunden wollten. Dass er noch die Familie des Sohnes seines Vermieters mitbringen würde, war einerseits als Überraschung gedacht, andererseits fiel es Gottfried schon immer schwer allein etwas zu unternehmen und Entscheidungen zu treffen. Auf dem Hauptbahnhof in Prag angekommen warteten wir leider vergeblich auf Gottfried und macht uns langsam Sorgen. Nach einer Wartezeit von ca. 2 - 3 Stunden tauchte er in Begleitung des Vermietersohns Hans völlig verstört bei uns auf. Auf dem Weg vom Zeltplatz zum Bahnhof kam es zu einem schweren Unfall an einer gleichrangigen Kreuzung, bei dem der Kofferraum des Opels durch das hereingefahrene Tschechen-Auto völlig zusammengedrückt worden ist. Ehe nun die Formalitäten mit der Polizei geklärt waren (mein Bruder war nicht verletzt und unschuldig) und er den Zeltplatz anrufen konnte, um Hans (dessen Auto ja noch voll intakt war) zu informieren, vergingen halt mehr als zwei Stunden. Hätte mein Bruder eine Auslands-Versicherung abgeschlossen, die er wieder mal verschlampte, wäre alles einfacher gewesen, weil er dann über den ADAC in einer autorisierten Werkstatt seinen Opel in kürzester Zeit hätte reparieren lassen können und ein Ersatzwagen verfügbar gewesen wäre.

Nun war guter Rat teuer. Es gab damals einen Opel-Club in Prag, in dem sich tschechische Opelfahrer freiwillig zusammengeschlossen hatten um sich gegenseitig zu helfen. Mithilfe dieses Clubs fanden wir einen Hobbybastler, der handwerklich ungemein begabt war. Zu einem Garagenhof wurde das Auto hingeschleppt und die Männer machten sich ans Werk (für D-Mark war in Tschechien vieles möglich).

Nun hatten wir ausgiebig Zeit den Zeltplatz zu nutzen, denn Gottfrieds Zelt war am Vorabend schon aufgebaut worden und alle Zubehörteile einschließlich Verpflegung waren ja ausgepackt. Sein Kofferraum sollte leer sein, um unser Gepäck aufnehmen zu können. Gottfrieds mitreisender Anhang war uns relativ sympathisch (sie hatten eine kleine Tochter Sylvia, die gern mit unseren Kindern spielte) und blieben bei uns in Prag auf dem Zeltplatz. Fast jeden Tag waren Gottfried, Peter und ich in diese "Werkstatt" gefahren, um uns vom Fortschritt der Reparatur und deren Werdegang zu überzeugen. Leider hatte es sehr häufig geregnet. Da machte das Zelten nicht mehr so viel Freude, zumal Helga als Köchin (man hatte aus der BRD viele Konserven mitgebracht) und Kindermädchen für alle fungieren musste. So konnten Hans und Elfriede mit ihrem Auto ihren Pragurlaub allein genießen! Es gelang uns aber in Prag einige Sehenswürdigkeiten kennen zu lernen. Natürlich waren wir im

"U Fleku" (eine berühmte Schwarzbierkneipe in Prags Zentrum). Stark beeindruckte mich auch das „Schwarze Theater" in Prag.

Hans und seine Familie waren zu uns Ostdeutschen freundlich und respektvoll. Gottfried wurde von ihnen jedoch weniger geschätzt, denn ich konnte sogar beobachten wie Hans mal Gottfried in den Hintern trat. Hans informierte mich im Vertrauen, dass Gottfried jetzt eine neue Freundin hätte, die nicht einmal Gardinen am Fenster habe und sehr suspekt sei (seine spätere Frau Christine).

Als Gottfrieds Auto wieder einsatzbereit war, äußerte Elfriede (Frau von Hans), dass sie gern einen besseren Zeltplatz nutzen möchte. Sie war besseren Service in der Bundesrepublik gewohnt. Mir war klar, dass dieser Zeltplatz der Beste in ganz Tschechien war. Ein tschechischer Zeltnachbar mit Deutschkenntnissen hatte gehört, wie über diesen Zeltplatz gelästert wurde. Freundlich sprach er daher die Elfriede an und meinte: "Wenn sie einen besseren Zeltplatz suchen, kann ich ihnen den Zeltplatz in Spindlermühle empfehlen, der wäre Ihnen angemessen und das allerbeste was sie je hatten". Mir war wiederum klar, dass dieser Tscheche ihr eine Lektion erteilen wollte! Doch nun gab es kein Halten mehr. Die Zelte wurden abgebaut, alles wurde eingeladen und ziemlich spät am Tag starteten wir in Richtung Riesengebirge nach Spindlermühle, wo ja bekanntlich die Elbequelle ist. So viel zur übersichtlichen und effektiven Planung beider Fahrzeugführer! Da wir ja damals in Liberec hängen geblieben waren, hatte ich nichts dagegen nun endlich die Elbequelle doch noch sehen zu können. Meine Bedenken hinsichtlich der Qualität des Zeltplatzes in Spindlermühle hatte ich meinem Bruder mitgeteilt, aber Hans und seine Familie hatten offensichtlich das Sagen. Im Übrigen wollte ich schon, dass Hans und seine Familie mal ihre eigenen Erfahrungen machen!

Die Sonne war am Untergehen als wir endlich den tollen Zeltplatz gefunden hatten. Eine grüne Wiese, ein Wasseranschluss und ein Toilettenhäuschen wären alles an Komfort. Erst dann habe ich Hans mal klargemacht was im Sozialismus Sache ist! Das zu akzeptieren war ihm schwergefallen, aber die Realität ließ an Deutlichkeit nichts zu wünschen übrig!

Die einzige Reaktion war dann, dass man hier nicht bleiben und sofort am nächsten Tag weiterfahren wollte.

Da machte mein Bruder den Vorschlag in Richtung Sächsische Schweiz und DDR-Grenze zu fahren. Die Elbequelle hatten wir wieder nicht gesehen, dafür lernten wir aber das Prebischtor und die Edmundsklamm kennen. Auch dort war der Zeltplatz eine Klasse schlechter als in Prag. Zum Schluss sind wir wieder in Prag gelandet, haben uns sehr nett verabschiedet und sind zu fünft wieder mit dem Zug nach Dresden gefahren.

Später berichtete mir mein Bruder, dass er mit einem neuen Auto noch mal in Prag war und dort Opel-Ersatzteile beim Opel-Club Prag ablieferte, denn das war eine Bedingung für den Reparaturservice. Mit einem Auslandsbrief beim ADAC-Club wäre er wesentlich billiger davongekommen!

Alles in Allem war das kein gelungener Urlaub, insbesondere nicht für Helga und die Kinder.

Beruflich hatte ich anspruchsvolle interessante Forschungsthemen und bin jeden Tag gern auf Arbeit gegangen. Im Frühherbst 1972 waren wir zu dritt (der Chemie-Abteilungsleiter, ein Chemie-Doktor und ich als Verfahrenstechniker) in Leipzig bei unserem Generalauftragnehmer um für ein Forschungsthema einen Zielprämienvertrag abzuschließen. In diesem Vertrag waren die zeitlich befristeten Forschungsziele ausgewiesen und eine Prämiensumme von etwa 10.000 Mark für das gesamte Kollektiv (Team) vereinbart. Bei dieser Forschungsarbeit war ich für den verfahrenstechnischen Teil voll verantwortlich. Wir drei einschließlich unserer Versuchsingenieure und Laboranten hatten uns in diese Arbeit mit Elan voll eingebracht, während die Werkstatt-Arbeiter das eben Notwendige gerade so absolvierten. Sie waren es inzwischen durch die sogenannten Neuerer-Vorschläge (Vorschläge zur Produktionssteigerung, Verbesserung von Abläufen in Verwaltung und Produktion) gewohnt, dass 60 % des Erlöses der Arbeiterklasse zuzuordnen war. So hatte ich eine große Zahl von Neuerer-Vereinbarungen abgeschlossen, die nur von Ingenieuren und Zeichnern ausgeführt wurden – und die Arbeiterklasse kassierte für äußerst geringe Hilfsleistungen 60 % der gesamten Auszahlungsprämie.

Als dann beim erfüllten Zielprämienvertrag die Auszahlungsliste bekannt gegeben wurde, rebellierte ich. Es konnte doch wohl nicht sein, dass ich als Verfahrenstechnikverantwortlicher gerade mal 200 Mark mehr bekommen sollte als gerade der Facharbeiter, der mir lachend zusah, wie ich mich mit einer Stahlflasche abschleppte. Diese Reaktion war für einige völlig unverständlich, doch hier bin ich eisern geblieben und sagte vor versammelter Mannschaft: „Wenn sich meine Summe in dieser Liste zulasten der Werkstattarbeiter nicht angemessen erhöht, nehme ich keine Prämie an und veranlasse, dass diese Zielprämie insgesamt an den Generalauftragnehmer zurückgegeben wird!" Unter Murren und einigen Unverständniserklärungen wurde dann meine Summe soweit aufgestockt, dass ich akzeptierte. Mit dieser Haltung hatte ich mir bei den Arbeitern in der Werkstatt keine Freunde gemacht. Das war mir aber deshalb egal, weil sie sowieso nur das Nötigste machten und lieber mit selbst gefertigten Metallwürfeln in der Arbeitszeit spielten! In einer freien Wirtschaft wäre so etwas undenkbar gewesen!

Zur Pilzzeit im September 1972 sind wir mit unserem Moskvitsch in die Sächsische Schweiz gefahren und hatten wieder eine gute Pilzernte eingefahren. Auf der Rückfahrt gab es plötzlich im Kofferraum einen lauten Knall und das Fahrzeug wurde recht instabil. Sofort machte ich die Kofferklappe auf um nachzusehen was die Ursache des Geräusches war. Der erste Blick genügte. Beide obere Halterungen der Schwingungsdämpfer waren aus der Kofferraumunterseite herausgerissen, weil wohl beim Überfahren einer Unebenheit beide Stoßdämpfer sich verklemmt haben mussten. Äußerst langsam bin ich dann nach Hause gefahren.

Unserem Werkstatt-Serviceman zeigte ich den Schaden und fragte, ob er mir helfen könne. Das hat er mir zugesagt, aber auch eine Bedingung dran geknüpft. Zunächst musste der Tank und dann die Stoßdämpfer abgebaut werden. Neue Stoßdämpfer hatte ich inzwischen organisiert. Das Schweißen in diesem Bereich war nicht ganz ungefährlich! Schließlich hatten wir es geschafft. Er überredete mich, mein Auto doch mit einem nur in der BRD erhältlichen Effektlack zu spritzen, zumal ja der Kofferraum-Unter und -Oberboden sowieso neu lackiert werden musste. Für sein Auto wünschte er einen grünen Effektlack aus der BRD. Alles was man zum Lackieren braucht war vorhanden.

Also schrieb ich meinem Bruder wie viele Büchsen Grundierung und Lackierung in der Farbe blau und grün notwendig sei und er mir diese bitte schicken möchte. Er hielt tatsächlich einmal Wort und ich war ihm dafür dankbar (das hat er wohl allen seinen Bekannten erzählt, denn 1989 wurde mir das als große, uneigennützige Hilfeleistung Gottfrieds für seinen Bruder im Osten von diesen Leuten offeriert). Ich lernte, wie man ein komplettes Auto für die Lackierung vorbereitet (Schleifen, Spachteln, Abkleben, Grundieren) und mit welcher Technik mithilfe einer Spritzpistole nach vorherigem Durchseihen des Spritzmaterials mittels eines Perlondamenstrumpfes das Spritzgut aufgebracht wird, ohne dass sich Nasen bilden. Dafür musste man die Hebebühne mieten, damit diese Arbeiten nach Feierabend ausgeführt werden konnten.

Ab 1. Juli 1972 wurde mein Arbeitsvertrag im 2. Arbeitsverhältnis dahingehend geändert, dass ich nun als „Facharbeiter für Städtischen Nahverkehr" eingestuft wurde und damit einen Lohn/Gehalt nach Tab. VI/5 M 600,- anteilig schriftlich zugesichert bekam. Damit verbunden waren regelmäßige schriftliche Prüfungen über wichtige Arbeitsschutzmaßnahmen, Verkehrsregeln und wichtige technische Gegebenheiten. Natürlich hatte ich auch 1972 so viele Dienste an Wochenenden gefahren wie es mir nur zeitlich möglich war, einschließlich Weihnachten und Silvester.

Für Februar 1973 hatten Karins Familie mit uns in Saupsdorf in einem Ferienheim der Verkehrsbetriebe einen Winterurlaub geplant. Leider hatten wir nur Langlaufskier. Dies war nun unser erster Winterurlaub und das Skifahren hatte viel Freude bereitet, solange man Langläufe absolvierte. Etwas steilere Hänge möglichst mit Buckeln waren mit diesen langen Skiern schlechter zu meistern, zumal wenn man dann Experten auf Abfahrtskiern den Hang herunter wedeln sah. Bei einer unserer Langlauftouren am Vormittag wollten die Kinder nicht mehr weiterlaufen, weil es ihnen zu anstrengend war. Mir ging das ständige Gemecker auf den Nerv. Kurz entschlossen meinte ich, dass sie nun zurückfahren könnten, wenn es ihnen zu anstrengend wäre und fuhr die Tour allein zu Ende. Natürlich hatte ich damit gerechnet, wenn Mama dabei ist, dass es da keine Probleme gäbe. Was ich bis dahin noch nicht erkannt hatte war Helgas schwachentwickelter Orientierungssinn. Erst nach dem Mittagessen waren sie dann eingetrudelt und hatten mir bittere Vorwürfe gemacht. Im Nachherein muss ich sagen – berechtigt. Recht harmonisch waren die gemeinsam verbrachten Abende, wobei in der Gruppe und aus der Gruppe heraus recht interessante Unterhaltungsspiele mit viel Spaß durchgeführt wurden. Einmal sind wir mit unseren Kindern früh abends zu einer Tanzveranstaltung gegangen. Hier zeigte es sich wieder einmal, dass Jungens in einem bestimmten Alter nicht bereit sind mit einem Mädchen zu tanzen und sei es auch die eigene Schwester.

So was ändert sich aber bekannter Weise in späteren Jahren!

Im März 1973 wurde mein Gehalt rückwirkend zum 1.1.1973 auf ein monatliches Bruttogehalt von 1165,- Mark angehoben.

Mein Bruder Gottfried teilte mir brieflich mit, dass er zur Leipziger Messe mit seinem Opel kommen wolle. Ob es möglich wäre ihn auf Landstraßen nach Dresden zu lotsen, da er ja offiziell als Besucher der Leipziger Messe nicht nach Dresden kommen konnte und auf Autobahnen Westwagen oft kontrolliert wurden.
Helga und ich fuhren mit unserem Moskvitsch bei hohem Schnee (immer zur Leipziger Frühjahrsmesse meldete sich der Winter zurück) nach Leipzig zum Hauptbahnhof. Und wieder hatte mein Bruder eine Überraschung parat. Er war nicht allein, sondern hatte noch einen Kameraden dabei (wie immer konnte er nichts allein unternehmen). Es hat sich später herausgestellt, dass dieser primitive Mensch zur damaligen Zeit bei der Bundeswehr eingezogen war, was wohl der Grund war, dass er an Schweißfuß übelst riechender Art litt und uns heftig daran teilhaben ließ, als er in unserer Wohnung seine Schuhe auszog. Wir hatten ja geglaubt, dass Gottfried wegen uns nach Leipzig gekommen war, was aber so nicht stimmte. Er hatte mal eine Jugendliebe, die inzwischen mit einem Gärtnereibesitzer verheiratet war. Dieser Ehe sind zwei Kinder entsprossen. Irgendwie müssen die beiden noch brieflich in Verkehr gewesen sein und sie hat Gottfried ihr Leid geklagt, dass dieser Mann nicht der Richtige sei und sie sich sehr zu Gottfried hingezogen fühle. Schlussendlich ist er dann in diese Gärtnerei gefahren und in Abwesenheit des Mannes haben sich die zwei unterhalten. Wir machten darauf aufmerksam, dass es sich hier um zwei Kinder handelt, die dann die Leidtragenden wären. Beiden haben wir von irgendwelchen Dummheiten abgeraten. So ist es zu keinem Eklat gekommen. Kurz danach besuchte uns die Familie des Gärtnereibesitzers und es ergab sich ein sehr harmonisches Gespräch. Zufällig kam auch noch Karin zu Besuch und sie musste sich übergeben, weil sie diesen Schweißgestank in unserer Wohnung nicht ertragen konnte. Bevor sie beide wieder nach Leipzig kutschierten sind wir noch mal in Dresden im Intershop einkaufen gewesen. Der "Fußti" (so haben wir ihn genannt, seinen Vornamen habe ich vergessen) brachte eine Likörflasche mit einer tanzenden Ballerina mit. Wir dachten das sei ein Abschiedsgeschenk für unsere Gastfreundschaft (er hat sich nicht einmal bedankt). Doch weit gefehlt, das war ein Präsent für seine Mutter! Gottfried wollte uns zum Dank in diesem Intershop etwas kaufen. Kaum hatte er zwei kleine Wünsche erfüllt, tönte der "Fußti": "Goffi, denk daran, wir haben noch Verpflichtungen!" Es war ohnehin sein letzter 100 DM Schein. Damit war der Einkauf sofort beendet. Diesem Menschen hätte ich einen Arschtritt geben können! Im Nachherein ist festzustellen, dass dieser sogenannte Freund seiner späteren Frau Christine ein Kind gemacht hat (mit Vornamen Marco) und sie dann sitzen ließ! Christine hat es dann in ihrer Not verstanden Gottfried eine große Liebe vorzuzaubern und ihn dazu gebracht Sie zu heiraten, was dann 1975 zustande kam. Soweit ich weiß lebt dieser verabscheuungswürdige "Fußti"- Mensch nicht mehr!

Was wir zu dieser Zeit nicht wussten, war Peters lockerer Lebenswandel, sein sich verschlimmerndes Alkohol-Problem und der Umgang mit jungen Mädchen, die ihn serienweise anhimmelten und es ihm leicht machten sich mit ihnen einzulassen. Er hatte ja eine so freundliche, liebevolle, nette Art und ein attraktives Äußeres, aber keinerlei inneren Halt und lebte wahrscheinlich schon in dem Wahn nicht alt zu werden.

Ab Mitte 1973 hatten wir ein neues Forschungsthema mit dem Ziel ein Massepolymerisationsverfahren von ABS zu entwickeln und im kleintechnischen Maßstab zu erproben. Dafür sollte auch wieder ein Patent erarbeitet werden. Zur damaligen Zeit konnten ABS Produkte nur in diskontinuierlichen Verfahren hergestellt werden. ABS ist ein Co-Propf-Polymerisat aus den Komponenten Acrylnitril, Butadien und Styrol. Anwendungsgebiete dieser Produkte sind zum Beispiel Autolenkräder oder Stöckelschuhabsätze, da hohe Festigkeit und Bruchsicherheit dem Material eigen sein muss. Hierbei gelang es mir in der 1. Verfahrensstufe die vollkontinuierliche Herstellung einer nichtnewtonschen Lösung (nicht lineares Viskosefließverhalten, abweichend von Wasser) zu verwirklichen. Das aus Feststoffschnitzeln bestehende Butadien wurde hierbei mittels einer Fördereinrichtung und die entsprechenden Flüssigkomponenten Acrylnitril und Styrol über Förderpumpen kontinuierlich in einen Behälter eingebracht. Ein speziell von mir konstruiertes Hochleistungsrührwerk mit hoher Scherkraft bewirkte die komplette Lösung der drei Komponenten, die dann kontinuierlich zur Weiterverarbeitung in der nächsten Verfahrensstufe abgenommen werden konnte.

Irgendwann im Jahr 1973 war mein Vertrauen in den Moskvitsch erloschen und ich hatte wegen der laufenden und schon wieder anstehenden arbeits– und kostenintensiven Reparaturen die Nase gestrichen voll. Daher gab ich eine Annonce auf und ein Bäckermeister hat mir dieses russische "Schrottauto" (für mich mit viel Verlust) abgekauft. Etwa 2 Jahre später traf ich zufällig diesen Bäckermeister wieder und er wäre mir fast um den Hals gefallen, weil er ein so gutes Auto so preiswert bekommen hatte. Keine Reparatur, alles bestens schwärmte er. Da hatte ich also tatsächlich alles repariert und hätte dieses Auto dann auch weiter nutzen können!

Für uns war leider wieder Motorrollerfahren angesagt.
Einen Kindersitz für den Motorroller legte ich mir zu, um die Kinder nacheinander zum Beispiel ins Kinderheim transportieren zu können. Zur Pilzzeit nahm mein Töchterchen Annett auf diesem Kindersitz Platz und wir sind zu dritt in Richtung Sächsische Schweiz gefahren. Was hat die kleine Maus gejubelt und gerufen: "Eine schöne Welt!"
Die Zugluft ist ihr aber gar nicht gut bekommen und sie hatte danach eine heftige Erkältung mit Fieber zu überwinden.

Da ich ständig Magen-Darmbeschwerden hatte wurde mir vom 21.11. bis 21.12.1973 einschließlich 3 Schontagen eine Heilkur in Löhma, Kreis Saalfeld, gewährt, die etwas Besserung brachte.

Am 1. Weihnachtsfeiertag besuchte uns Karins Familie. Peter war auch anwesend. Leider kam es an diesem Feiertag zu einem hässlichen Eklat, weil Karin und ihr Mann Gerd meinten zu kurz zu kommen, denn insbesondere Karin ging es immer nur um das Haben und Kriegen. Dass ihre Kindheit nicht so wohlbehütet war wie die der Kinder in unserer Familie, wurmte sie stets. Und wie schon beim ersten Hinauswurf gab wieder mal ein Wort das andere mit dem Resultat, dass Karins Familie wutentbrannt die Wohnung verließ. Peter wollte noch beschwichtigen, aber wir hatten ihn davon abgehalten, weil es sowieso keinen Sinn gehabt hätte. Es sollten einige Jahre vergehen ehe dieses Zerwürfnis aus traurigem Anlass beendet wurde.

Am 04.02.1974 versuchte sich Peter das Leben zu nehmen, indem er sich beide Pulsadern aufschnitt. Irgendein Passant hatte ihn wohl im Freien liegen sehen und ihn in die Poliklinik Dresden Neustadt zur 1. Hilfe gebracht.
Wahrscheinlich war ihm bewusstgeworden, dass er sein Leben nicht mehr in den Griff bekam, denn inzwischen ging es ihm gesundheitlich immer schlechter und außerdem hatte er zwei Mädchen geschwängert. Von diesen Ereignissen wussten wir nichts.

Im Frühjahr 1974 wollte ich doch auch mal wieder an einem Wochenende mit der Familie eine Ausfahrt machen. Früh um 4:00 Uhr musste man sich anstellen, wenn man bei Öffnungszeit 8:00 Uhr ein Leihauto vorbestellen wollte. Und tatsächlich war ich an siebenter Stelle und mir wurde offeriert, dass ich am vereinbarten Termin einen Moskvitsch neuerer Bauart ausleihen durfte. Damit sich der Ausleiher sicher war, musste ich mit diesem Fahrzeug eine Probefahrt absolvieren. Gleich wollte ich in das Fahrzeug einsteigen, doch da bremste mich der Mann und sagte: „Erst müssen wir mal die Motorhaube öffnen und das Spaltfilter reinigen, damit der Öl-Kreislauf immer gut zirkuliert". Jetzt erst war mir klar warum ich den Motor auf meiner Ostseefahrt zur Rotglut gebracht hatte. Eine Bedienungsanleitung hätte mir viel genutzt und googeln konnte man damals leider nicht.
Seitdem galt bei mir der Grundsatz: Hüte dich vor fremden Frauen und Autos die die Russen bauen!

Inzwischen hatte ich mir bei den Vietnamesen einen Radiorekorder westlicher Bauart für einen satten Preis gekauft. Für mich war das ein Spitzengerät mit 2 Lautsprechern und einer unwahrscheinlich guten Klangqualität. Dieses Gerät führte ich immer bei meinen Straßenbahndiensten mit, um an den Endpunkten Unterhaltung zu haben. Natürlich hörte ich wieder mal auf dem Weg zum Dienst Radio. Plötzlich kam ein Titel namens „Waterloo" von einer ABBA-Gruppe in der musikalischen Luftfracht (einer speziellen DDR-Sendung) der mich begeisterte. Was für eine elektronische Musik! Leider hat es sehr lange gedauert bis ich diesen Titel aufnehmen konnte.

Für das Forschungsthema „Massepolymerisation von ABS" hatte ich nach gründlicher Recherche inzwischen eine Patentschrift in Arbeit und wollte auf dieser Basis zusammen mit meinem Gruppenleiter promovieren. Auch einen Doktorvater hatten wir uns inzwischen in Merseburg gesichert. Doch mit des Geschickes Mächten ist kein ewiger Bund zu flechten, stellte schon ein großer Dichter fest und uns erging es ebenso. Auf Geheiß der UdSSR wurde zentral festgelegt, dass die DDR in der chemischen Forschung einen ausreichend guten Vorsprung erreicht hat, die kompletten Forschungsergebnisse an die Sowjetunion zu übergeben wären, um für den gesamten Ostblock auf Basis dieser Ergebnisse Chemieanlagen zu projektieren und zu realisieren (so wurde es uns damals dargestellt). Das hatte zur Folge, dass mein Betrieb mich nur übernahm, wenn ich bereit war den Arbeitsvertrag zum 01.07.1974 als Projekt-Ingenieur umschreiben zu lassen. Mein Hinweis auf die Patentanmeldung und den Beginn meiner Promotion wurde ignoriert und mit der lapidaren Bemerkung abgetan: "Wenn Sie promovieren wollen, müssen sie nach Merseburg gehen. Unsere Einrichtungen stehen Ihnen ab sofort für Forschungsarbeiten nicht mehr zur Verfügung – Als Forscher sind sie hier arbeitslos!" Damit lösten sich unsere Promotionswünsche in Luft auf!

Am 24. 10. 1974 wurde unser Geheimpatent unter dem Aktenzeichen GP C 08 f/181 840 (S) angemeldet. Unsere diesbezüglichen Forschungsarbeiten sind nie zum Abschluss gebracht worden.
Inzwischen hatte ich mich mit einem älteren Kollegen im Technikum über meine Zukunftsmöglichkeiten unterhalten, da ich ziemlich verzweifelt war. Dieser sehr erfahrene Kollege wusste beispielsweise, dass in der Projektierung von kompletten Chemieanlagen auch verschiedenste Gewerke integriert sind. In der BRD wurde das grundsätzlich anders gehandhabt, indem Gewerke separat als Auftragnehmer vertraglich gebunden und in den Anlagenbau einbezogen wurden. Nicht so in der DDR, da wollte man alles in einer Hand wissen. Er gab mir den Rat auf diese Schiene aufzufahren, da man vielleicht auch später mal was hinzuverdienen könnte.

Die Kaderabteilung bot mir an als Federführender Projektant in der Technologischen Abteilung tätig zu sein.
Da fragte ich an, ob die Gewerke Heizungs-, Lüftung- und Klima- sowie Sanitärtechnik schon besetzt seien, oder Interesse besteht, wenn ich eine entsprechende Gewerkegruppe aufbauen würde, da ich im Studium dieses Fach bei dem freundlichen ungarischen Professor belegt hatte. Da hatte ich offene Türen eingetreten, offensichtlich war die Kaderabteilung noch gar nicht so weit in ihren Überlegungen gewesen. Man werde mir jegliche Unterstützung geben wurde gesagt und ich solle sofort loslegen. Das habe ich getan, mein Wissen aufgefrischt, mir fachspezifische Unterlagen besorgt und mit entsprechenden Firmen Kontakt aufgenommen. Erste Aufgaben ließen nicht lange auf sich warten und bald musste ich um Verstärkung bitten. Es ist schon kurios, dass mir Diplom-Physiker zugeteilt wurden. Natürlich kam auch eine Technische Zeichnerin hinzu.

Im Sommer 1974 war es endlich soweit, mein Trabant 601 Kombi konnte im Lager auf der Hamburger Straße abgeholt und direkt bezahlt werden. Erwartungsvoll mit über 8000,- Mark in der Tasche bin ich dorthin gefahren mit der Vorstellung mir ein entsprechendes Fahrzeug aussuchen zu können. Es stellte sich vor Ort dann heraus, dass nur ein einziger Trabant Kombi in der Farbe nebelgrau für mich zum Kauf verfügbar war. Bei näherer Betrachtung stellte ich dann auf der Motorhaube noch Lackschäden fest. Als ich dieses Fahrzeug nicht nehmen wollte, sagte man mir: „Wenn Sie einen bestimmten Farbwunsch haben, dann können Sie den angeben und wenn die Farbe dann irgendwann mal hereinkommt werden wir Sie informieren." In meinem Kaufvertrag stand dann sinnigerweise: Kunde übernimmt wunschgemäß Fahrzeug mit Lackschaden und erhält 10,- Mark Nachlass. Das nenne ich nach knapp 9 Jahren Wartezeit eine zynische Reaktion! Typisch Sozialismus!

Nach langer Betriebszugehörigkeit erhielt ich für einen Betriebs-Wohnwagen in Gral -Müritz an der Ostsee für 14 Tage in den Schulferien das Nutzungsrecht. Da ich ja nun wieder ein Auto hatte, konnte ich so etwas wahrnehmen.
Gerade mal 500 km hatte ich mit dem neuen Trabbi zurückgelegt, als uns auf der Fahrt nach Gral-Müritz das Schicksal ereilte. Da mein Trabbi ziemlich vollgeladen war, achtete ich auf größtmöglichen Abstand zum Vorderfahrzeug. Auf einer schnurgeraden Platanenallee fuhren wir in einer Kolonne von etwa 6-7 Fahrzeugen. Plötzlich wurde das erste Fahrzeug immer langsamer und das ihm folgende ebenfalls, so, dass man den Eindruck hatte, dass diese beiden Fahrzeuge zusammengehören. Das zweite Fahrzeug hielt sich etwas links hinter dem ersten als würde es dieses Fahrzeug schützen, weil vielleicht der Motor verreckt war. Alle nachfolgenden Fahrzeuge überholten diese beiden Fahrzeuge. Da ich einen größeren Abstand zum Vordermann hatte, dauerte es etwas bis auch ich mit dem Überholen begann. In dem Moment bog das erste Fahrzeug plötzlich nach links in einen Feldweg ab, weil der Fahrer dachte, dass er nun ohne rückwärtige Sicht freie Fahrt hätte. Ein Linksblinken von beiden Fahrzeugen war nicht zu sehen. Trotz einer reaktionsschnellen Gefahrenbremsung konnte ich den Aufprall mit etwa 25 km/h Aufprallgeschwindigkeit auf den abbiegenden Trabant nicht mehr verhindern. Was ich zu dem Zeitpunkt nicht erkannte, war, dass der zweite Fahrzeugführer nicht links geblickt hatte zur Warnung der Nachfolgenden und gleichzeitig die Sicht für den vorausfahrenden und den nachfolgenden Verkehr verdeckt hat. Er war der eigentliche Unfall -Verursacher! Da wir damals noch keine Anschnallpflicht hatten, es waren auch keine Gurte im Fahrzeug vorhanden, musste ich mich erst mal um Helga kümmern, die mit dem Kopf vorn aufgeschlagen war und über Schmerzen klagte. Irgendwie hat sie dann in ihrer Aufregung eine Zigarette sich angezündet und mir geraten auch mal zur Beruhigung eine zu rauchen, da ich mir schon längere Zeit das Rauchen abgewöhnt hatte. Gesagt-getan, nach zwei Zügen Zigarette wieder entsorgt, Pfui Teufel!
In einer solchen Situation kann man nicht alle Zusammenhänge gleich korrekt analysieren. Erst später ist mir klar geworden wer hier die Schuld hatte. Noch ehe die Polizei kam machte sich der wahre Verursacher aus dem Staub.

Der Trabbifahrer des Unfallfahrzeugs war LPG-Vorsitzender und mit der Ortspolizei befreundet. Die Ortspolizei hat natürlich erst mal den LPG-Vorsitzenden angehört und anschließend mir gleich die Schuld zugewiesen, da ich ja nur dann überholen kann, wenn ich das zweifelsfrei mit dem Vordermann abgestimmt hätte. Das kam mir so bekannt vor, wie das Gerichtsurteil damals bei dem Straßenbahnunfall. Ich konnte argumentieren wie ich wollte, die Polizei hat immer Recht! In die Zulassung bekam ich gleich 4 Stempel, was bedeutete, dass bei einem weiteren kleinen Vergehen sofort die Fahrerlaubnis entzogen und 2 Jahre vergehen mussten, bis diese Stempel wieder gelöscht wurden. Gnädig sagte dann der Polizist zu mir, von einer Geldstrafe sehen wir ab, sie haben schon genug Schaden an ihrem Auto und ein Kollege von uns wird Ihnen helfen damit sie weiterfahren können; toll! Das Front- und rechte Seitenteil, ein Scheinwerfer und die Motorhaube waren beschädigt. Irgendwie hatten wir die Sache wieder gerichtet und wir konnten dann im Finstern weiterfahren. Ein Arbeitskollege war so freundlich und ist mit seinem Fahrzeug und ich mit meinem beschädigten Trabbi am nächsten Tag nach Rostock gefahren um in einer Werkstatt die Reparatur bewerkstelligen zu lassen, was auch gelang. Genau am Ende des Urlaubs konnten wir auf gleiche Weise mein repariertes Fahrzeug wieder abholen, wobei ein Neuteil durch ein Altteil ersetzt wurde und keine Lackierung ausgeführt war. So hatte dieser Unfall dazu geführt, dass ich dieses Auto selbst in ein weißes Fahrzeug mit effektblauem Dach umgespritzt habe. Leider war der Urlaub insbesondere für mich dadurch nicht so optimal verlaufen. Hatte ich doch immer die Sorge im Hinterkopf, ob die Werkstatt bis zum Ende des Urlaubs tatsächlich den Trabbi reparieren konnte.

Flöhe gab's im Wohnwagen und streunende Wildschweine außerhalb. Am Strand war eine Freikörperkultur-Zone vorhanden und wir fanden es prima nackt zu baden und in der Strandburg sich dementsprechend zu sonnen. Den Kindern jedenfalls hat dieser Urlaub sehr gut gefallen.

Mit Schreiben vom 23.8.1974 des Kombinats VEB Chemische Werke Buna wurde mitgeteilt, dass mein 2. Patent über die Fällung von Kunststofflatices, Aktenzeichen GP C 08 f/155849(S), in der Zeit vom 1.2.1971 bis 31.1.1972 einen volkswirtschaftlichen Nutzen in Höhe von M 392.197,- erbracht hatte und mir auf Grundlage der Erfindervereinbarung anteilig eine Vergütung in Höhe von M 4.335,- für meine erfinderische Leistung ausgezahlt wird. Diesen warmen Regen konnte ich in meiner Situation sehr gut gebrauchen!

Im Oktober 1974 starb kurz vor Vollendung ihres 91. Lebensjahrs Helgas Großmutter, die mich am Anfang unseres Kennenlernens als „Leckarsch" bezeichnete.

Selbstverständlich fuhr ich auch im Jahr 1974 so viele Dienste wie ich nur konnte, zulasten meiner Familie, wegen meiner Abwesenheit an Wochenenden und Feiertagen.

Am 14.01.1975 besuchten wir Peter in seiner Mietwohnung im „Hechtviertel" zu seinem Geburtstag. Er hatte inzwischen ausgelernt. Seine neue Freundin Marina empfing uns freundlich. Alkoholkrank war er leider immer noch, nur wusste ich es damals nicht.

Diese neue Freundin in die sich Peter ernsthaft verliebte, nutzte ihn jedoch nur aus. Ihre Eltern waren recht linientreue Genossen und für DDR-Verhältnisse gut situiert. Da Peter handwerklich geschickt war, durfte er die gesamte Wohnung der Eltern tapezieren. Kurz danach wurde in Dresden von der DEFA (Deutsche Film AG) ein Film gedreht und Marina hatte sich mit einem Regisseur eingelassen, weil sie dessen Versprechungen glaubte. Kurze Zeit später bekam sie was sie wert war - eine Verarschung. Danach versuchte sie Peter wieder zu umgarnen, was ihn nur quälte. Doch Peter hatte das nicht verwunden und am 20. März 1975 erneut einen Suizidversuch unternommen. Nach der erneuten Rettung in der Poliklinik Dresden Neustadt begab sich Peter in das Elternhaus der Freundin. Die Eltern dieser Freundin hatten nichts Eiligeres zu tun als mit uns Kontakt aufzunehmen und uns aufgefordert Peter abzuholen. Sobald ich konnte holte ich dann Peter ab und schon im Auto fragte ich ihn, warum er so etwas macht und ob er denn nicht wisse welchen Kummer er seiner Mutter bereitete. Zu Hause sahen wir dann noch die Narben an den Pulsadern und erhielten so vom 1. Suizid Kenntnis. Er war dann einige Tage bei uns und mehr als ihn auf einen guten Weg mit Worten zu bewegen konnten wir auch nicht tun, er war ja schließlich erwachsen. In dieser Situation hätte man unbedingt die Entziehungskur zwangsweise veranlassen müssen, aber wir hatten keine Ahnung in dieser Richtung.

Da sich im Oktober 1975 mein 35. Lebensjahr vollendete und ich bisher immer wieder wegen Unabkömmlichkeit von der Musterung zurückgestellt wurde, war das für die Nationale Volksarmee der DDR nun der letztmögliche Zeitpunkt mich zur Musterung einzubestellen, um mir 18 Monate Wehrdienst aufzubrummen. Gleich bei der 1. Musterung im Februar 1975 hatte ich dem Militärarzt von meinen häufigen Ulcera duodeni (Magen-Darmgeschwüre) berichtet und die unfallbedingten Behinderungen an meinen Beinen hochstilisiert, was dazu führte, dass ich nicht eingezogen werden konnte. Es hat nicht lange gedauert, wurde ich zu einer 2. Musterung aufgefordert. Diesmal nahm ich entsprechende ärztliche Unterlagen gleich mit und es gelang mir erneut nicht eingezogen zu werden. Kaum zwei Monate später wurde ich zur 3. Musterung einbestellt. Diesmal hatte ich Glück, da ein ehemaliger Oberschul-Klassenkamerad als Musterungsarzt verpflichtet war, mit dem ich Klartext reden konnte. Dieses Mal wollte ich noch Herzbeschwerden geltend machen. Davon hat er abgeraten und für die Beibehaltung meiner bisherigen Linie plädiert. Etwa 4 Wochen später wurde ich von der Erfassungsstelle der Volksarmee erneut aufgefordert einen Termin wahrzunehmen.

Ein zackiger Major stand vor uns fünf Auserwählten und machte uns klar was Bürgerpflicht ist, dass er jeden von uns im Auge behalten werde und wir garantiert noch einberufen würden. Anschließend erhielt jeder von uns die Ausmusterungsurkunde, in der bescheinigt wurde, dass wir dauerhaft wehrunfähig sind. Mir fiel ein Stein vom Herzen, denn für dieses System wollte ich meine Knochen niemals hinhalten müssen!

Zu dieser Zeit wurde das Arzneimittelwerk Dresden in Dresden-Radebeul schwerpunktmäßig rekonstruiert und hatte oberste Priorität. Auch ein riesiger, neuer Schornstein wurde errichtet und unsere Gruppe mit der kompletten Abgasanlage einschließlich der HAWEG-Züge im Schornstein betraut. Die gesamte Abgasanlage wurde von mir komplett geplant und berechnet, an der unter anderem auch Zentrifugentische, Laborabzüge und Ähnliches anzuschließen waren. Ein kleineres Gebäude für einen sehr großen, leistungsfähigen Ventilator wurde errichtet und der erforderliche Ventilator als Sonderkonstruktion aus Thüringen angeliefert und montiert. Jeden Montag war Rapport und selbst der Stellvertretende Minister für Chemische Industrie war da zugegen. Sogar eine Jugoslawische Firma, die mit D-Mark entlohnt wurde, war bauseits zugange.
Eines Tages kam einer dieser Jugoslawen auf mich zu, öffnete seine Tasche und zeigte mir ein Bündel D-Markscheine mit der Anfrage, ob ich im Verhältnis 1 zu 4 DDR-Mark tauschen möchte. Da ich nicht wusste ob das eine Falle war und zu damaliger Zeit mir dieses Umtauschverhältnis nicht günstig vorkam, lehnte ich ab.
Vor einer Einregulierung der Abgasanlage waren noch Farbgebungs- und Korrossionsschutzanstriche auszuführen.
Bei Ausführung dieser Malerarbeiten wurden von den Werktätigen dieses Malerbetriebes bis auf einen einzigen Anschluss für einen Zentrifugentisch alle Absperrventile, die von uns alle geöffnet waren, definitiv geschlossen.
Ohne Rücksprache mit uns ist dann der Ventilator in Betrieb genommen worden. Da dieser Ventilator sehr leistungsstark sein musste, führte das in diesem Fall dazu, dass der gesamte Zentrifugentisch angehoben und zerstört wurde.
Sofort wurde Sabotage vermutet und ich hatte mich persönlich auf der Baustelle vor Staatssicherheitsangestellten und weiteren Kapazitäten zu verantworten. Das war schon ein mulmiges Gefühl, wenn man zunächst erst mal die Zusammenhänge nicht kennt. Da ich den Nachweis führen konnte und auch Zeugen hatte, dass weder von uns diese Absperrventile geschlossen, noch eine Freigabe zum Betrieb des Ventilators von uns gegeben wurde, war ich entlastet.
Irgendwie verlief sich dann alles im Sande, weil offensichtlich kein Schuldiger gefunden wurde.
Später wurde dann die Anlage ordnungsgemäß einreguliert, eingefahren und funktionierte danach einwandfrei.

Am 09. 07.1975 erhielt ich erneut ein Schreiben des VEB Chemische Werke BUNA, in dem mitgeteilt wurde, dass im Jahr 1974 ein volkswirtschaftlicher Nutzen in Höhe von M 872.481,61 aus meinem 2. Patent erbracht wurde. Meine anteilige Nachvergütung betrug M 2.745.-! Je nach Nutzungsjahr sank der prozentuale Anteil der Vergütung drastisch.

Erstmals seit meiner Zugehörigkeit zum FDGB („Freier Deutscher Gewerkschaftsbund"), erhielt ich einen Ferienplatz für 14 Tage an der Ostsee in dem Badeort Zingst. Neben einem Zimmer in einem Privatquartier für unsere Familie war damit auch die Verpflegung gesichert. Dieser Urlaub war für DDR-Verhältnisse sehr schön, sowohl bezüglich des Quartiers und der Verpflegung, als auch von den Wetterbedingungen. Dieses Mal hatten wir keine Probleme mit unserem Trabant - Kombi, zumal ich mehr als vorsichtig gefahren bin, da ich ja immer noch 4 Stempel in meiner Zulassung hatte. Ziemlich am Ende des Urlaubes wurden wir von den Wirtsleuten angesprochen, ob wir nicht Interesse hätten privat nächstes Jahr wieder zu kommen. Da ich ohnehin nun wieder 7 Jahre warten musste, bevor ein neuer gewerkschaftlicher Ferienplatz zu erwarten war, hatten wir natürlich großes Interesse. Schließlich ist für eine Familie mit 2 Kindern ein Platz an der Ostsee eine ideale Lösung.
Natürlich hatten wir mitbekommen, dass im Hof kleine primitive Hütten von Privaturlaubern genutzt wurden. Die Wirtsleute waren wie viele Hausbesitzer an der Ostsee äußerst geschäftstüchtig und nutzen die Notlage der Bürger aus, indem sie für viel Geld primitive Unterkünfte vermieteten. Ein Problem war allerdings die Verpflegung, da es so gut wie keine öffentlichen Gaststätten gab, weil alles für die FDGB-Urlauber reserviert war.
Auf der Rückfahrt hatten wir leider wieder einen Zwangsaufenthalt, weil für Zylinder 2 der Zünd-Unterbrecher sich abgearbeitet hatte, somit der Zündzeitpunkt nicht mehr stimmte und die Motorleistung in die Knie ging. Für diesen Zweck hatte ich vorgesorgt und eine Einstelluhr sowie Ersatzunterbrecher im Gepäck, so dass nach einer Reparaturzeit von insgesamt einer Stunde alles wieder im Lot war. Ursache war das Materialproblem dieser Unterbrecher! Bald hatte ich herausgefunden, dass die Unterbrecher für den "Wartburg" auch für den "Trabant" passten und eine wesentlich bessere Qualität hatten.

In meinem Gewerke-Team waren inzwischen zwei Diplom Physiker und ein Diplom-Ingenieur integriert, sodass ich am 01. 08.1975 offiziell einen neuen Arbeitsvertrag als Gruppenleiter erhielt, was mit einem neuen Gehalt in Höhe von brutto M 1.275,- honoriert wurde. Außerdem wurde nun meine Gruppe der Bauabteilung zugeordnet, was natürlich sinnvoll war.
Einer meiner Diplomphysiker fing an zu intrigieren um selbst Gruppenleiter zu werden. Nach einer kurzen Vieraugen-Unterredung hatte er sich dann entschlossen eine Anstellung beim VEB Luft und Kältetechnik anzutreten. An seiner Stelle kam ein Diplom-Ingenieur mit Gewerkeerfahrungen in meine Gruppe, den ich recht bald zum Stellvertreter ernannte.
Da unser Betrieb komplette Chemieanlagen anfänglich nur im Rahmen der DDR, später dann im gesamten Ostblock einschließlich Kuba zu bearbeiten hatte, war die Aufgabenpalette für unsere Gewerke äußerst interessant und vielseitig.
Der Bauabteilungsleiter, ein erfahrener Bauingenieur, hatte eine interessante Vergangenheit. Während des Krieges war er bei der Waffen-SS und hatte sich später als Informeller Mitarbeiter der Staatssicherheit verdingt. Das eine hatte er mir

persönlich mal erzählt, dass andere wurde mir später offenbar. So erklärte es sich, dass er ohne Mitglied der SED-Partei zu sein eine Abteilungsleiterposition einnehmen konnte!

Da er berufsbedingt und privat über sehr viele Kontakte verfügte und Projektanten gefragte Leute waren, kam er eines Tages zu mir um mich zu fragen, ob ich nicht Interesse hätte im Rahmen des Gesetzblatts I/35 (regelt die Bedingungen von freiwillig ausgeführten Tätigkeiten und deren Bezahlung nach entsprechender Qualifikation) Gewerke – Projektierungsarbeiten zu übernehmen. Nach Einsicht in dieses Gesetzblatt stimmte ich zu und fragte an, inwieweit ich einen oder zwei Kollegen, insbesondere die Zeichnerin mit einbinden könne. Das wäre kein Problem, nur müssten die Arbeiten außerhalb der Dienstzeit erbracht werden. Außerdem machte er mich zum Stellvertretenden Abteilungsleiter, was keinerlei positive finanzielle Konsequenzen hatte.

Auf diese Weise hatten wir anstelle von Überstunden nach Feierabend an dieser Zusatzaufgabe gearbeitet und uns gefreut, etwas hinzuverdienen zu können. So erfüllte sich die Weissagung des Kollegen aus dem Technikum.

Bei weiteren Aufträgen dieser Art, die nicht lange auf sich warten ließen, musste ich darauf achten, dass alle Mitarbeiter einbezogen wurden, um jedweden Futterneid zu unterbinden.

Am 07.10.1979 wurde mir der Ehrentitel "Aktivist der sozialistischen Arbeit" verliehen. Mein Konterfei war dann im Arzneimittelwerk an jeder Ecke zu sehen. Verbunden mit diesem Ehrentitel war eine Prämie von 300,- Mark. Auf der darauffolgenden Feier hatte man natürlich eine Riesenrunde an die lieben Kollegen auszugeben, sodass über die Hälfte der Prämie dafür draufging.

Meine erste Dienstreise 1975 mit einem Flugzeug (ein kleinerer Flieger der Type Antonov) war für mich sehr interessant, weil ich noch nie mit einem Flugzeug geflogen war. Da unsere Firma erneut einen neuen Namen bekam und nun „VEB Forschungszentrum Chemieanlagen Dresden, Betrieb des VEB Chemieanlagenbau Staßfurt-Kombinat" und somit einem neuen Kombinat zugeordnet wurde, flog die Führungsriege komplett nach Staßfurt. Auf dem Rückflug kamen wir in heftige Turbulenzen und allen wurde es angst und bange. Zur Beruhigung erhielt jeder Fluggast einen Bonbon. Es war noch mal gut gegangen und wir sind dann sicher in Dresden-Klotzsche gelandet.

Mein Bruder teilte mir schriftlich mit, dass er im August heiraten werde. Christines uneheliches Kind Marco wurde am 18.06.1974 und das gemeinsame Kind Andrea am 02.05.1975 geboren. Auch er hatte also zugunsten seines Kindes in die Eheschließung nach der Kindesgeburt eingewilligt.

Da dies eine der seltenen Möglichkeiten war, einen Antrag auf besuchsweisen Aufenthalt in der BRD zu stellen (man war antragsberechtigt), hatte ich Ihn gebeten mir eine offizielle Einladung zur Hochzeit zu schicken, um sie den Behörden vorlegen zu können. Es war zwar recht unwahrscheinlich, dass diesem Antrag stattgegeben würde, war ich doch wegen meiner Patente VVS-verpflichtet (Geheimhaltungsstufe Vertrauliche Verschluss-Sache), aber ein Versuch konnte ja nicht schaden. Leider hatte ich keine derartige Einladung erhalten!! Wieder mal verschlampt; toll!

Nur der Vollständigkeit halber ist zu erwähnen, dass auch 1975 das Maximum an Straßenbahndiensten von mir absolviert wurde.

Auch am 14. Januar 1976 waren wir wieder bei Peter zum Geburtstag eingeladen. Eine neue, nette Freundin Rosi (Sie war Kellnerin in einer Gaststätte im Hauptbahnhof und kam aus einer gutbürgerlichen Familie) öffnete uns. Peter war noch nicht zu Hause. Auf unsere Frage, inwieweit Peter den Alkoholkonsum verringert hätte, wurde leider von Rosi alles beschönigt. Ziemlich angedüdelt kam er dann später dazu. Es wurde noch ein netter Abend, aber so richtig begeistert waren wir von Peters Verhalten nicht.

Schon im Februar 1976 wurde ich genötigt in meiner Funktion als Gruppenleiter entweder in den Kampfgruppen oder in der Zivilverteidigung Dienst zu tun. Die Kampfgruppen waren bewaffnete Einheiten, während der Zivilschutz (wie der Name es schon sagt) dem Schutz der Zivilbevölkerung bei kriegerischen Auseinandersetzungen diente. Beide Organisationen unterstanden dem Ministerium für Nationale Verteidigung der DDR. Das kleinere Übel war der Zivilschutz dem ich ab 11.02.1976 beitreten musste. Dort wurde ich als Stabs-Funker eingesetzt. Ab da waren maximal zweimal monatlich außerhalb der Arbeitszeit Übungen zu absolvieren. Einerseits wurde die Bedienung am Funkgerät getestet, andererseits gab es praktische Übungen, die den Einsatz mit Schutzmaske und Schutzkleidung nach einem Atomangriff simulierten. Hier wurde ernsthaft der Ernstfall geprobt! Auch Propagandafilme zeigte man uns. So kann ich mich noch an einen dieser Filme erinnern, als die Aussage eines BRD-Politikers mehrmals wiederholt und dann eingeblendet wurde „ja das sagten sie ja schon!". Billiger ging diese Propaganda ja nun wirklich nicht mehr.

Je länger man in der Projektierung arbeitete, desto vielfältiger wurden die Aufgaben und immer mehr Kontakte knüpfte man. So kam es, dass öfters Firmen und Institutionen mich ansprachen, ob im Rahmen des Gesetzblattes I/35 Projektierungsaufträge übernommen werden könnten.
Beispielsweise bearbeitete unser Kollektiv für das Krankenhaus in Dresden-Friedrichstadt, in dem sich ein denkmalgeschütztes "Napoleon-Zimmer" befand, einen Teil der Heizungsanlagen. Im Klärwerk der Gemeinde Limbach-Oberfrohna waren in diesem Rahmen Heizungs- und Lüftungsaufgaben für einige Objekte neu zu projektieren.
So verbesserte sich meine finanzielle Situation immer mehr, jedoch zulasten meiner ohnehin geringen Freizeit.

Im Juli 1976 sind wir dann privat nach Zingst mit dem Trabbi in den Urlaub gefahren und meine 4 Stempel waren gelöscht. Ein tolles Geschenk hatten wir mitgebracht, um auch weiterhin Berücksichtigung zu finden. Der Preis war schon recht happig in Relation zur gebotenen Unterkunft. Diese bestand nämlich darin, dass man mit einer Art Hühnerleiter auf das Dach einer Garage kletterte, auf die ein Aufbau mit einem Spitzdach aufgesetzt war. Vorn seitlich gab es eine schmale Tür und hinten ein kleines Fenster ohne Mücken-Schutz. Links vorn hinter einem Vorhang war eine Stange ohne Kleiderbügel zur Aufnahme der Wäsche angebracht. Vier Betten füllten den Raum, sodass ein kleiner Tisch und zwei Stühle gerade so noch Platz fanden. Neben der Tür gab es noch ein Miniwaschbecken mit einem Lilliputwasserhahn, aus dem man kaltes und heißes Wasser in fast tröpfelnder Menge zapfen konnte. Bettwäsche und Handtücher mussten mitgebracht werden. Das war schon eine Art Zumutung, zumal keinerlei Verpflegung im Preis enthalten war.

Die unter uns befindliche Garage war auch ausgebaut und wurde ebenfalls teuer vermietet.

Zunächst erkundigten wir uns mal, ob und wo man wenigstens ein Mittagessen bekommen könnte. Von den Wirtsleuten wurde uns gesagt, dass am Boddenhörn 2 eventuell eine Möglichkeit wäre. Dort bin ich dann hingegangen und habe gleich mal einen 50 DM Schein auf den Tresen gelegt. Ich hatte Glück und konnte für die 14 Tage einen Mittagstisch buchen und im Voraus bezahlen. Natürlich waren die 50 Mark ein Trinkgeld. Für Frühstück und Abendbrot besorgten wir uns Wurst, Brot, Brötchen, Milch und Limonade. Eine Angel-Ausrüstung führten wir auch mit. Und tatsächlich hatte unser Thomas einen Riesenaal im Bodden gefangen und stolz ins Quartier gebracht. Höflich fragten wir die Wirtin, ob sie für Geld und gute Worte diesen Aal uns zubereiten könne. Das hat sie dann auch zugesagt aber zugleich geltend gemacht, dass ihr Sohn Dirk auch gern Aal isst und er davon etwas abbekommen sollte. Geld wollte sie keines nehmen. Natürlich waren wir einverstanden. Dass wir aber von dem etwa 1,60 m langen Aal ganze 15 cm gebraten für unsere gesamte Familie überreicht bekamen, war für uns sehr enttäuschend. Wir wussten, dass an der See die Menschen öfters mal Fisch und Aal bekamen, wohingegen im Binnenland so etwas im Fischgeschäft gar nicht auftauchte. War es dann nötig uns derart zu bescheißen! Da wir ja wiederkommen wollten, haben wir nur geschluckt und uns unseren Teil gedacht.

Leider war uns das Wetter nicht besonders hold, aber bescheiden wie wir waren, machten wir das Beste aus unserem Urlaub. Oft sind wir an den FKK-Nacktbadestrand nach Prerow gefahren, weil uns das besser gefiel als am Zingster-Textilstrand. In der Nachbarburg befand sich eine Berliner Familie mit einem kessen Mädchen etwas jünger als Annett.

"Na du saure Jurke" pflegte sie häufig zu sagen und wir haben über das schnoddrige Berlinern herzlich gelacht. Irgendwann im Jahr 1977 besuchte uns diese Familie. Da wir sie nur nackt kannten, erkannten wir sie nach dem Klingeln an der Tür gar nicht gleich wieder.

Diesmal hatten wir mal keine Probleme bei der Rückfahrt dank der eingebauten Wartburgunterbrecher.

Da seit Oktober 1972 auch Bundesbürger, die vor dem 01.01.1972 das Land verlassen hatten eine Visaerlaubnis für die DDR erhielten, konnte Dietmar, der Erzeuger von Thomas, nach Dresden zu Besuch kommen und an der Jugendweihe 1976 teilnehmen. Weder Thomas noch Annett wussten, dass Dietmar der biologische Vater von Thomas war. Thomas freute sich über die reichlichen "Geschenke", die der "gute Onkel Dietmar" aus dem Westen mitgebracht hatte, was aber nun mal Zeit wurde, im Rahmen seiner Alimente auch etwas annähernd Adäquates zu leisten. Ein Rennrad für wenig DM von einem Bekannten (der eine Fahrradwerkstatt in der DDR hatte) angefertigt und toll hergerichtet und ein Super-Radio, das war schon etwas Außergewöhnliches für Thomas. Es war eine tolle Abschlussfeier für Thomas und im Kreise der ganzen Verwandt- und Bekanntschaft ließ man ihn hochleben.

Weihnachten besuchten Peter und Rosi uns und wir erfuhren, dass Marina immer wieder versuchte Peter zurück zu gewinnen, was ihm sichtlich sehr naheging. Er hatte auch seine Arbeitsstelle seit 01.01.1976 gewechselt und war im Industriegelände im VEB „Otto Buchwitz" Starkstrom-Anlagenbau als Fernmeldemechaniker tätig. Es war ein harmonischer Nachmittag und uns war nicht klar, in welcher Gemütslage sich Peter befand und inwieweit es Rosi geschafft hatte ihn im Alkoholkonsum zu drosseln. Uns gegenüber hat sie anklingen lassen, als ob eine Verbesserung sich abzeichnen würde.

Unbeirrt hielt ich trotz der Projektierungsarbeiten nach Feierabend den Verkehrsbetrieben die Treue und fuhr weiterhin Wochenend- und Feiertagsdienste.

Helgas Gesundheitszustand hatte sich inzwischen drastisch verschlechtert und sie erhielt eine Heilkur im Kneipp-Sanatorium Antonshöhe im Erzgebirge. Am 28. Februar 1977 hatte ich sie zur Kureinrichtung gefahren und ihr eine gute Erholung gewünscht.

Zu diesem Zeitpunkt wussten wir nicht, dass sich Peter gegen 1:30 Uhr am 27. 02. 1977 vor einen Eisenbahnzug geworfen hatte und an den schweren Verletzungen verstorben war. Das war nun sein 3. Suizidversuch, der diesmal tödlich endete. Wie verzweifelt, halt- und verantwortungslos muss man sein, um auf diese Weise sein Leben zu beenden?
Später erfuhr ich, dass er inzwischen zwei Kinder gezeugt und entsprechende Unterhaltsverpflichtungen zu begleichen hatte.
Die Transportpolizei bearbeitete diesen Fall und verständigte leider den Vater, der es natürlich nicht für nötig befand uns zu informieren. Er hatte bereits alle Maßnahmen eingeleitet die mit dem Beerdigungsort und der Beerdigung zusammenhingen. Erst durch Rosi erfuhr ich von den Geschehnissen. Mir war klar, dass Helga zusammenbrechen würde, wenn sie vom Tod ihres Lieblingssohnes erfahren würde.

Als erste Maßnahme nahm ich mit dem Chef des Kurbades Verbindung auf. Ohne Haustelefon (von der Antragstellung bis zur Realisierung dauerte es in der DDR damals 10 Jahre bis man ein Telefon genehmigt bekam) konnte ich das nur in einer Telefonzelle bewerkstelligen.

Der Chefarzt war sehr kooperativ und veranlasste alles, damit Helga ihre Gesundheit stabilisieren konnte. Natürlich bin ich an den Wochenenden zu Besuch zu ihr gefahren und wurde prompt gefragt, wie es denn Peter geht und warum er nicht mitgekommen sei. Natürlich habe ich gelogen und alles verharmlost, doch eigenartigerweise scheint eine Mutter zu spüren, wenn etwas mit ihrem Kind ist, jedenfalls war ihre Reaktion dementsprechend.

Bei meiner nächsten Unternehmung war Rosis Mutter mir eine große Hilfe, denn ich musste ja nun mit dem Kindesvater Kontakt aufnehmen und versuchen das Heft des Handelns bezüglich der Beerdigung in den Griff zu bekommen. Was ich dort erleben musste spottet jeder Beschreibung. Ihre Niederlage bei Gericht bezüglich der Alimenten-Zahlung wurde mir nun mit Zins und Zinseszins heimgezahlt.

Angefangen damit, dass natürlich nur wir Schuld an Peters Tod hatten, denn wäre er in der Familie geblieben wäre so etwas natürlich nicht passiert. Er habe Peters Grabstelle schon bestellt, nichts ließe sich rückgängig machen und damit basta.

Es hat quälende 4 Stunden gedauert bis wir diesem Primitivling und seine ihm ebenbürtige Frau davon überzeugen konnten, dass man seine Hassgefühle nicht auf dem Rücken eines Toten austragen darf, der in eigener und freier Entscheidung diese Familie verließ. Seine Tochter, die offensichtlich intelligenter war, tat sich dabei äußerst wichtig, ohne zu einer positiven Lösung beizutragen. Es hat wirklich nicht mehr viel gefehlt, dann wäre meine Geduld am Ende gewesen. Dann hätte ich diesen Menschen mal eine Lektion erteilt, die sich gewaschen hätte, allerdings mit einem niederschmetternden Ergebnis. Nur dank Rosis Mutter und ihrer einfühlsamen Rhetorik konnten wir erreichen, dass ich alle Unterlagen in die Hand bekam, um das Eine rückgängig zu machen und das Andere beantragen zu können. Hierbei war noch die Schwierigkeit, dass Helga erst am 25. März 1977 aus der Kur entlassen wurde.

Einen gewissen Ausschlag für die Entscheidung des Kindesvaters dürfte auch mein Hinweis auf seine Aufwendungen, die er zu machen hätte, gewesen sein. Denn ich hatte ihm deutlich zu verstehen gegeben, dass er alle Formalitäten, Arbeitsstelle und Wohnungsauflösung etc. in eigener Regie vorzunehmen hätte. Das wäre für ihn eine Überforderung gewesen.

Da es sich hier um einen Suizid handelte, lag die Leiche noch bei der Obduktionsabteilung in der Kühlkammer. Es gelang mir den Herausgabetermin so weit nach hinten zu verlegen, dass eine Bestattung nach dem 25.03.1977 festgelegt werden konnte.

Auf Peters Arbeitsstelle wurde ich zunächst ziemlich herablassend behandelt und erfuhr eine Menge unschöner Dinge über Peters Arbeitsmoral etc.

Schließlich hatte ich alle benötigten Unterlagen in der Hand und konnte auch die Urkunden bezüglich der Unterhaltsverpflichtungen für beide Kinder einsehen, da wir von der Existenz dieser Kinder Garnichts wussten. Freundin Gini kannten wir von früher, sie war die eine Kindsmutter und hatte ein Mädchen namens Jeannine. Die andere Kindsmutter wohnte gar nicht weit entfernt von uns in Dresden. Der Junge hieß Mirko. Sie war inzwischen verheiratet und hatte noch ein eheliches Kind. Beiden Kindsmüttern überbrachte ich persönlich die Nachricht von Peters Ableben verbunden mit dem Hinweis, dass ab sofort keinerlei Alimenten-Zahlung zu erwarten waren. Wir bedauerten schon damals, dass Peter sich von Gini abwandte, weil nach unserem Ermessen Gini die richtige Partnerin für ihn gewesen wäre, da sie ihm Halt geben konnte. Mit Gini hatten wir danach noch etwa 2 Jahre lang Kontakt, da sich Helga mit ihrem Enkelkind Jeannine sehr verbunden fühlte. Zu Jeannines Geburtstag im Juli sind wir regelmäßig nachträglich gewesen und überreichten zum Geburtstag und auch zu Weihnachten Geschenke. Nach zwei Jahren teilte sie uns dann mit, dass es besser für das Kind wäre nicht so viele Großeltern zu haben, weshalb wir den Kontakt abbrechen mussten.

Des Weiteren stellte ich den Kontakt zu Karins Familie her (Peter hatte weiterhin Karins Familie besucht, die in seiner Wohnungsnähe lebte). In Anbetracht dieses Tatbestandes ergab sich sofort eine Versöhnung. Gemeinsam überlegten wir, wie man Helga so schonend wie möglich diesen Schicksalsschlag beibringen könnte, was ein Ding der Unmöglichkeit war. Gerd hatte inzwischen einen PKW Trabant (auch er verdiente sich nebenbei Geld als Straßenbahnfahrer, seine Mutter war Fahrerin im Betriebshof Tolkewitz). So sind wir am 25.03.1977 zur Kureinrichtung mit Gerds Trabbi gefahren um Helga abzuholen. Als sie uns drei bemerkte, war ihre erste Reaktion: „Wo ist Peter?" Das erzählen wir dir gleich im Auto sagte ich, weil ich sie erst einmal unter Kontrolle haben wollte. Als sie auf dem Rücksitz neben mir saß, musste ich ihr nun die traurige Botschaft verkünden. Ein Schrei, wie ich ihn 1943 zu Heiligabend bei meiner Mama gehört hatte, war auch hier die erste Reaktion. Gerd ist sofort losgefahren, damit Helga nicht auf die Idee käme aus dem Auto zu springen. Gerd und ich hatten Helga nach dem Aussteigen in die Mitte genommen und sie zur Wohnung eskortiert. Kaum hatten wir sie losgelassen eilte sie zum Schrank, holte eine Weinflasche "Lagoa", die Peter zu Weihnachten geschenkt hatte und schloss sich im Bad ein. Es waren fürchterliche Stunden in denen wir immer wieder befürchteten, dass auch sie sich das Leben nehmen wollte. Irgendwann kam sie dann aus dem Bad wieder heraus, die Weinflasche war leer und der alkoholbedingte Ermüdungseffekt zeigte seine Wirkung. Von diesem Schlag hat sich Helga ihr Leben lang nicht mehr erholt, es war schließlich ihr Lieblingssohn und auf Söhne stand sie, weniger auf Töchter! Nach und nach gelang es mir sie davon zu überzeugen, dass auch Thomas und Annett sie als Mama brauchten und das Leben nun mal weitergehen muss. Inzwischen arrangierte ich auch alles soweit, dass die Beerdigung stattfinden konnte. Diese war für Helga noch einmal eine wahre Tourtour, zumal ihr perfider Exmann es sich nicht verkneifen konnte während des Trauerganges zum Grab ihr zuzuraunen, dass nur sie allein an Peters Tod die Schuld habe.
Es hat sehr lange gedauert bis ein normaler Alltag in unserer Familie möglich war!

Am 20. 06.1977 erhielt ich erneut ein Schreiben des VEB Chemische Werke BUNA, in dem mitgeteilt wurde, dass im Jahr 1975 ein volkswirtschaftlicher Nutzen in Höhe von M 1.042.601,40 aus meinem 2. Patent erbracht wurde. Meine anteilige Nachvergütung betrug ganze M 825.-! Je nach Nutzungsjahr sank der prozentuale Anteil der Vergütung nochmals drastisch.

Im August 1977 sind wir wieder nach Zingst in den Urlaub gefahren, erlebten viele Regentage und hatten diesmal einen Elektrokocher mit zwei Kochstellen sowie Pfanne, Kochtopf und etwas Geschirr an Bord. Es wäre ja möglich, dass wir noch einmal einen Aal fangen konnten, den wir diesmal nicht mehr ungerecht mit den Wirtsleuten teilen wollten. Leider angelten wir am Bodden nur kleine Barsche und grätenreiche Friedfische. Doch besser als nichts, zumal frischgefangene Fische sofort gebraten eine Delikatesse sind. Nur gut, dass wir so vorgesorgt hatten, denn am Boddenhörn 2 bekamen wir keinen Mittagstisch, weil die Schweden zu Besuch waren, und da gab es halt Devisen für den Wirt! Einmal sind wir abends in den Nachbarort gefahren um dort in einer Gaststätte eine warme Mahlzeit zu ergattern. Nach zweieinhalb Stunden wurden uns schließlich die bestellten Schnitzel serviert! Wir waren schon fast verhungert, da wir tagsüber an den Strand nur eine Kleinigkeit zu essen mitgenommen hatten!
Die Wirtsleute zeigten sich auch von ihrer "besten" Seite, weil wir uns erlaubt hatten in ihrem Garten nach Regenwürmern zu suchen, die nun mal zum Angeln dringend benötigt wurden. Das wurde uns strikt untersagt, obwohl wir wieder ein tolles Geschenk mitgebracht hatten. Sie waren nun mal vom Stamme NIMM! Ein wenig Erholung war es trotzdem, wenngleich uns die Mücken nachts mächtig zusetzten, da immer noch kein Fliegenfenster eingebaut wurde.
Dieses Mal hatten wir das moniert und unsere Erwartung zum Ausdruck gebracht, dass nächstes Jahr hier Abhilfe zu schaffen sei.

Als ich eines Tages von der Arbeit heimkam und die Wohnzimmertür öffnete, sah ich plötzlich ein kleines Hündchen, das sich aber schnell als fauchende Perserkatze erwies. Dieser Rassekater hörte auf den Namen "Napoleon". Er wurde sehr schnell in die Familie integriert und mit mir befreundete er sich besonders gut an. Da er von der Vorbesitzerin laufend zu Ausstellungen gefahren wurde um Siegermedaillen zu erbringen, war er jetzt froh seine Ruhe zu haben. Er dankte es uns mit Zutraulichkeit. Natürlich waren unsere Kinder besonders angetan von diesem neuen Familienmitglied.

In dieser Zeit gab es die sogenannte Kaffeekrise. Plötzlich wurden in der DDR sehr zum Leidwesen ihrer Bürger neue Sorten eingeführt. Mokkafix-Silber (fast ungenießbar, mehr Muckefuck denn Bohnenkaffee) und Mokkafix-Gold (ein wenig besser, aber kaum als Bohnenkaffee zu bewerten), sowie Rondo.

Erst mit Einführung der Delikatläden (1966 gegründet und 1978 erheblich ausgeweitet, bestückt mit höherpreisigen Angeboten zur Kaufkraftabschöpfung) war ordentlicher Bohnenkaffee käuflich zu erwerben.

Einige zusätzliche Projekte nach Gesetzblatt I/35 waren wieder im Jahre 1977 von unserer Gruppe erfolgreich absolviert worden. Auch Straßenbahndienste im Rahmen meiner Möglichkeiten wurden von mir wieder wahrgenommen.

Im Jahre 1978 hatten wir mit unserem Balkonnachbar Martin, Klempner in unserer AWG, öfters Kontakt. Noch immer standen in zwei Zimmern Kachelöfen, die mit Briketts gefüttert werden mussten und ständig war die Asche zu entsorgen. Wegen Helgas Gesundheitszustand hatten wir uns ein ärztliches Attest besorgt und im Energiekombinat eingereicht und um Zustimmung für eine Gasheizung gebeten. Dazu hatte uns Martin ermuntert und uns in Aussicht gestellt, eine derartige Anlage bei uns zu installieren. Tatsächlich wurde diesem Antrag stattgegeben, wodurch man überhaupt in der Lage war einen Gasheizer kaufen zu dürfen, was nur mit gültiger Zustimmung des Energiekombinates möglich war. Nach Anlieferung dieses Außenwand-Gasheizkörpers führte dann Martin mit seinem Gesellen den Wanddurchbruch und die komplette Installation aus. Das war eine große Erleichterung, da nur noch das Kinderzimmer mit Kachelofen zu heizen war.

Ebenfalls 1978 hatten wir in der Gemeinde Ottendorf -Okrilla nach Gesetzblatt I/35 einen sehr interessanten Auftrag. Eine Kinderkrippe sollte komplett im Rahmen einschieniger Versorgung mittels Nachtspeicherstrom beheizt werden. Zur damaligen Zeit waren Wärmepumpen in der DDR noch nicht bekannt und die Technologie der nächtlichen Aufladung von Wärmespeichern war neu und unerprobt. Für dieses Projekt musste die Genehmigung des Elektro-Kombinates vorliegen und wurde natürlich positiv entschieden. Einen extra dafür notwendigen Gebäudeteil projektierte unser Abteilungsleiter. Meine Gruppe erarbeitete die komplette Heizungstechnik einschließlich der Mess- und Regeltechnik für diese Behälterhalle und den kompletten Kinderkrippenbereich. Auch für die Realisierung dieser Maßnahme erbrachten wir Aktivitäten, indem wir alle wesentlichen Groß-Behälter mit Elektroheizstäben, sowie alle erforderlichen weiteren Ausrüstungen direkt bei den Lieferanten bestellten. Lediglich die ausführende Elektro- und Heizungsfirma wurde vom Bauherrn direkt beauftragt. Wir nahmen Autorenkontrollen wahr und hatten nach der Fertigstellung die komplette Anlage eingefahren. Sehr zufrieden stellten wir fest, dass die Speicherkapazität ausreichend bemessen war und auch bei -15 °C die vorgeschriebenen Raumtemperaturen ganztägig eingehalten werden konnten. So verbesserte sich meine finanzielle Situation weiterhin.

Mir war zu Ohren gekommen, dass 1978 in einem Neubaugebiet in der Nähe von Laubegast ein großer Garagenhof errichtet werden sollte. Es gelang mir dort eine Garage in einer Reihenanlage anzumelden. Nachdem eine Anzahlung getätigt wurde, erhielt man einen Garagenvertrag mit der Auflage eine bestimmte Stundenanzahl an praktischen Arbeiten auf der Baustelle auszuführen. Es spielte keine Rolle ob man selbst diese Arbeiten ausführte oder einen kompetenten Vertreter entsandte. Hauptsache war, dass die Arbeitsleistungen ordnungsgemäß erbracht wurden. Hierüber wurde Buch geführt, um den Nachweis der tatsächlich erbrachten Arbeitsleistungen führen zu können.

Da ich beruflich und nebenberuflich sehr angespannt war, hatte ich einen im Haus wohnenden kräftigen, jungen Mann gefragt, ob er sich etwas hinzuverdienen möchte und den damals üblichen Stundenlohn für solche Arbeiten in Aussicht gestellt. Natürlich wollte er, aber ich hatte eine Bedingung festgelegt. Nur wenn er regelmäßig bis zum Ende der Bautätigkeit diese Arbeiten auszuführen bereit wäre, würde er nach jeder Schicht sofort das Geld von mir für die geleisteten Stunden erhalten. Auf der Baustelle müsse er immer bekannt geben, dass er für mich diese Arbeiten als Stellvertreter ausführt.

Er hat zuverlässig gearbeitet, Wort gehalten und regelmäßig sein Geld von mir bekommen.

Nun war ich Garagenbesitzer, aber ca. 15 Minuten Fußmarsch waren bis zur Garage zurückzulegen.

Es gelang mir schnell einen Tauschpartner zu finden der dort eine Neubauwohnung bezogen hatte und in einem mir naheliegendem Privatgrundstück eine Einzelgarage mit Stromanschluss und jährlich geringer Pachtsumme besaß.

Später hatte sich der Grundstücksbesitzer leider von seinem kostenaufwändigen, alten Haus inklusive Grundstück getrennt und es der Wohnungsverwaltung kostenfrei übereignet, da er selbst ein Eigenheim errichtete. Für mich war das später ein Nachteil, weil die Wohnungsverwaltung bestimmte, wer diese Garage käuflich erwerben durfte und so der Verkaufspreis sich automatisch minderte.

Annett vollendete die achte Klasse, was mit der Jugendweihe verbunden war. Auch der "gute Onkel Dietmar" war mit seinem tollen Westwagen zur Feier gekommen. Da Annett sogar einen kleinen Schwarzweißfernseher erhielt und er sich erbötig machte mit ihr zusammen einen goldenen Ring einkaufen gehen zu wollen, was sie aber aus Bescheidenheit ablehnte, glaubte sie insgeheim, dass vielleicht der Onkel Dietmar ihr Vater sein könnte (wie sie mir viele Jahre später gestand), weil Helga ständig darauf bestanden hatte, dass ich mich besonders mit Thomas abzugeben hatte, damit der Bub ja nicht zu kurz käme, tatsächlich aber meine Tochter deshalb in meiner kargen Freizeit weniger von mir hatte.

Auch ihre Jugendweihe feierten wir im großen Kreis in angemessenem Rahmen, wurde sie doch auch ab jetzt in den Kreis der Erwachsenen aufgenommen und in der Schule von den Lehrern gesiezt.

Seit mein Bruder verheiratet war, konnten wir uns über die spärlichen Geschenke an meinem Geburtstag und zu Weihnachten gar nicht mehr erfreuen, weil nur noch Billigstware uns beglücken sollte. Helga hatte schon das richtige Gespür und meinte, dass Gottfrieds Frau offenbar sehr egoistisch und geizig sein musste. Bisher hatte Gottfried falsche Freunde gehabt die ihn ausnutzten wie dieser "Fußti", oder er schaffte sein Geld in Bordelle. Jedenfalls war er immer in Geldnot.

Für 1978 fragte er an, ob er, seine Frau und 2 Kleinkinder für drei Wochen bei uns unterkommen könnten, da er sie uns vorstellen und in Dresden Urlaub machen wollte. Tatsächlich war das seine einzige Möglichkeit um einen absoluten Billigurlaub bewerkstelligen zu können. Da konnte ich wohl schlecht nein sagen, wobei wir uns natürlich sehr einschränken mussten. Unser Schlafzimmer stellten wir komplett zur Verfügung und schliefen in der Stube auf dem Sofa bzw. einer Behelfsliege. Im Kinderzimmer wurde es besonders eng, da statt 2 nun 3 bis 4 Kinder (hier kam wieder das Rollbett zum Einsatz) unterkommen mussten. Natürlich hatte ich auch für unsere Familie einen Gegenwunsch, nämlich für jeden von uns eine Jeanshose mitzubringen und lieferte die Maße zur Auswahl für den Kauf gleich mit, da es damals in der DDR keine gab. Ein eher bescheidener Wunsch für drei Wochen Gastfreundschaft mit Verpflegung!

Unsere Überraschung war dann auch dementsprechend, als sie mit ihrem etwas schäbigen Opel (Christina hatte wohl einige Karambolagen gehabt) bei uns eintrafen. Christine kannten wir ja nur vom Foto, aber sie war schon recht jung gemessen an Gottfrieds Alter. Während Helga fast 10 Jahre älter war als ich, hatte Gottfried einen Altersvorsprung von 15 Jahren gegenüber Christine. Für die Kinder brachten sie wunschgemäß je eine Jeans mit, weil wahrscheinlich preiswert, für uns irgendwelchen Glaskrempel (wahrscheinlich von einer Kaffeefahrt), den es in besserer Qualität bei uns haufenweise gab. Natürlich waren wir sehr enttäuscht und als Zugabe erhielt jeder von uns eine 100 g Tafel Schokolade. Letztere hatten wir dann im Kühlschrank deponiert. Als Gastgeber ließen wir uns nicht lumpen und haben aufgetafelt was in der DDR möglich war. In der DDR ist niemand verhungert, lediglich war das Nahrungsangebot stark eingeschränkt, insbesondere was Obst und Gemüse sowie Fischwaren betrafen. Unsere Kinder konnten nicht verstehen, dass insbesondere der ca. vier Jahre alte Marco sich ein Brötchen aus dem Korb nahm, es anbiss, dann weglegte und sich ein neues nahm. Das hat unseren Thomas derart erbost, dass er erst Marco ermahnte und ihm dann einen Klaps auf die Hand gab, weil er nicht hören wollte.

Mein Bruder nahm mich gleich am ersten Tag beiseite und zeigte mir DDR-Geld mit der Anfrage, ob das noch gültig sei. In einigen Fällen musste ich ihm sagen, dass er diese Scheine wegwerfen konnte, weil nicht mehr im Gebrauch. Später hatte ich dann mitbekommen, dass sie neben dem Zwangsumtausch zu wahrscheinlich guten Konditionen DDR-Geld eingetauscht hatten um sich zum Beispiel preiswert Bettwäsche zu kaufen, was sie auch getan hatten. Einen derartigen Tausch hätte ich auch gern vorgenommen, aber soweit hatte mein Bruder wieder mal nicht gedacht oder seine Frau schon eigenmächtig agiert. Wir hatten uns Mühe gegeben auch zur Unterhaltung beizutragen soweit es meine Zeit zuließ und sind dann mit unserem

Trabbi hinterhergefahren um zum Beispiel den Dresdner Zoo zu besuchen, Ausflüge nach Pillnitz ins Schloss oder zu anderen Sehenswürdigkeiten zu unternehmen. In der Gaststätte hatte ich immer zu bezahlen, denn es waren doch meine Gäste.

Helga ging es gar nicht gut, da sie durch Peters Tod auch körperlich stark beeinträchtigt war. So kam es, dass Helga während eines derartigen Ausflugs plötzlich nicht mehr laufen konnte. Gottfried und ich haben sie dann zum Trabbi getragen und wir mussten den Besuch im interessanten Wörlitzer Park abbrechen. Nun war Helga bettlägerig und Christine wollte mir in der Küche helfen. Unsere emaillierte Spüle hatte leider einige kleine Rostfleckchen und das fiel ihr auf. Nun folgte ihrerseits ein langer Vortrag über Reinigungsmittel und dass es besser wäre eine Nie-Rosta-Spüle aus Edelstahl einzusetzen.

Dass es bei uns nur eingeschränkt einige Reinigungsmittel gab und in diesem Falle gar nichts bringen würde und eine Edelstahlspüle eine Illusion, weil die nicht käuflich war, hatte ich ihr gesagt. Inwieweit das bei ihr angekommen war, ist mir bis heute noch nicht klar. Allen Ernstes war sie der Meinung, dass es uns besserginge als den Menschen im Westen, da wir wegen des geringen Warenangebots nicht so große Kaufverlockungen hätten…Toll!

Zu dieser Zeit gab es eine kurze Hitzeperiode und schon gab es keine Getränke mehr zu kaufen. Unsere Limonade wurde fleißig mitgetrunken bis sie alle war. Als es keinen Nachschub mehr gab fuhren unsere lieben Gäste in den Intershop und kauften dort Granini. Ihre eigenen Kinder durften dann im Schlafzimmer etwas versteckt davon trinken. Unsere Kinder, die zufällig dazu kamen, konnten leider nur zuschauen! Angeboten bekamen sie nichts! Das hat meine Tochter Annett bis heute nicht vergessen, weil sie ein solches rücksichtsloses und egoistisches Verhalten bei uns nie kennengelernt hatte. Noch heute sagt sie zu mir: „An deiner Stelle hätte ich diese Familie zum Teufel gejagt, du warst viel zu geduldig".

An einem Wochenende nahm ich einen Dienst auf der Linie 11 an, weil mein Bruder unbedingt diesen Dienst mit mir verbringen wollte. Mein Eindruck war, dass ihm das sehr gefiel.

Als Gottfried sein Auto betanken musste nahm ich ihn beiseite und sagte, dass er mir das Tanken finanziell überlassen und dafür das entsprechende Westgeld vorher aushändigen sollte. Das machte er dann auch mit dem Hinweis, ich möchte doch Christine nichts davon sagen!

In der letzten Woche ihres Urlaubs bei uns gab es zufällig die einzige Jahresration an Bananen im Gemüseladen und natürlich stellte ich mich in der sozialistischen Wartegemeinschaft an, gleich zweimal.

Thomas musste Marco vom Kühlschrank fernhalten, da er unbedingt die geschenkte Schokolade essen wollte. "Das ist unser Geschenk sagte er und das geht dich gar nichts an!" Am Ende ihres Urlaubs sind Gottfried und Christine allein noch mal schön ausgegangen und haben sich es wohl sein lassen. Selbstverständlich blieben ihre beiden Kinder bei uns. Da es Helga immer schlechter ging, sie konnte gar nicht mehr aufstehen oder laufen, hatte ich große Sorge wie das weitergehen sollte. So konnte ich mich um die Gäste gar nicht mehr kümmern und war eigentlich froh, dass sie plötzlich ohne Verabschiedung weg waren. Bemerkenswert war, dass sie jede

Menge Kleiderbügel und vor allem unseren einmaligen Bananen-Einkauf als Wegzehrung einfach mitnahmen! In unserem Schlafzimmer, das ich ja nun wiederherrichten wollte, war ein eigenartiger Geruch verblieben. Nachdem ich unters Bett schaute stellte ich fest, dass die dreijährige Andrea ein Häufchen unters Bett gemacht hatte. Um den Geruch zu übertönen nahm dann Christine von meinem Old Spice-Parfüm, das Dietmar mir geschickt hatte, reichlich – na danke! Nach der Geruchsurache fahndete sie offensichtlich nicht. Dass man dieses tolle Parfüm (für mich etwas Besonderes) nicht in der DDR kaufen konnte, wusste sie wahrscheinlich gar nicht.

Von diesem Besuch hatten wir im wahrsten Sinne des Wortes die Nase gestrichen voll! Meinem Bruder schrieb ich dann einen Brief, in dem ich ihm mal alle meine Wahrnehmungen von diesem Billigurlaub unter die Nase rieb. Eine Reaktion darauf hat es nie gegeben. Erst seit 2014 weiß ich, dass Christine diesen Brief unterschlug und vernichtete, er war ja auch wahrlich kein Ruhmesblatt, besonders für sie! Ab da hatte ich jeglichen Kontakt zur Familie meines Bruders abgebrochen.

Da ich ständig arbeiten gehen musste, kümmerte sich unsere Tochter Annett vorbildlich und rührend um ihre Mama. Sie versorgte sie, kochte ihr das Essen usw. Es hat Wochen gedauert und ich absolvierte jeden Abend Geh-Übungen mit ihr, bis sie wieder einigermaßen in die Gänge kam! Bei ihr manifestierte sich die seelische Qual in einer körperlichen Beschwerde. Im August1978 ging es Helga etwas besser, sodass sie darauf bestand, dass ich mit beiden Kindern mit unserem Trabbi wieder nach Zingst an die Ostsee fahren sollte, sie käme schon gut zurecht.

Natürlich wie immer mit Geschenkübergabe und Vorauszahlung. Danach wurde uns stolz verkündet, dass jetzt ein Fliegen- Fenster vorhanden wäre. Auch dieses Jahr war das Wetter wieder äußerst durchwachsen und die Wirtsleute meinten, wenn wir kommen ist leider immer schlechtes Wetter, denn vorher sei es sehr schön gewesen. Auch mit dem Mittagstisch hatten wir in diesem Jahr erneut Pech, weil wieder die Schweden Urlaub machten. Wir hatten vorsorgend wieder unsere Kochutensilien dabei!

Diesmal war der Wirt großzügig und führte uns mittels einer Forke vor, wie man Regenwürmer an die Oberfläche lockt. Damit war auch das Angelproblem gelöst. Heute ist mir klar, dass die Wirtsleute an unserem Wiederkommen schon interessiert waren, denn gut zahlende Gäste, die sich so anständig verhielten, waren doch willkommene Gäste.

Als wir mal abends etwas länger am Strand blieben, um am Meer Fische zu angeln, erlebten wir eine böse Überraschung. Plötzlich waren jede Menge Soldaten am Strand und stellten uns grimmig zur Rede. Ob wir nicht wüssten, dass hier die Staatsgrenze der DDR ist und wir ab 20.00 Uhr nicht mehr am Strand sein dürfen. Nur weil ich unsere Angeln vorzeigte, darauf hinwies, dass abends die Fische besser beißen und zwei Kinder bei mir hatte, ließ man uns gnädiger Weise ohne Bestrafung laufen; Toll!

Die Kinder konnten das überhaupt nicht verstehen, hatten wir doch nichts Unrechtes getan. Wir drei verlebten einen sehr harmonischen Urlaub nach all den Aufregungen der letzten Zeit und machten das Beste aus unserer Freizeit.

Für Thomas war das Jahr 1978 der Abschluss seines 10-jährigen Schulbesuches. Einerseits galt es nun eine geeignete Lehrstelle für Thomas zu finden, was bei seinen durchschnittlichen Abschlussnoten nicht so einfach war.
Eigentlich wollte Thomas gern Kellner werden, möglichst natürlich in einem renommierten Unternehmen. Dafür hätte er aber mindestens einen Zensurendurchschnitt von 1,6 vorweisen müssen, somit war er auf dieser Strecke chancenlos. Im Gegensatz zur BRD waren bestimmte Handwerksberufe relativ lukrativ in der DDR. Daher bin ich mit ihm bei mindestens 4 Bäckermeistern vorstellig geworden, so richtig begeistert waren beide Seiten aber nicht. Bei einem ganz in der Nähe befindlichen Fleischermeister fand er dann eine Lehrstelle. Hier wurde im Akkord gearbeitet, wie in der freien Wirtschaft der BRD. Dafür war die Bezahlung für DDR-Verhältnisse relativ gut und unser Fleisch- und Wurstangebot reichhaltiger als für den Normalbürger.
Danach begann dann für ihn der Ernst des Lebens mit einem sehr anstrengenden, kräftezehrenden Berufsleben.
Er berichtete, dass die Mittagspause schon nach 10 Minuten mit der Bemerkung des Chefs zu Ende ging: „Wollt ihr hier ewig Wurzeln schlagen?" Dieser Chef war ein Antreiber und selbst aber auch ein Arbeitstier, nur, dass er im Laufe der Zeit Millionen scheffelte, seine Gesellen und Lehrlinge den Akkord aber mit ihrer Gesundheit bezahlten.

Seit einiger Zeit versuchte ich einen Wartburg-Kombi zu kaufen. Das preiswerteste Auto in der DDR war immer der Neuwagen, für den man jedoch eine Wartezeit von 8-9 Jahren absolvieren musste. Ein Gebrauchtwagen auf dem freien Markt war erheblich teurer, denn Angebot und Nachfrage regelte auch hier den Preis.
Für ca. 20.000 Mark konnte ich mir einen mehrere Jahre alten, noch gut erhaltenen Wartburg-Tourist kaufen. Gegenüber einem Trabbi war das ein Qualitätssprung in jeder Hinsicht! Das hatte zur Folge, dass mir danach das Trabbifahren immer weniger Freude bereitete.

Unsere Firma erhielt Ende 1978 endgültig den Namen VEB Komplette Chemieanlagen Dresden und war eigenständiger General- und Hauptauftragnehmer für Chemieanlagen in der DDR.

Als ich mal mit meinem ehemaligen Gruppenleiter aus der Forschung (mit dem ich promovieren wollte) ins Gespräch kam, stellte sich heraus, dass er mir einen Außenwand-Gasheizer verkaufen konnte. Da griff ich natürlich sofort zu, auch wenn der Preis relativ hoch war.

Danach sprach ich mit meinem Balkonnachbar, der ja schon die erste Gasheizung eingebaut hatte, über die Möglichkeit des Einbaus einer nicht genehmigten Gasheizung. Martin war in dieser Hinsicht äußerst pfiffig. Die Arbeiten konnten wegen des Wanddurchbruchs nicht unbemerkt von den anderen Wohnungsinhabern bleiben. Da jede Menge Stasispitzel in unserem Umfeld waren (allein 3 Familien im Haus) musste man das schon generalstabsmäßig planen.

Daher legten wir eine genaue Abfolge fest. Genügend Personal (wurde sehr gut bezahlt von mir), ein brauchbares Transportmittel und die Ausführung vormittags, wenn möglichst alle zur Arbeit waren. Martin besorgte sich einen Boschhammer für den Außenwanddurchbruch. Vorsorglich begann ich schon am Vortag mit dem Abbau des Kachelofens, dessen Einzelteile auf das Transportmittel gebracht werden mussten, damit keine verräterischen Elemente herumlagen. Infolge unserer guten Vorbereitung und Organisation lief die ganze Geschichte wie ein Uhrwerk ab. Während die eine Kolonne mit dem Transport der Kacheln nach unten beschäftigt war, wurde oben von Martin der Wand-Durchbruch akkurat erstellt und herausgearbeitete Wandstücke ebenfalls nach unten gebracht. Die Wanddurchführung wurde eingesetzt und abgedichtet, außen abgedeckt und fiel gar nicht mehr auf. Danach fuhr das beladene Auto weg und alles war in bester Ordnung, keiner hatte etwas bemerkt. Für die Innenarbeiten konnten wir uns nun etwas mehr Zeit lassen.

So hatten wir uns eine komfortable, dezentrale Gasheizung für die gesamte Wohnung geschaffen! Auch für den strengsten Winter mussten wir uns keine Sorgen machen, weil in schwierigen Situationen zwar der Gasdruck abgesenkt wurde, aber schon aus Sicherheitsgründen niemals das Gas völlig abgedreht wurde.

Ab 18. Juli 1979 wurde Helga nach gründlicher fachärztlicher Untersuchung aus gesundheitlichen Gründen (Berufsunfähigkeit) vom Rat des Stadtbezirkes Dresden-Ost, Abteilung Volksbildung, die Arbeit als Kindergärtnerin beendet. Ihre neue Tätigkeit als Gebäudeverwalterin in der KWV (Kommunale Wohnungsverwaltung) Gesellschaftsbauten Dresden nahm sie am 19. Juli 1979 auf. Zuletzt hatten die Kolleginnen auf ihrer Arbeitsstelle wenig Verständnis für ihre gesundheitliche Lage und unterstützten sie nicht, wo es möglich gewesen wäre. So blieb ihr keine andere Wahl, denn in einem Kinderwochenvollheim ist die körperliche Belastung groß.

Im August 1979 fuhren wir mit unserem Wartburg-Kombi, letztmalig zu dritt erneut nach Zingst an die Ostsee. Dieses Mal ohne Thomas, der ja arbeiten musste. Im Februar hatte ich noch den Koch der Gaststätte zufällig in Dresden getroffen und gefragt, ob es denn dieses Jahr mit der Verpflegung was werden würde, was er natürlich bejahte. Als wir dann am Boddenhörn 2 unseren Mittagstisch für 3 Personen reservieren wollten waren oh Wunder wieder die Schweden da.

Wir waren wieder auf uns selbst angewiesen. Wie immer waren viele Privatgäste da, doch diesmal hatten wir uns jeden Abend versammelt, was den Wirtsleuten offensichtlich gar nicht gefiel. Deshalb wurden wir mit dem Rasenmäher gestört, oder es wurde uns die neueste Errungenschaft aus dem goldenen Westen gezeigt, da man ja dort Verwandtschaft hatte. Viele der Privatgäste waren wie wir von diesen Wirtsleuten nicht gerade begeistert, vor allem was das Preis-Leistungs-Verhältnis betraf. Für uns war klar, hier kommen wir nicht mehr her! Wenn kein Mittagstisch vorhanden ist und wir unseren schwer verdienten Urlaub unter diesen Primitivst-Verhältnissen meist noch bei durchwachsenem Wetter verbringen müssen und das noch für viel Geld, konnte man leicht Verzicht üben. Natürlich hatten wir wieder aus diesem Urlaub das Bestmögliche gemacht, und das war's. Gesagt hatten wir das den Wirtsleuten natürlich nichts, sie würden es schon merken, wenn wir nicht mehr kommen.

Am 16. September 1979 gelingt es zwei Thüringer Familien mit einem selbst gebauten Heißluftballon in einer 18 km langen und spektakulären Luftfahrt über die Staatsgrenze der DDR in die Bundesrepublik Deutschland zu entkommen! Eine Grafik mit dem Titel „Die Glücklichen" des Dresdner Künstlers Hille, die schon vorher erschaffen wurde und auf der eine Familie in einer Ballongondel dargestellt ist, wurde vom SED-Regime daraufhin verboten!

Leider hatte sich wieder ein Zerwürfnis mit Karins Familie ergeben-wieder ging es um das Haben und Kriegen - und wir waren es leid!

Weitere lukrative Aufgaben im Rahmen des Gesetzblattes I/35 wurden von unserem Kollektiv 1979 erfolgreich ausgeführt. Selbstverständlich hatte ich auch in diesem Jahr maximal mögliche Straßenbahndienste gefahren.

Für Annett endete 1980 die EOS (Zehnklassige Erweiterte Oberschule – vergleichbar dem Realschulabschluss, jedoch höherwertiger). Trotz eines Zensur-Durchschnitts von 1,5 waren ein Oberschulbesuch sowie ein späteres Studium deshalb nicht möglich, weil wir der Intelligenzklasse zugeordnet waren und nur Arbeiterkinder eine solche Laufbahn absolvieren durften. Luise, die Klassenkameradin und Tochter des Etagennachbars hatte schlechtere Noten, durfte aber aus vorgenannten Gründen die Oberschule besuchen, zumal beide Eltern SED-Genossen waren. Wie bescheuert ist denn so etwas! Wären wir auch beide SED-Genossen gewesen, dann hätte diesem Oberschulbesuch nichts im Wege gestanden.
Wichtig war nun die richtige Berufswahl für Annett zu finden.
Lediglich 3 Möglichkeiten standen in der engeren Auswahl: Entweder als Optikerlehrling; eine EDV-Ausbildung (Elektronische Datenverarbeitung); eine Ausbildung in einem Handwerksberuf. Gern wäre sie Kosmetikerin geworden, aber es gab in Dresden nur wenige Lehrstellen und die hätte sie wahrscheinlich auch mit Notendurchschnitt 1,0 nicht bekommen, weil hier mit Vitamin B-Hilfe (Beziehungen) die Stellen schon besetzt waren.
Die beiden erstgenannten Möglichkeiten waren hinsichtlich des in der DDR zu erwartenden Lohnniveaus nicht besonders attraktiv.

Eine Friseur-Lehrstelle war von vielen als erstrebenswert erkannt worden, weil man dort sowohl Beziehungen (gibst du mir dieses, so liefere ich dir jenes, was sehr vorteilhaft in einer Mangelwirtschaft ist) aufbauen konnte, als auch reichlich Trinkgelder erhielt. Außerdem konnte man nach dem Lehrabschluss auch noch privat durch Frisieren Geld verdienen.

Daher war dieser gute Zensurendurchschnitt von Vorteil, da es viele Bewerberinnen gab. Bei der ersten Friseurmeisterin, die wir aufsuchten war schon das äußere Erscheinungsbild dieser Frau negativ und wir nahmen davon Abstand bei ihr einen Lehrvertrag abzuschließen (später stellte sich heraus, dass bei ihr der Lehrling gar nichts lernte und bei der Prüfung durchgefallen war).

Da mein Balkon – Nachbar Martin sich von der AWG getrennt und in einer Friseur-BGH (Berufsgenossenschaft des Handwerks) als Klempner verdingte, setzte er sich für Annett ein. Martins Freund war der arrogante BGH-Vorsitzende, ein preisgekrönter Friseurmeister (Stasi-Mitarbeiter), der zu internationalen Wettbewerben fahren durfte.

So erhielt Annett einen Ausbildungsvertrag in einer Lehrstelle, die Wissen und Praxis in hoher Qualität vermittelte.

In der BRD wäre eine solche Berufswahl unsinnig und undenkbar gewesen, weil da schon das Friseur-Lohnniveau äußerst dürftig war und mit diesem Notendurchschnitt ein Gymnasiumsbesuch oder andere lukrative Berufe zu erlernen ohne weiteres möglich gewesen wären!

Eine neue Zeichnerin kam in meine Gruppe, deren Mann Diplom-Ingenieur war und im VEB Robotron arbeitete (EDV-Vorzeige-Betrieb mit sehr hohem Niveau für DDR-Verhältnisse). Sie eröffnete uns neue Perspektiven bezüglich des Mittagessens. In unserer Kantine wurden die Speisen in Kübeln angeliefert und waren von schlechter Qualität, teilweise in den Hochsommerzeiten etwas angegoren und ungenießbar. Der VEB Robotron, ein sogenanntes Vorzeigeunternehmen der DDR, hatte eine eigene Betriebsküche, weshalb dort die Mittagsmahlzeiten von wesentlich besserer Qualität waren. So vermittelte sie über ihren Mann den Kauf von Mittagessenmarken an uns, wofür mein Vertreter und ich dankbar waren. Die anderen in meiner Gruppe waren zu bequem jeden Tag diese insgesamt hin und zurück 20 Minutenwege in der Mittagspause zu machen. Natürlich konnten wir die 30 Minuten Pause nicht einhalten, weil man in 10 Minuten nicht das Essen abfassen und dann noch verzehren konnte. Aber wir hatten da keine Skrupel, warum auch?

Ein "freundlicher Kollege" in der technologischen Projektierung, mit dem ich oft zusammenarbeitete (stellte sich erst nach unserer Übersiedlung in die BRD als Informeller Mitarbeiter der Stasi heraus), machte mir den Vorschlag, ob wir nicht mit unseren Autos in die Niedere Tatra der Slowakei fahren wollten, um dort unseren Urlaub gemeinsam zu verbringen, da er dort 2 Familien genannt bekommen habe, die Zimmer vermieteten.

Da wir ja nicht mehr an die Ostsee fahren wollten kam mir das natürlich gerade recht. Für uns völlig unverständlich sagte er kurz vor dem Abfahrtstermin plötzlich ab, weil was Wichtiges dazwischengekommen sei.

Er gab mir aber die Adresse einer Ärztin in die Hand von der er angeblich geschuldetes Geld zu bekommen hätte, was ich für ihn eintreiben sollte. Dafür wurde mir noch eine Vollmacht übergeben, die mich berechtigte dieses Geld in Empfang zu nehmen.

Helga und ich sind dann sehr zeitig mit unserem "Wartburgtourist" gestartet, denn bis zur Niederen Tatra sind einige Hundert km zu fahren. Was mich sehr befremdete war eine Verkehrskontrolle an einer Umfahrung in Tschechien. Alle fuhren in Kolonne mit gleicher Geschwindigkeit und nur die DDR Fahrzeuge wurden herausgewunken, da sie angeblich zu schnell gefahren wären. Meinen Hinweis auf die mit gleicher Geschwindigkeit vor uns fahrenden tschechischen Autos ließ man nicht gelten, da wir angeblich an der Kontrollstelle eben doch schneller gefahren wären. So mussten wir schweren Herzens eine Strafe in Kronen sofort bezahlen, ohne Wenn und Aber. Dass dies öfters vorgekommen ist, hatten mir später viele DDR-Autofahrer bestätigt. So kann man die Staatskasse auch auffüllen, oder die eigene? Unterwegs hinter Brünn (Brno) kamen wir an einen Ort namens Slavkov u Brna vorbei und waren sehr erstaunt, dass dort ein Austerlitz-Museum sei.

Tatsächlich hatte Kaiser Napoleon hier eine wichtige Schlacht gegen die vereinigten Heere der Österreicher und Russen geschlagen und gewonnen. Am späten Nachmittag fast abends kamen wir in Brusno kupele an. Eine etwas korpulente, resolute, alte Frau empfing uns. Sie verstand zwar kein Deutsch, aber mein Russisch schon, da Slowakisch und Russisch sehr ähnliche Sprachen sind. Wie wir später erfuhren, waren wir im Ferienhaus einer Ärztin untergekommen, die es als Schönheits-Chirurgin zu Wohlstand gebracht hatte.

Die Ärztin, die wir dann später zu besuchen hatten, war wohl die Vermittlerin an den "freundlichen Kollegen". Frau Kliementova war nur die Haushälterin und entpuppte sich bald als wahrer Hausdrache. Mit Einbruch der Dunkelheit sollten wir möglichst schlafen gehen, damit wir keine Beleuchtung nutzten und damit Kosten verursachten. Irgendwie haben wir ihr dann klargemacht, dass wir hier Urlaub haben wollten und auch abends mal ein Spiel machen möchten. Mit viel Gebrumm hat sie es dann bei sparsamster Beleuchtung (eine 40 W Lampe) geduldet.

Bei schönem Wetter war die Niedere Tatra ein landschaftlich tolles Erlebnis und im Laufe der Jahre hatte ich viele der Gipfel erklommen. Immerhin gab es drei Zweitausender: Dumbier (Toter Mann), Chopok (Steinhaufen) und Derese.

Zum Chopok-Gipfel führte eine Seilbahn, aber immer, wenn wir da waren - leider nicht in Betrieb. Deshalb mussten wir generell alle Aufstiege zu Fuß meistern. Sehr oft ist Helga nicht bis zum Gipfel gekommen, sondern auf halbem Weg umgekehrt und wir hatten uns dann unten wieder getroffen. Sie schaffte es einfach nicht mehr.

Die zu besuchende Ärztin lebte in der Nähe von Bratislava, was für uns eine sehr lange Fahrt war. Als wir sie endlich im Krankenhaus der dortigen Stadt erreichten und ihr unser Anliegen mitteilten war sie recht ungehalten. Sie habe keine Schulden und werde auch nichts zahlen. Freundlicherweise hatte sie uns dann in der

Betriebskantine ein Mittagessen spendiert und das war es! Außer Spesen nichts gewesen.

Hinzu kam noch, dass wir nur einen gewissen Tagessatz in tschechische Kronen umtauschen konnten. Auch hier galt wieder die Devise: Benzin kaufen oder essen gehen, beides ging aber nicht. Umso ärgerlicher war diese sinnlose Fahrt zu dieser Ärztin.

Auf jeden Fall hatte uns die Niedere Tatra sehr gut gefallen und wir wollten unbedingt wiederkommen, da es noch viel zu entdecken gab. Im Vergleich zur Primitivunterkunft an der See war das eine wesentliche Urlaubsverbesserung.

Beim Abschied fragten wir den Hausdrachen, ob wir nächstes Jahr aus der DDR bestimmte Produkte mitbringen sollten, die sie dann verkaufen könnte, um uns Kronen auszuhändigen. Das hat sie freudig bejaht, weil sie ein Geschäft witterte und wir meinten nun handelseinig zu sein, um vielleicht im Folgejahr es uns leisten zu können auch mal in die Hohe Tatra zu fahren.

Der „freundliche Kollege" bedankte sich nach unserer Rückkehr für mein Engagement bezüglich dieser Ärztin und beteuerte, dass sie sehr wohl Schulden bei ihm habe. Für mich war damit die Angelegenheit erledigt, auf eine nochmalige gemeinsame Urlaubsplanung hätte ich mich nie wieder eingelassen. Meine Spritkosten betrachtete ich als Äquivalent für die Vermittlung dieser Urlaubsunterkunft.

Mein Balkonnachbar Martin hatte gleich zwei Informationen für mich parat. Erstens hatte ein junger Mann in unserem Block einen erklecklichen Lottogewinn gemacht und zweitens wurde erneut ein Garagenhof in der Nähe errichtet.

Martin meinte nun, dass wir dem jungen Mann mit dem Lottogewinn die Möglichkeit geben sollten eine Garage zu erwerben, wobei Martin für sich, mich und den jungen Mann je einen Anteil registrieren lassen würde, wenn ich dem jungen Mann, der etwas unbeholfen war, für eine gewisse Summe diesen Garagenplatz zusichern könnte, weil ich vertrauenswürdiger wäre.

So haben wir das dann auch geregelt. Der junge Mann hatte sich riesig gefreut und war gern bereit die gewünschte, sich in akzeptabler Größenordnung bewegende Summe, ohne Quittung zum Zeitpunkt der Vertragsregelung zu übergeben. Natürlich war ich mit dem Vertrag, den mir Martin überreichte, persönlich zu dem jungen Mann gegangen, der dann unterschrieb und mir das Geld übergab. Beide hatten wir keine Skrupel, warum auch? Jeder hatte doch das bekommen was er gern wollte (heute nennt man das eine WinWin-Situation). In bekannter Manier hatte ich dann noch einmal den jungen Mann aus unserem Haus für gutes Geld, das aus dem Lottogewinnanteil resultierte, meine Arbeitsstunden ableisten lassen. Nach der Fertigstellung und Inbesitznahme tauschte ich dann noch einmal in einen nahen gelegenen Garagenhof und konnte mir jetzt nach Verkauf meines zweifarbigen Trabant Kombi einen zweiten Wartburg-Tourist zulegen, damit auch Helga ein ordentliches Fahrzeug zur Verfügung hatte.

Weitere interessante Projektierungsaufgaben vor allem auf dem Gebiet der Lüftung und Klimatechnik wie beispielsweise in Gotha beim Neubau einer Fabrik für medizinische Pflaster oder in der Radeberger Brauerei wurden im Rahmen unserer dienstlichen Aufgaben erledigt. Was die Radeberger Bierbrauerei betrifft wurde mir für meine gute Arbeitsleistung der Kauf eines Kasten Radeberger Bier zugestanden, indem ich einen Kaufzettel erhielt, den ich auf dem Neustädter Markt gegen Bezahlung einlösen und dafür das Bier in Empfang nehmen durfte. Äußerst selten konnte man normalerweise Radeberger Bier in der Kaufhalle kaufen. Erstaunt war ich, als ich meinen Kaufzettel einlöste, dass dort die Polizei und wahrscheinlich auch die Stasi ohne Weiteres kästenweise dieses Bier einsackten.

Mein Balkonnachbar Martin hatte in Niesendorf (Landkreis Bautzen) als Dauercamper einen Zeltplatz gemietet (den gibt es heute noch immer) und fragte mal an, ob wir nicht auch an so etwas Interesse hätten. Da wir ja nun zwei Wartburgtourist hatten und Helga sowie Thomas die Fahrerlaubnis erwarben, war das für uns schon eine Option, zumal ich ja an den Wochenenden meist arbeitete. Daher kauften wir uns dann die entsprechenden Ausrüstungen einschließlich Zelt, nachdem wir in Nießendorf ebenfalls einen solchen Zeltplatz gepachtet hatten. So hatte wenigstens der Rest der Familie mehr von den Wochenenden.
Auch unser Napoleon wurde mitgenommen und fing sich dort prompt Flöhe ein! Annett lernte ihren ersten Freund kennen und alle waren zufrieden.
Martin war nebenberuflich Nachwuchstrainer beim Fußballclub „Dynamo Dresden" und daher recht sportlich, weshalb es mir einmal vergönnt war jedem aktiven Spieler der A-Mannschaft die Hand zu schütteln, auch Herrn Sammer, der später bei Bayern München eine große Nummer wurde.
Da Helga und ich regelmäßig einmal in der Woche abends in einer Sportgruppe schweißtreibend Fitness trainierten, war ich auch fit. Martin schlug mir mal einen Waldlauf in Niesendorf vor. Richtigerweise hatte ich Söckchen in meinen Turnschuhen an, während er barfuß in seinen Turnschuhen lief. Er musste beizeiten aufgeben, da er sich Blasen an den Füßen gelaufen hatte, was bei seinem Ehrgeiz für ihn sehr ärgerlich war....

Da ich mir zwei Bandmaschinen gekauft und jede Menge toller Schlager damit aufgenommen hatte, fragte Thomas bei mir an, ob ich nicht als Disk-Jockey auf der Hochzeit des Altgesellen mir etwas Geld verdienen möchte. Um insbesondere Thomas eine Freude zu machen sagte ich zu, an einem Sonntag statt Straßenbahn zu fahren als Disk-Jockey tätig zu sein. Da es sich hier um eine Hochzeit handelte war es nicht damit getan nur Musik von den Bändern abzuspielen, damit die Gäste das Tanzbein schwingen konnten, sondern es gehörte schon ein gewisses Unterhaltungsprogramm dazu. Wenn ich schon mal die Vorbereitungszeit und dann die 10 Stunden Unterhaltungsprogramm bedenke, waren 50 Mark nicht gerade ein üppiger Lohn. Aber alle waren mit der Leistung zufrieden und für mich war es mal ein neues Erlebnis.

Später hatte ich dann noch bei einer Betriebsfeier für den über uns wohnenden etwas befreundeten Wohnungsinhaber Hans erneut als Disk-Jockey fungiert, aber finanziell hat sich auch das in keinster Weise gelohnt.

Es kam uns zu Ohren, dass im Sachsenwerk Niedersedlitz eine Sauna mit Schwimmbecken existiert und dort an einem Tag der Woche abends Familiensauna stattfand. Es gelang uns an dieser Familiensauna regelmäßig teilzunehmen, da neben unserem Fitnesssport auch Sauna der Gesundheit sehr dienlich ist. Bei dieser Gelegenheit lernte ich einen älteren Namensvetter mit vielen Narben am Körper kennen. Es stellte sich heraus, dass er im Zweiten Weltkrieg bei der Luftwaffe war. Er schilderte mir einige seiner Erlebnisse, da seine Staffel im Mittelmeer auf den Seekrieg spezialisiert war, was bedeutete, dass hier Kriegsschiffe aus der Luft angegriffen wurden. Das war nach seiner Erfahrung eindeutig ein Himmelfahrtskommando, da die Angreifer im Tiefflug ihre Luftminen abwerfen mussten und dadurch in das konzentrierte Abwehrfeuer der feindlichen Kriegsschiffe gerieten, so dass etwa 50 % der Angreifer regelmäßig abgeschossen wurden. Auch er wurde zweimal abgeschossen und seine Narben bewiesen das. Einmal vom Feindflug zurückgekehrt folgte ihnen eine deutsche Maschine, deren Funkgerät wahrscheinlich ausgefallen war, denn er konnte keinen Kontakt zu diesem Flieger herstellen, der lediglich mit den Tragflächen wackelnd Zeichen gab. Kurz vor der Landung auf dem Flughafen wurde er dann von hinten abgeschossen und wusste nun was Sache war. Mit Ach und Krach konnte er sich mit dem Fallschirm als einziger Überlebender aus der brennenden Maschine retten.

Auch unsere Tochter Annett war mehrere Male mit uns in dieser Sauna, deren Schwimmbecken am hinteren Ende leider nicht so sauber war, denn dort roch es unangenehm.

Unsere Nebenbei-Projekte nach Gesetzblatt I/35 florierten und langsam aber sicher kam ich mir wie ein Schattenmanager vor, denn der Bedarf war riesig. Inzwischen hatte ich einige gute Spezialisten in meine Projekte eingebunden und bereitete die Gesamtaufgabe erst einmal auf, um dann entsprechende Teilarbeiten weiter zu vergeben. Selbstverständlich kamen nur gutqualifizierte, zuverlässige und vertrauenswürdige Mitarbeiter infrage.
Trotzdem bin ich immer noch an Wochenenden Straßenbahndienste gefahren. Außer Urlaub hatte ich keinerlei Freizeit mehr, was ich heute noch bedauere, denn sowas nennt man heute auf Neudeutsch „Workaholic".

Da mich ständig Magen-Darmbeschwerden quälten (heute weiß man, dass ein Virus hierfür verantwortlich ist und mein Stress auch nicht gerade heilsam war) wurde mir vom 23.04. bis 23.05.1981 einschließlich 3 Schontagen eine Heilkur in Berggießhübel gewährt, die etwas Besserung brachte. Mit einer ebenfalls diese Kur absolvierenden Ärztin hatte ich öfters mal Wanderungen in der Freizeit unternommen. Hierbei erzählte sie, dass sie einmal in Ägypten Urlaub machen konnte, was mich ungemein interessierte. Daher war ich auf ihre Reiseberichte immer gespannt. Ein Kurschatten im eigentlichen Sinn war sie für mich nicht, zumal sie mir charakterlich sehr suspekt vorkam! Heute weiß ich, dass hauptsächlich nur ausgesuchte, linientreue Genossen oder Informelle Mitarbeiter der Stasi solche Privilegien erhielten.

Später erfuhr ich auch, dass der Sohn von Dietmars Onkel einmal nach Paris reisen durfte, dafür hat er als Gegenleistung laufend Spitzeldienste auch in der Familie geleistet.

Wegen ihres Gesundheitszustandes erhielt Helga ebenfalls eine Heilkur in Bad Gottleuba nahe Berggießhübel vom 27.05. bis 27.6.1981. Somit hatten wir beide fast nahtlos übergreifend zur Förderung unserer angeschlagenen Gesundheit Kuren absolvieren dürfen, was auch dringend notwendig war.

Immer wieder forderten uns interessante Projektierungsarbeiten unserer Gewerke beispielsweise für Schneid- und Schweißarbeitsplätze, Anlagen zur Herstellung von Geruchs- und Geschmacksstoffen oder auch Luftzerlegungsanlagen im Rahmen unserer Dienstaufgaben, die wir zur besten Zufriedenheit ausführten.

Mit Wirkung vom 01.09.1981 wurde mein Monatsbruttogehalt auf 1.480,00 M angehoben. Bis zu unserer Ausreise in die BRD im Jahr 1989 war dies die letzte Gehaltserhöhung!

Ein erbärmliches Gehalt für die erbrachten Leistungen, wenn ich das Gehalt eines vergleichbaren Dipl.-Ing. in einer Führungsposition in der BRD vergleiche, der ein Mehrfaches in DM erhielt, wobei die DDR-Mark nicht einmal konvertibel war! Aber rentenwirksam war dieses niedrige Gehalt später allemal. Natürlich waren die Mieten in der DDR extrem billig, aber eben auch der zugehörige Miet-Standard. Mieten waren in der DDR grundsätzlich nicht kostendeckend, weshalb es auch immer mehr unbewohnbare Einheiten besonders in den obersten Stockwerken gab, weil die Dächer nicht mehr dicht waren! Oft hatten Eigentümer von Mehrfamilienhäusern diese kostenlos dem Staat übereignet, weil sie die Reparatur- und Wartungskosten nicht mehr stemmen konnten.

Für den Herbst 1981 ergatterte ich einen Ferienplatz für 14 Tage in Bad Salzungen. Annett konnte in dem Zeitrahmen Urlaub bekommen und wir sind mit dem zweiten Wartburg-Tourist nach Bad Salzungen gefahren. Die Unterkunft war recht ansprechend. Einziger Nachteil war die nahegelegene Eisenbahnstrecke mit Straßenschranke, die den Eindruck vermittelte als würde der Zug durch das Zimmer fahren. Das Klingeln und Klackern der Schrankenanlage kündigte den Zug an und beendete die Durchfahrt! Erst in der zweiten Urlaubswoche gewöhnte man sich allmählig an diese Geräuschkulisse.

Während dieses Urlaubs besuchten wir unter anderem die Internationale Gartenausstellung in Erfurt und die Wartburg in Eisenach (mit ausführlicher Führung durch die Gebäude), Thale und den Hexentanzplatz, sowie Wernigerode, wobei wir unterwegs in der Nähe von Drei Annen Hohne (einheimisch gesprochen Dranohne) am DDR-Sperrgebiet mit dem Feldstecher die Grenzbefestigungen betrachteten. Dieser Urlaub war gespickt mit tollen Erlebnissen und wir hatten insgesamt eine sehr schöne Zeit verleben können.

Natürlich fuhr ich auch 1981 trotz der vielen Nebenbei-Projekte immer noch zahlreiche Dienste bei den Verkehrsbetrieben.

1982 verlagerte sich meine berufliche Tätigkeit auch nach Schwarzheide. Bei dieser Gelegenheit kam ich mit einer Firma in Berührung, deren Chef einen bayerischen Namen hatte und Produkte in die BRD lieferte, wobei ein bestimmtes Devisenkontingent dieser Firma zur Verfügung stand.
Dem Technischen Leiter dieser Firma bin ich aufgefallen, weil die zu erbringenden Arbeiten zu seiner vollsten Zufriedenheit ausgeführt wurden. Er fragte an, ob ich denn auch Projektierungsarbeiten nach Gesetzblatt I/35 für diese Firma ausführen würde. Kaum hatte ich ja gesagt, führte er mich schon durch die Firma und zeigte mir jede Menge Arbeiten auf, die zur Erweiterung oder Verbesserung der Anlagen führen sollten.
Nach Abschluss der ersten Arbeit in diesem Rahmen, die termin- und qualitätsgerecht erbracht wurde, gesellte sich der Chef bei der Abnahme dazu und brachte zum Ausdruck, dass er eine lange und fruchtbare Zusammenarbeit wünsche, weil er weiterhin erwartete, dass die für ihn wichtigen Arbeiten absolut termin- und qualitätsgerecht ausgeführt werden.
So wurde in diesem Rahmen diese Firma unser Hauptauftraggeber. Ich kann mich noch an den Spruch des Chefs erinnern, der meinte: "Geld spielt keine Rolle (insbesondere war gemeint, dass nicht das billigste Material einzusetzen sei), wichtig ist mir die absolute Einhaltung der geforderten Termine bei hoher Qualität!"

Da Annett in diesem Jahr ihren Berufsabschluss zu meistern hatte, wollte ich sie insbesondere bei ihrer Abschlussarbeit tatkräftig unterstützen. Im 1. Lehrjahr war ich schon einmal für sie als Rasiermodell tätig und musste mir von ihrem obersten Chef arroganter Weise anhören: „Dieses Gesicht ist also ihr Rasiermodell". Das war zum einen diskriminierend für mich und zum anderen peinlich für meine Tochter! Dieses Stasi-Arschloch war leider in einer Position, wo ich nicht mit gleicher Münze zurückzahlen konnte, sondern nur heftig schlucken musste.
In die Thematik der Abschlussarbeit hatte ich mich gründlich eingearbeitet und feststellen müssen, dass für eine Friseurausbildung ein derartig hohes Niveau verlangt wurde, was den tatsächlichen Anforderungen nicht gerecht wurde, weil vieles einfach für die Praxis nicht erforderlich war. Natürlich waren einige wissenschaftlich angehauchte Themen aus der Chemie sinnvoll und notwendig, aber manches Historische aus Barock und Rokoko überflüssig.
Insbesondere den roten Faden, die Gliederung und den Aufbau dieser Arbeit hatte ich erst einmal vorgegeben, dann sehr intensiv mit meiner Tochter durchgearbeitet,

damit sie mit all den Dingen bestens vertraut war und vor allem der Prüfungskommission standhalten konnte.

In allen theoretischen Fächern und Arbeiten hatte sie eine glatte Note 1. Trotzdem wollte die Prüfungskommission ihre Abschlussarbeit nicht anerkennen, weil bei Aufbau und Stil der Abschlussarbeit Fremdeinwirkung vermutet wurde. Daher stellte man ihr eine Falle und behauptete, dass einige Zuordnungen falsch seien und daher offensichtlich viele Zusammenhänge so nicht stimmen könnten. Annett war da sehr clever und drehte den Spieß um. Sie meinte, dass die Kommission wohl nicht richtig gelesen oder nicht verstanden habe und brachte die genannten Beispiele in die richtige Relation, so wie sie auch in der Ausarbeitung standen. Das war für die Prüfungskommission fast peinlich und man hat ihr sofort eine glatte Note 1 gegeben ohne Wenn und Aber. Schließlich sind noch im Fachkabinett diese Arbeit und einige andere Arbeiten von ihr als Vorbild unter Glas ausgestellt worden. Leider war Annett wie immer bei der praktischen Prüfung äußerst aufgeregt und hat sich damit ihre praktische Note 1 vermasselt. Doch wen interessiert das heute noch?

Im Frühjahr 1982 sind wir mit Thomas in die Slowakei nach Brusno kupele gefahren. Dieses Mal hatten wir eine Menge Waren dabei, die absprachegemäß der Haus-Cerberus für uns und sie gewinnbringend verhökern sollte. Entweder hatte sie gedacht, dass wir Waren aus der BRD mitbringen, oder wollte sie alles nur mies machen um den Preis zu drücken. Vermutlich das Letztere war die Ursache ihrer Reaktion. Trotzdem konnten wir unser Budget aufbessern und waren dadurch flexibler in unserer Urlaubsgestaltung. So konnten wir öfter mal essen gehen und eine Fahrt in die hohe Tatra machen. Es war ein sehr harmonischer Urlaub. Vor allem mit Thomas konnte ich Bergsteigen. Als wir den Dumbier erkletterten konnten wir eine Herde Gämsen beobachten. In der Hohen Tatra erstiegen wir den Slavkovsky Stit (einen Dreitausender). Auf dem Gipfel schneite es. Leider hatten wir außer den Mühen keine große Freude, da die Sicht auf etwa 10 m beschränkt war und auch beim Abstieg ringsum nur Wolken; schade!

Einmal waren wir auf dem Rückweg von einer Bergwanderung in der Niederen Tatra in ein heftiges Gewitter geraten. In unmittelbarer Nähe schlug ein Blitz ein, das war ein Knall als würde eine Bombe explodieren. Aber wir hatten Glück und uns ist nichts geschehen. Der Hausdrachen meinte als wir zurückkehrten „Holo Bollo", jedenfalls hatten wir das so verstanden und machten uns später darüber lustig. Eines Tages kam der Sohn der Besitzerin zu uns und fragte an ob wir zufrieden wären. Vermutlich waren sie sehr daran interessiert uns wieder als Gäste haben zu können. Da hatte ich aber auf Russisch losgelegt und die vielen Unarten dieser Frau geschildert. Er hatte sich daraufhin bei uns in aller Form entschuldigt und diese Haushälterin verlor ihren Job für das nächste Jahr. Doch wir sind nie wieder dorthin gekommen, weil wir in Kovacova ein wunderschönes Freibad entdeckt hatten. Dort lernten wir einen gut Deutsch sprechenden Mann kennen, der uns in Sliac einen JurDr. mit schönem Eigenheim vermittelte.

Die Versorgungslage mit Obst und Gemüse in der DDR verschlechterte sich von Jahr zu Jahr. Der Vater, dessen Sohn mit mir die Garage getauscht hatte, wohnte in dem Haus, wo sich meine Garage befand. Bei einem unserer Gespräche teilte er mit, dass er Pächter eines Kleingartens war und ob ich eventuell auch Interesse hätte, da gerade eine Parzelle frei geworden sei. Obwohl ich wegen meiner vielen Gartenarbeiten während der Kindheit und Jugend eine regelrechte Antipathie gegen einen Garten hatte, sagte ich zu, um unsere miserable Obst- und Gemüseversorgung verbessern zu können.

Bei der Erstbesichtigung fand ich eine totale Wüstenei vor, aber die Familie war Strohfeuer und Flamme. So wurden wir Gartenpächter in einem von „Roten Socken" dominierten Verein. Am Anfang hatten die Kinder sich noch mit uns gemeinsam an der Entfernung von Quecke und weiteren Unkräutern beteiligt, aber der Eifer ließ sehr schnell nach.

Da mir meine Frau keinerlei Hoffnung machte zusammen einen Ausreiseantrag in die BRD stellen zu wollen um Dresden zu verlassen, musste ich mich damit abfinden in diesem System bleiben zu müssen und daraus das Beste zu machen.

Daher bemühte ich mich ein Fertighaus käuflich erwerben zu können. Leider hätte ich 7 Jahre bis zur Lieferung warten müssen. Daher entschloss ich mich ein Gartenhaus mit Veranda zu errichten. Für den Bauantrag erstellte mein Chef (Bauabteilungsleiter) die notwendigen Unterlagen nach meinen Vorgaben äußerst solide mit 24er Ziegelwänden, Ringanker und Schrägdach. Die Baugenehmigung wurde erteilt. Nun galt es die Materialien zu organisieren, beginnend mit den Ziegeln. Schon bei der Anlieferung gab es Probleme, da der Fahrer nicht gewillt war, dass wir das Abladen übernahmen, um nicht so viel Bruch zu haben. Trotz meiner Einwände kippte er aus Zeitgründen einfach die Ladefläche ab und etwa 50 % der Ziegel gingen dabei zu Bruch.

Da ich außer Ziegelklopfen von Maurerarbeiten noch keine Ahnung hatte, organisierte Helga mir einen Maurer vom Betriebsbauhof, der für Geld und gute Worte behilflich sein sollte. Da die Saison noch nicht begonnen hatte, war Manfred am Anfang zur Stelle und zeigte mir wie man ein Fundament gründet. Beton und Sand hatte ich ja auch organisiert. Einen Mischer lieh ich mir vom Bauhof aus, natürlich mit Leihgebühr. Kaum hatte die Saison begonnen, war kein Mischer mehr zu haben und Manfred machte sich rar. Also musste ich mir einen Mischer kaufen, was mir mit vielen Umständen gelang. Nur ab und an hatte ich von Manfred noch Unterstützung, wobei es mir mehr um Anleitung ging, oder wenn zu schwere Teile wie etwa Stürze einzusetzen waren. Bei zwei Dingen brauchte ich später noch Hilfe. Der Nachbarsjunge vom Amselsteg, der mir damals beim Rollerschieben geholfen hatte, war Maurer geworden. Zufällig hatte ich ihn mal getroffen und ihm mein Leid geklagt, dass ich nicht wusste wie man fachgerecht den Dachaufbau bewerkstelligt, weil mich mein Maurer im Stich gelassen hatte. Für Geld und gute Worte hatte er mir tatsächlich geholfen und wieder hatte ich etwas dazugelernt. Manfred hatte mir zum Schluss noch gezeigt wie man einen Dreilagenputz aufbringt. Einen Elektriker konnte mir Helga vermitteln, der die Unterputzverlegung komplett abschloss. Alle weiteren Arbeiten wurden teils mit Hilfe von Martin und André, dem späteren

Ehemann von Annett, von mir eigenständig absolviert. Ungefähr anderthalb Jahre dauerte dieses Martyrium, das mit einem Bandscheibenvorfall schmerzhaft für mich endete. Ab jetzt hatte ich das Wissen und die Fertigkeiten, wie man ein Eigenheim errichtet.

Nun hatten wir eine „Deluxe-Datsche" mit WC und Entsorgungsgrube, sowie Küchenbereich und großer Veranda zur Verfügung und konnten jede Menge Sträucher und Gemüse sowie Erdbeeren anbauen und in den Folgejahren erfreulicherweise auch ernten. So hatte man ein kleines Refugium mit viel Aufwand und Mühe zum Ausspannen geschaffen, die Widrigkeiten und die Unfreiheit des Systems blieben.

In diesem Jahr hatten wir auch auf mein Drängen hin den Kindern offenbart, wer wessen leiblicher Vater ist. Dietmar war inzwischen mit einer Sri-Lankerin verheiratet und hatte einen leiblichen Sohn von einer früheren deutschen Bekannten durch einen Unfall verloren. Da seine jetzige Ehe kinderlos war, wollte er Thomas besser kennenlernen.

Er lud ihn zu einem Ungarn-Urlaub mit Wohnmobil für 1983 ein.

Da die Schlaglöcher in unseren Straßen immer größer wurden, hatte ich mir mal auf der Laibacher Straße den Fauxpas erlaubt, eine Tomatenpflanze mit etwas Erde in ein besonders großes Schlagloch einzupflanzen und zu gießen. Auch am nächsten Tag war die Tomatenpflanze noch präsent. Irgendwann war sie dann wieder weg, aber das gefährliche Schlagloch wurde nicht repariert.

Im Herbst 1982 fuhr ich wieder mal einen Dienst mit einer Tatra-Doppeltraktion auf der Linie 11. In Richtung Plauen ging es zügig die Münchner Straße bergauf, vorbei an der russischen Kirche. Links abbiegend beginnt die Bergstraße und geradeaus fuhr ich zum Münchner Platz. Kurz vor der links abbiegenden Bergstraße tauchte plötzlich von rechts ein Trabbi auf, der noch vor mir die Straße überqueren wollte um links abbiegen zu können. Als dieses Fahrzeug in mein Blickfeld kam hatte ich sofort eine korrekte Gefahrenbremse eingeleitet, wobei bergauf der Bremsweg natürlich kürzer ist. Trotzdem konnte ich den Zusammenprall mit dem Trabbi nicht mehr verhindern. Was sich da in Sekundenbruchteilen während eines solchen Unfalls abspielt und im Gedächtnis haften bleibt ist schon sehr interessant. Von der Scharfenberg-Kupplung meines Triebwagens erhielt der Trabbi einen Stoß der das Auto seitlich so traf, dass es komplett über das Dach um die Längsachse gedreht wurde und auf der linken Fahrbahn in Fahrtrichtung wieder auf die Räder kam. Beim Auftreffen der Räder auf die Fahrbahn flog das Dach mit Wucht nach oben weg, beide Personen im Fahrzeug standen nach oben geschnellt stramm im Auto und klappten anschließend wieder auf ihre Sitze zurück in das Fahrzeug, was nach unten zu rollen begann und vermutlich schnell vom Fahrer abgebremst wurde. Offensichtlich waren die Insassen zur Obsternte gewesen, denn weit verstreut lagen überall die Früchte herum. Meine erste Reaktion, aus schlimmer Erfahrung gelernt, war sofort die Frage ob jemand hinter der Fahrkabine stehend diesen Unfallhergang richtig gesehen hatte. Tatsächlich meldete sich ein junger Mann, den ich kurz fragte was er denn gesehen habe. Da seine Aussage mit meinen Wahrnehmungen übereinstimmte, bat ich ihn sich doch bitte als Zeuge bereitzuhalten und nicht weg zu gehen. Später erfuhr ich, dass der Trabbifahrer mit der Stasi liiert war und mit allen Mitteln versuchte mir die Schuld anzuhängen. Doch diesmal ging diese Rechnung nicht auf, denn ich hatte inzwischen dazugelernt. Natürlich hatte die Polizei erst wieder den Trabbifahrer konsultiert und kam danach voreingenommen zu mir. Da es ein trockener Tag war, waren sämtliche Anschlagspuren des Trabbis einwandfrei nachweisbar. Genau auf diese Spurensicherung legte ich äußersten Wert, zeigte jeden Berührungspunkt einwandfrei auf und fixierte das im Protokoll akribisch als Nachweis schriftlich. Nur so gelang es mir meine Unschuld zu 100 % nachzuweisen, zumal auch der Zeuge richtigerweise seine Aussage in meinem Sinne machte. Danach durfte ich meinen Dienst fortsetzen und wurde gefragt, ob ich den Dienst bis zu Ende fahren würde. Mir war aber bekannt, dass ich diesen Dienst auf schnellstem Weg beenden konnte, zumal man den Schock erst mal verdauen musste. So hatte ich an diesem Tag etwas früher Feierabend bei voller Bezahlung.

Auch in Schwarzheide war 1983 die Obst- und Gemüseversorgung äußerst mangelhaft, besonders im Frühjahr. Um die Stimmung in der Belegschaft zu verbessern wurde ich vom Technischen Leiter des uns ständig nach Gesetzblatt I/35 beauftragenden Betriebes im Auftrag des Betriebsleiters gefragt, ob ich kurzfristig einen Gewächshauskomplex mit allen möglichen technischen Ausrüstungen projektieren und die entsprechenden Ausrüstungen vorbestellen könnte. Selbstverständlich sagte ich zu und recherchierte ein wenig, da das auch für mich Neuland war. Die Terminierung war äußerst kurzfristig angelegt, doch ich hatte ja ein gutes Team. Damals wurde noch in Glas gebaut. Fronttür und ausreichende Höhe bei großzügiger Quadratmeterzahl hatte jedes einzelne Gewächshaus. Im gesamten Komplex waren dachseitig vollautomatische Fensterheber in ausreichender Menge als Standard vorgesehen. Die neueste, programmierbare und vollautomatisch arbeitende Beregnungsanlagentechnik für die Befeuchtung, sowie außentemperaturabhängig geregelte, erdnahe Heizung für Innen mit gewünschter Sollwerteinstellung in den Wintermonaten gehörten ebenfalls zu meinem Ausrüstungskonzept. Tatsächlich gelang es mir und unserem Team den engen Termin einzuhalten.
Offensichtlich war die Firmenleitung sehr zufrieden, denn zur Einweihung dieses Komplexes wurden meine Frau und ich von Dresden mit einem „Wolga"-Dienstwagen abgeholt und später auch wieder zurückgefahren. Auf der Baustelle gab es viel Lob und die Einweihungsfeier war zünftig, Essen und Trinken von bester Qualität.
Später konnte ich dann feststellen, dass dieses Konzept hervorragend funktionierte, gute Ernten eingefahren wurden, was auch der Belegschaft und deren Stimmung zu Gute kam.

Ende April 1983 hatten Helga und ich unseren Urlaub in der Slowakei diesmal in Sliaĉ in der Nähe von Kovaĉova bei einem JurDr. in dessen Haus. Freundlich wurden wir empfangen und das gemietete Zimmer war gut eingerichtet. Sogar eine Garage für unseren "Wartburg-Tourist" stand uns zur Verfügung. Zum wunderschönen Freibad nach Kovaĉova war es mit dem Auto nur ein Katzensprung. Zur Fahrt in die Niedere Tatra brauchte man dagegen wegen des längeren Weges etwas mehr Zeit. Auch den gut Deutsch sprechenden Vermittler trafen wir im Freibad wieder und hatten oft längere Gespräche mit ihm. Dabei erfuhren wir, dass sein Sohn in die USA ausgewandert und dort als Beleuchter in Hollywood tätig war. Dieser Urlaub war sehr schön und wir versprachen gern wieder kommen zu wollen.

1983 war es für Thomas endlich soweit. Der Ungarn-Urlaub mit seinem biologischen Vater begann. Da er selbst das Wohnmobil mit BRD-Kennzeichen fahren durfte, war das für ihn auch deshalb ein besonderes Vergnügen, weil jeder ihn für einen BRD-Bürger halten musste. Das hatte er auch genossen und die Damenwelt in Ungarn lag ihm zu Füssen….
Als er wiederkam war er begeistert und deutete uns an, dass er wohl bald einen Ausreiseantrag auf Familienzusammenführung stellen wollte. Während er in meinem Auto saß und wir in Richtung Fleischerei fuhren beteuerte er mir ausdrücklich, dass er in mir den Vater sieht, der ihn in all den Jahren erzogen und immer für ihn da war. Während dieses Gesprächs musste ich immer von rechts die Vorfahrt beachten. Da Thomas neben mir sitzend sich zu mir gewandt etwas vorbeugte, bemerkte ich einen von rechts kommenden, mit stark überhöhter Geschwindigkeit fahrenden Motorradfahrer relativ spät. Als ich ihn bemerkte machte ich sofort eine Gefahrenbremse und kam genau auf halber Straßenhöhe der Seitenstraße zum Stehen. Obwohl noch genügend Platz zur Weiterfahrt für ihn da war konnte der ziemlich mittig fahrende Motorradfahrer wegen seiner hohen Geschwindigkeit nicht mehr ausweichen, streifte vorn meinen rechten Kotflügel und fiel zu Boden. Da er glücklicherweise abrollte, hatte er sich kaum wehgetan. Auch hier hatte ich wieder mit einem „Zeugen" großes „Glück". Sein Sohn war vor kurzem mit seinem Moped bei einem Autounfall schwer verunglückt, weshalb er natürlich einen Rochus auf Autofahrer hatte. Angeblich hatte er vom Fenster aus den Unfall genau gesehen und dementsprechend war natürlich ich der Raser, zumal das Motorrad von rechts gekommen war. Mein Bremsweg von knapp drei Metern sprach da eher gegen Raserei. Am Ende erhielt ich wegen der negativen Zeugenaussage die Alleinschuld, auch wenn Thomas eine Aussage gegenüber der Polizei machte, die den Tatsachen entsprach. Auch mein Hinweis auf die freie rechte Fahrbahn und das weit entfernt liegende Motorrad interessierte den Polizisten nicht. Beides zählte nicht! Nur gut, dass kein Personenschaden vorlag. Zwei Stempel in die Zulassung und eine Ordnungsstrafe waren das Resultat, worüber ich mich maßlos ärgerte, mal abgesehen von den materiellen Aufwendungen für die Schadensbehebung.

Annett fand inzwischen einen festen Freund und traf sich daher häufig mit André.

Als Straßenbahnfahrer war ich immer noch tätig, aber die Zahl der Dienste reduzierte sich im Jahr 1983 erheblich, da die Bezahlung für mich nicht mehr so attraktiv war und auch die notwendige Zeit hierfür nicht mehr zur Verfügung stand.

Da man in der DDR erst mit vollendetem 26. Lebensjahr ein Anrecht auf **8 m²** eigenen Wohnraum hatte, wohnte André bei seinem Vater und Annett bei uns. Beide hatten aber Interesse in einer eigenen Wohnung ihr Leben zu gestalten. Da Helga in der Wohnungsverwaltung tätig war wusste sie um Objekte, die ziemlich heruntergekommen und nicht so begehrt waren, weil sie aufwendig saniert werden mussten. Wegen eines derartigen Objektes waren Annett und ich dann 1984 zu dem zuständigen Leiter der Wohnungsverwaltung Ost gefahren, um den Zuschlag zu erhalten. Dieser Leiter war menschlich gesehen ein korruptes, machtverliebtes, widerliches Subjekt, aber optisch einigermaßen ansprechend anzusehen (später erfuhren wir, dass er für die Stasi arbeitete). Er nutzte seine Funktion weidlich zu seinem Vorteil aus, auch um junge Damen auf den Rücken legen zu können. Als Annett ihre Möglichkeiten als Friseurin positiv einbringen wollte, meinte dieser Mensch, dass es da ganz andere Möglichkeiten für Frauen gibt, und dass im Beisein ihres Vaters. Gern hätte ich ihm in die feiste Visage nach dieser Attacke geschlagen. Mithilfe eines Kollegen von Helga ist es dann gelungen 1984 die Wohnung im obersten Geschoss in einem mehr als baufälligen Haus auf der Grundstraße für die Beiden zu requirieren. Natürlich musste André, der über gute handwerkliche Fähigkeiten verfügt, jede Menge Arbeiten erledigen um die Wohnung bewohnbar zu machen. Leider stand dieses Haus unter Denkmalschutz. So konnte der enorme Pilzbefall im Dachstuhl nicht beseitigt werden. Auch andere Restriktionen diesbezüglich mussten eingehalten werden.

Thomas freute sich immer, wenn er sich einen meiner "Wartburgtourist" ausleihen konnte, um mal richtig angeben zu können. Doch eines Tages überrascht er uns mit einem gebrauchten Trabbi, den er nun sein eigen nannte. Er war inzwischen sehr verliebt und hatte eine feste Freundin namens Conny. Dieses sehr anspruchsvolle, hübsche Mädchen war eine richtige kleine Lebedame. Thomas gab sich alle Mühe ihr etwas zu „bieten" und hatte sich da so richtig angestrengt.

Annett und André entschlossen sich Verlobung zu feiern. Natürlich war das eine große Familienfeier an der auch Thomas und Conny teilnahmen. Natürlich wollte ich dieses Großereignis auch fotografisch festhalten. Bild für Bild knipste ich ab und irgendwann wurde ich stutzig, weil es gar kein Ende nahm, was für einen Rollfilm ja nun etwas ungewöhnlich war. Leider hatte ich vergessen einen neuen Film einzulegen und so musste ich die fotografische Dokumentation dieses einzigartigen Ereignisses schuldig bleiben. Peinlich, peinlich!

Im März 1984 geschah dann Thomas ein großes Missgeschick. Bei einer Fahrt mit Conny in seinem Trabbi geriet er auf winterlicher Fahrbahn auf abschüssiger Straße zwischen den Haltestellen Weißer Adler und Weißer Hirsch in die schadhaften

Straßenbahnschienen, verlor die Gewalt über das Fahrzeug und prallte trotz geringer Geschwindigkeit gegen einen Baum am rechten Straßenrand. Das war für ihn ein großer Schock, denn nun war er nicht mehr mobil, was Conny gar nicht gefiel. Der Trabbi musste in eine Werkstatt zur Reparatur gebracht werden und sowas dauerte in der DDR eben sehr lange.

Zu unserem wohlverdienten Urlaub 1984 sind wir diesmal Ende Mai zu viert (André und Annett, Helga und Heinz) in die Slowakei mit unserm "Wartburg-Tourist" wieder nach Sliaĉ ins Haus des JurDr. gefahren. Thomas musste zu Hause bleiben, weil er in der Fleischerei zu arbeiten hatte. Wir hatten zwei schöne Zimmer sogar stockwerkgetrennt bekommen (wir unten, die Kinder oben) und gleich zu Anfang mal besuchten wir das schöne Bad in Kovaĉova in dem wir es uns wohl sein ließen. Auch in die Niedere Tatra machten wir einen Abstecher. Zu dieser Jahreszeit fuhr die Seilbahn zum Chopok- Gipfel. Leider hatten wir wieder Pech, weil das Wetter umschlug und wir auf dem Gipfel in Wolken gehüllt waren und der fantastische Fernblick uns verwehrt blieb.
Gemeinsam besuchten wir Familie Stellerov/Dauĉikov in Brusno-kupele, mit denen wir uns in den Jahren vorher angefreundet hatten. Wie immer war die Gastfreundschaft der Slowaken hervorragend und auch die Wiedersehensfreude groß.
Am Anfang der zweiten Urlaubswoche erreichte uns ein Telegramm, in dem unsere Nachbarin in Dresden mitteilte, dass Thomas sehr schwer erkrankt sei und wir dringend zurückkehren sollten. Anschließend hatten wir beratschlagt, ob denn bei einem so jungen Menschen eine so schwerwiegende Erkrankung vorliegen könnte, die einen Abbruch unseres Urlaubs rechtfertigte. Ich hielt das für eine Panikmache, Helga war aber ernstlich besorgt. Schließlich einigten wir uns darauf, dass Helga von uns nach Bratislava gefahren wurde und mit dem Zug nach Dresden zurückkehren sollte, um zu erkunden wie die Lage wirklich ist, was natürlich ihr größter Wunsch war. Sofort nach ihrer Ankunft in Dresden ließ sie sich wegen der nervlich belastenden Situation krankschreiben um Zeit für Thomas zu haben. Ins Krankenhaus fuhr sie mit ihrem "Wartburg" und war dabei natürlich immer sehr aufgeregt. Als ein Lkw vor der Garagentür zu nahe parkte, kollidierte sie in ihrer Aufregung mit dem rechten Spiegel am Garagentürrahmen.
Wir drei hatten dann eine weitere Woche einen schönen Urlaub und waren nicht so intensiv besorgt was Thomas betraf, weil wir eigentlich nicht wahrhaben wollten und konnten, dass ein so junger Mensch lebensgefährlich erkrankt sein könnte.
So sind André und ich in Richtung Ružomberok gefahren, weil dort Rosenöl hergestellt wird. Unterwegs machten wir an einer Tankstelle halt. Da der Zweitaktmotor mit einem Benzin-Ölgemisch betrieben wird, an den slowakischen Zapfsäulen aber kein Gemisch abgegeben wurde, musste man das Motoröl entsprechend mischen und zudosieren. Dreimal machte ich in verständlichem Slowakisch dem Tankwart klar, dass ich Motorenöl für meinen Wartburg-Tourist kaufen möchte. Dreimal bestätigte er, dass sei das richtige Motorenöl, zumal ihm bekannt sein durfte, dass der Wartburg ein Zweitakter war. Danach mischte ich

dieses Öl ein und wir fuhren frohgemut weiter. Kaum waren wir etwa 1500 m gefahren gab es Fehlzündungen, eine schwarze Rauchwolke kam aus dem Auspuff und der Motor streikte. In dem Moment war uns klar, dass er vorsätzlich Getriebeöl verkauft hatte um uns eins auszuwischen. Vermutlich war er ein Nachkomme der slowakischen Partisanen und hatte Hass gegen alle Deutschen, anders ist dieses Verhalten nicht zu erklären. Da ich in einem Reservekanister noch etwas Gemisch hatte, schoben wir das Auto rechts ran und lösten die Bodenschraube des Benzintanks. Das unten angereicherte Getriebeöl mit viel Benzin ließen wir weglaufen und dann schloss ich die Bodenöffnung des Benzintanks wieder. Mit dem Rest aus dem Reservekanister wurde aufgefüllt und dann ein erneuter Motorstart versucht. Glücklicherweise sprang der Motor wieder an. Aber jetzt hatte er einen etwas merkwürdigen Klang. Zu Hause stellte sich heraus, dass die Kurbelwelle beschädigt war und später ausgetauscht werden musste. Natürlich sind wir nicht mehr zum gewünschten Ziel, sondern wieder nach Sliač zurückgefahren. Da der Motor aber noch einigermaßen lief, legten wir uns keine Restriktionen auf und sind in der zweiten Woche in die landschaftlich liebliche Mala-Fatra gefahren. Wir suchten uns einen Berg aus, der mit einer Seilbahn ausgestattet war, um den Gipfel mühelos erreichen zu können. Als wir an der unteren Seilbahnstation ankamen standen dort so viele wartende Menschen, dass man etwa anderthalb Stunde Wartezeit einplanen musste.

Daher entschlossen wir uns zu Fuß parallel zur Seilbahn den Berg zu erklimmen. Leider unterschätzten wir den Aufwand stark, denn es ging steil bergauf und nahm kein Ende. Als wir dann endlich oben angekommen waren, sahen wir die Damen mit Stöckelschuhen scherzend herumstolzieren, während wir ziemlich am Ende unserer Kräfte waren. An eine weitere Bergwanderung auf dem Gipfel war nicht mehr zu denken, aber ein kleines Stück von der Menschenmasse uns absetzend sind wir doch gelaufen und hatten als Belohnung eine gute Aussicht. Die Talfahrt in der Gondel war sehr entspannend und man konnte sehen was für eine Leistung wir erbracht hatten.

In der dritten Woche erreichte uns ein Telegramm von Helga mit der Bitte ebenfalls schnell zurückzukommen, da Thomas im Krankenhaus läge. Nochmals beratschlagen wir und stellten fest, wenn er im Krankenhaus liegt ist er in guten Händen und was können wir helfend noch tun. Daher waren wir nicht bereit die letzten Tage unseres Urlaubs zu opfern.

Als wir dann wieder in Dresden waren machte Helga mir insbesondere heftige Vorwürfe, warum ich sie alleingelassen habe. Sie machte einen sehr verzweifelten Eindruck und reagierte dementsprechend mir gegenüber drastisch. Als ich mit Helga im Krankenhaus war nahm mich der Oberarzt beiseite machte auch mir heftige Vorwürfe für mein Fernbleiben. Er schenkte mir reinen Wein ein was die Zukunftsaussichten für Thomas wären. Erst dann begriff ich den Ernst der Lage! Der Oberarzt wusste selbst nicht an welcher Krankheit Thomas litt und hatte drei Theorien parat. Er zeigte mir Aufnahmen, welche enorme Ausmaße die Krankheit am Körper des fast 23-jährigen Jungen genommen hatte, die ihn zum Rollstuhlfahrer werden ließ, wenn er denn überlebt hätte.

Natürlich sind wir jeden Tag ins Krankenhaus zu Thomas gefahren und er war sich bewusst, dass er dieses Krankenhaus nicht mehr lebend verlassen wird. Tapfer hatte er sich gegen seine Erkrankung gewehrt, aber in wenigen Tagen endete dieser Kampf tödlich. So hatte diese fürchterliche Krankheit in nur drei Wochen einen jungen Menschen zu Grunde gerichtet.

Ohne uns zu fragen wurde zu wissenschaftlichen Zwecken der Körper des Jungen gründlich obduziert, aber die Krankheit konnte entweder nicht erkannt werden, oder man wollte uns nichts sagen. Wir wissen bis heute nicht an welcher Infektion Thomas gestorben ist.

Nachträglich erfuhren wir, dass es in Dresden mehrere Todesfälle im Fleischerhandwerk und auch bei Medizinern in dieser Zeit gab. Natürlich wurde offiziell alles vertuscht!

Für mich gab es nur eine Erklärung. Arbeitsschutzkleidung gab es keine. Thomas berichtete mir, dass ausnahmsweise kanadische Leber geliefert worden war. Beim Akkord ist er mit dem Messer abgerutscht und hatte sich eine tiefe Schnittwunde zugezogen. Vermutlich war diese Leber mit Viren verseucht und bei dieser Gelegenheit in seinen Körper geraten. Unmittelbar nach dieser Begebenheit hatte ich ihm über Beziehungen ein Kettenhemd besorgt, damit er keine Stichverletzungen mehr erleiden musste. Leider kam diese Maßnahme zu spät!!

Zum Begräbnis war auch Dietmar aus der BRD angereist. Für uns alle und insbesondere für Helga war das Begräbnis äußerst schmerzhaft für die Seele und keiner konnte es fassen, wie schnell doch ein so junges Leben zu Ende gehen konnte. Nun war Helga wieder total am Boden und kein noch so tröstendes Wort drang zu ihr durch – es war einfach unfassbar!

Wieder dauerte es sehr, sehr lange bis einigermaßen eine gewisse Normalität in unserer Familie einkehrte.

Helgas Kummer manifestierte sich erneut massiv in körperlichen Beschwerden, diesmal als Lendenwirbelsyndrom, das sehr lange und häufige Krankschreibungen und viele Arztbesuche nach sich zog. Außerdem bekam sie Ende September 1984 eine heftige Gallenkolik, die eine sofortige Einweisung ins Friedrichstädter Krankenhaus notwendig machte. Bei der Gallenblasen- Operation war wohl etwas schiefgegangen, denn bis Anfang November lag sie dort stationär und unerwünschte Nebeneffekte zeigten sich. Offenbar war ein Nebenorgan bei dieser von einer Anfängerin durchgeführten Operation verletzt worden. Seitdem musste sie jahrelang ständig und täglich ein Pankreas - Präparat zu sich nehmen, damit die ständigen Durchfälle gestoppt werden konnten. Da ich für dieses Krankenhaus nebenberuflich tätig war, kannten mich einige Personen in der Führungsebene des Krankenhauses. So konnte ich ihr wenigstens bei Schlampereien an den sanitären Einrichtungen helfen, damit eine Waschbecken -Verstopfung kurzfristig erledigt wurde.

Das Verhältnis zu Karins Familie normalisierte sich wieder. Es dauerte nicht lange, wurde ich von Karin vor meiner Frühstückspause im Büro angerufen und gebeten gleich mal in das Kulturpalast-Café rüberzukommen. Dort wurde mir eröffnet, dass sie gerade bei der Abteilung Inneres waren und bezüglich ihres Ausreiseantrages einen Bescheid bekamen eventuell noch bis Ende 1984 das Land verlassen zu dürfen.

Für mich war das äußerst überraschend! Gleich nachgeschoben wurde dann von Karin, ob ich denn bereit wäre ihr Treuhänder zu werden, der dann nach der Übersiedelung die Abwicklung ihres Wohnungsinventars mit Übersendung wesentlicher Dinge mit einem von der DDR geduldeten Umzugsunternehmen in die BRD und die Übergabe der besenreinen AWG Wohnung zu übernehmen. Natürlich sagte ich sofort zu, da musste ich nicht lange überlegen.

Ebenso war mir auch klar, dass die DDR Behörden mein Verhalten missbilligen würden und für mich garantiert Nachteile zu erwarten waren.

Inzwischen meldete sich bei mir die Trabantwerkstatt und teilte mit, dass jetzt das Fahrzeug repariert sei und abgeholt werden könne. Eine erkleckliche Summe war zu entrichten, denn bei dem Aufprall war vieles zu Bruch gegangen. Anschließend verkaufte ich das Fahrzeug und teilte das Geld gleichberechtigt auf beide Töchter auf. Während Annett ihren Anteil auf ein Sparbuch einzahlte, kaufte sich Karin im überteuerten Exquisitladen Klamotten, die sie in der BRD tragen wollte. Nach ihrer Übersiedelung stellte sich heraus, dass es sich bei diesen Sachen um Ladenhüter gehandelt hatte, die dort keiner tragen wollte und auch längst aus der Mode waren. So waren diese Sachen nur noch gut für die Kleiderspende!

Inzwischen erfuhren wir von Karin, dass ihre Ehe kriselte. Gerd war schon mindestens anderthalb Jahre in Neustadt mit einer Geliebten liiert, die eine Tochter etwa im Alter von Ivonne hatte. Öfters gab er vor auch an Wochenenden auf Montage sein zu müssen, tatsächlich aber verbrachte er die Wochenenden mit seiner neuen Flamme, die er auch finanziell unterstützte. Eben durch die Kontobewegungen kam Karin ihrem Mann hinter die Schliche. Doch sie hoffte durch die Übersiedelung in die BRD ihre Ehe wieder kitten zu können, da er ja dann von seiner Flamme durch die Zonengrenze getrennt wäre.

Tatsächlich erhielten sie kurz vor Weihnachten 1984 von der Abteilung Inneres positiven Bescheid bezüglich ihrer Ausreise. In solchen Fällen wurden Termine grundsätzlich äußerst kurzfristig übermittelt. Gemeinsam hatten sie noch das Weihnachtsfest bei uns verbracht. An einem Vormittag zwischen den Jahren bei winterlichem Wetter und Glatteis rief Karin mich im Büro an und bat um Abholung für den Transport zum Hauptbahnhof. Natürlich wollte ich, dass Helga zur Verabschiedung mitkommt. Da hieß es, dass würde zu lange dauern, um den vorgegebenen Zug noch erreichen zu können solle ich gleich direkt zu ihr gefahren kommen. Zwei Söhne hatte sie verloren und die große Tochter wollte nun das Land verlassen und auf unbestimmte Zeit würde sie getrennt durch die Staatsgrenze von uns leben. Das wollte und konnte ich Helga in dieser Situation nicht zumuten und bin daher so schnell es ging vom Stadtzentrum erst nach Laubegast gefahren, habe Helga einsteigen lassen und danach bin ich nach Südvorstadt gefahren. Als wir vor Karins Wohnung ankamen stand sie mutterseelenallein mit ihrem Koffer vor der Tür und war verzweifelt, weil Gerd ein Taxi gerufen hatte, mit Ivonne eingestiegen war und sich zum Bahnhof begeben hatte ohne Karin mitzunehmen, nur um sicher den Zug zu erreichen. Sie war den Tränen nahe, was ich in dieser Situation gut verstehen konnte. Wir erreichten kurz vor der Abfahrt noch den Zug und halfen ihr beim Koffertransport und Einstieg. Wenige Minuten später wurde das Abfahrtssignal gegeben. Nur Karin und Yvonne winkten uns noch zu, von Gerd war nichts zu sehen, obwohl Karin beim Einsteigen schon wusste, dass Gerd in diesem Waggon war. Mit sehr gemischten Gefühlen sind wir dann wieder zurückgefahren. Wenn man bedenkt, dass wir als Treuhänder eingesetzt waren, hätte es sich von Gerd gehört, sich wenigstens noch von uns zu verabschieden. Da wussten wir wieder, dass wir nur ausgenutzt wurden und Gerd wie immer ein egoistischer Prolet war!

Auch das Jahr 1985 war geprägt von Arztbesuchen mit Helga. Meine Arbeitskollegen rieten mir dazu, meiner Frau in dieser Situation das Autofahren nicht zu gestatten, da sie zurzeit ein Risiko für den Straßenverkehr sei. Das habe ich auch ganz strikt befolgt, sehr zu Helgas Unverständnis! Einen Nachteil hatte diese Entscheidung: Wer lange nicht am Straßenverkehr teilnimmt wird später beim Fahren unsicher.

Im Mai 1985 fuhr ich mit Helga zum Hochhaus und beendete spontan mein zweites Arbeitsverhältnis bei den Verkehrsbetrieben, um mich mehr um Helga und Annett kümmern zu können. Viel zu spät kam diese Einsicht! Als wir zum Parkplatz gingen regte ich an, doch einmal ins Fischgeschäft auf der Alaunstrasse zu gehen. Wir trauten unseren Augen nicht, denn da gab es Aal zu kaufen. Später wussten wir warum, weil in Westeuropa eine Fischseuche grassierte und daher dort diese Aale unverkäuflich waren. Äußerst preiswert hatte die DDR Fische aufgekauft und an die Bevölkerung verkauft, ohne jeglichen Hinweis auf irgendwelche Gefährdungen beim Verzehr. Beim Zubereiten bemerkte Helga diese Würmer im Inneren des Fisches, entfernte diese und so waren keine negativen Auswirkungen bei uns spürbar.

Vom 23. Juni bis 14. Juli 1985 erhielt Helga eine Kur in Bad Wilsnack. Anschließend wurde sie wegen ihrer Lendenwirbelbeschwerden gleich noch zehn Tage krankgeschrieben.

Das ganze Jahr war eine unendlich bedrückende Zeit!

Die längeren Abwesenheiten und Krankschreibungen von Helga nutzte ich soweit möglich für Zusatzarbeiten nach Gesetzblatt I/35, die ich ja auch zu Hause ausführen konnte. Insbesondere in Schwarzheide erhielten wir jede Menge Aufgaben, so auch zum Beispiel für das Energiekombinat Schwarze Pumpe. Immer mehr wurde ich so eine Art Manager, nahm die Aufträge entgegen, bereitete sie auf und verteilte diese an hochqualifizierten Mitarbeiter. Da der Tag nur 24 Stunden hat passte ich höllisch auf, dass ich mein Stundenlimit pro Tag nicht überzog und bezüglich des Monatslimits glaubwürdig blieb. Um den Seelenschmerz zu betäuben und mich auch von Helgas Zustand abzulenken arbeitete ich wie ein Wilder.

Um wenigstens ein gewisses Äquivalent für meine fleißige Arbeit zu erhalten, fragte ich unter anderen den ach so „freundlichen Kollegen", ob er für Nichtstun eine Menge Geld verdienen möchte. Da er ja (nachträglich wusste ich, dass er auch noch Geld von der Stasi bekam) ein käufliches Subjekt war, stimmte er zu. Auf Nachweisen die ich aufbereitete, wurden geleistete Arbeiten und erbrachte Stunden abgerechnet. Da ich ein separates Konto bei der Sparkasse eingerichtet hatte, wurden die Gesamtbeträge dorthin vom Auftraggeber überwiesen und mir oblag die Verteilung. Dementsprechend zahlte ich den einzelnen Kollektivmitgliedern ihre Anteile aus und übermittelte dann den Auftraggebern die entsprechenden Belege, die Arbeitsleistungen, geleistete Stunden, ausgezahlte Beträge und entsprechende Unterschriften enthielten, sodass man allerseits revisionssicher war. So konnte ich Strohmännern angemessene, meist 50-prozentige Summen, die sie unterschrieben hatten, auszahlen und für meine Leistung einen Betrag erhalten, der leistungsgerechter war als das, was das Gesetzblatt als mickrigen Stundenlohn mir zugestand. Da gute Leistungen erbracht wurden ließ man mich gewähren, denn das war offensichtlich im staatlichen Interesse. Aus heutiger Sicht bin ich davon überzeugt, dass die Stasi alles gründlich abgecheckt und abgenickt hatte.

Natürlich musste auch der Garten in Ordnung gehalten werden. Oft nahm ich sogar meine Arbeit mit in den Garten und erledigte nach getaner Gartenarbeit auf der Terrasse meine Aufgaben, denn Straßenbahndienste waren nicht mehr zu erbringen.

Anstelle des Jahresurlaubs waren nun die Treuhänderpflichten wahrzunehmen. Eine mit Karin und Gerd befreundete Nachbarfamilie war uns behilflich. Auch Annett und André legten sich mächtig ins Zeug, denn Karins Familie hatte nicht im Mindesten vorgesorgt und sich voll auf uns verlassen. Da war nichts eingepackt oder vorbereitet, aber dafür gab es reichliche Vorgaben, was denn alles in die BRD zu übersenden sei. Natürlich war der Zeitplan für die Räumung von den Behörden knapp bemessen, die organisatorischen Hürden jedoch hochgesteckt. Alles musste bruchsicher in Teekisten, die uns von der befreundeten Familie zur Verfügung gestellt wurden, eingepackt und jeweils ein Inhaltsverzeichnis mit Namensbezeichnung und Nummerierung dieser Kisten in achtfacher Ausfertigung erstellt werden. Eine Lagerung des Übersiedlungsgutes kam natürlich nicht infrage, weil ja die Wohnung in kürzester Zeit leer und besenrein zu übergeben war. Eine Zwischenlagerung auf einem Speicher gab es auch nicht, da niemand bereit war derartige Waren zwischenzulagern. Der Abtransport durch eine einzige von der DDR zugelassene westdeutsche Spedition, die auch noch die Zoll-Formalitäten wahrzunehmen hatte, dauerte erfahrungsgemäß ziemlich lange. Das war vom Staat so gewollt, damit der Neuanfang der Übersiedler sich möglichst dornenreich gestalten sollte und oftmals wegen dieser Hürden gar kein Umzugsgut nachgesendet werden konnte und sollte. Da die befreundete Familie jedoch bereit war diese Zwischenlagerung in ihrer Wohnung zu gestatten, konnten wir Kiste für Kiste in diese etwa 20 m entfernte Wohnung aus dem zweiten Obergeschoss dorthin transportieren. Natürlich musste auch der Keller geräumt werden, in dem sich viel

Werkzeug und Material von Gerd befand. Es war eine überaus nervende, zeitaufwändige und kräftezehrende Arbeit! Dann kamen noch die organisatorischen Abläufe zur Bindung des Transportunternehmens einschließlich der Abnahme beim Zoll, bei der man als Treuhänder zugegen zu sein hatte, denn man wurde gegebenenfalls bei Verstößen haftbar gemacht. Auch die Übergabe der besenreinen Wohnung mit Protokollerstellung gehörte dazu. Wir alle waren froh als diese undankbare Aufgabe endlich erledigt war.

Danach war Helga bereit und wir uns einig, dass wir übersiedeln sollten, weil wir in diesem restriktiven System keinerlei Zukunfts-Chancen mehr sahen und nach den letztgenannten Erfahrungen die ganze Gemeinheit dieses Systems kennenlernten. Wer nicht für uns ist-ist gegen uns und wird als Feind behandelt!

Daher teilten wir unter dem Siegel der Verschwiegenheit Annett und André mit, dass wir einen Ausreiseantrag auf Familienzusammenführung wegen dieser Unverschämtheiten stellen werden. Die Kinder waren wie vor den Kopf geschlagen, als wir das eröffneten. Aber wir hatten den Eindruck, dass sie lieber in Dresden blieben und wir wollten alles daransetzen, dass sowohl die AWG Wohnung, die Garagen, als auch der Garten unserer Tochter überschrieben wird, was ja eine wesentliche Verbesserung ihres Lebensniveaus bedeutet hätte. Wir hatten ja nicht aus wirtschaftlichen Gründen das Ausreisebegehren angestrebt, sondern wegen dieses inhumanen Regimes und seiner erbärmlichen Restriktionen.

Wenige Wochen später entschieden sich die Kinder ebenfalls das Land zu verlassen. Was hatten Sie schon zu verlieren! Das Leben in einer baufälligen Bruchbude. Viele ihrer Freunde hatten auch schon Anträge gestellt. Andres Vater war nicht bereit die Kinder in sein Haus aufzunehmen, es könnten ja Enkel kommen und den Windelgestank wollte er sich nicht antun, Egoist der er nun mal immer schon war. Wir hatten schon geplant einen gemeinsamen Ausreiseantrag zu stellen, aber die Familiendefinition der DDR ließ das nicht zu. Also wurde beschlossen baldmöglichst zu heiraten, damit jeweils ein gesonderter Antrag auf Familienzusammenführung zustande kommen konnte. Da wurde schon mal erwogen, ob Hofmann als gemeinsamer Name für die Eheschließenden infrage kommt, um die gemeinsame Ausreise der Familien zu unterstreichen, was schließlich verworfen wurde, weil unerheblich.

Annett und André teilten uns mit, dass die standesamtliche Trauung am 1. Februar 1986 festgeschrieben war.
Natürlich luden wir rechtzeitig ihre Schwester Karin zu diesem Termin ein. Noch ca. eine Woche vor dem Hochzeitstermin teilte Karin uns mit, dass die DDR-Behörden ihr die Einreise verweigerten. Das hatten wir erwartet und es erzürnte uns gewaltig. Was erdreistete sich eigentlich dieser Staat, die Schwester nicht zur Hochzeit ihrer Schwester besuchsweise einreisen zu lassen. Damit war das Maß voll! Wenn der Staat bestimmt wer uns besuchen darf und wer nicht, insbesondere zu einem so

einmaligen Anlass, dann wollten wir bestimmen wo wir wohnen wollen. Jedenfalls nicht mehr in diesem sogenannten „Arbeiter und Bauernstaat" von Russlands Gnaden, regiert von gewissenlosen Bonzen.

Den Polterabend feierten wir auf der Grundstraße in der baufälligen Wohnung und doch war es ein stimmungsvoller Abend mit zahlreichen Gästen und mit viel Spaß.

Zum Standesamt fuhren André und Annett mit ihrem Saporoshez. Wieder einmal machte ich mich als Fotograf erbötig und noch einmal blamierte ich mich kräftig. Was mir schon bei der Verlobung passierte wiederholte sich auf dem Standesamt. Foto über Foto machte ich und oh Schreck wieder war kein Rollfilm im Apparat und viel zu spät bemerkte ich es. So etwas kommt eindeutig von zu vielem Stress! Nur gut, dass ich nicht der einzige Fotograf war.

Das Mittagessen nahmen wir im Hubertusgarten in Bühlau ein. Die Kinder hatten sowohl das Restaurant für die Mittagsmahlzeit, als auch für den Nachmittag selbst organisiert und sogar genügend Geld mitgebracht, weil keinerlei Absprache, Mitwirkung oder Unterstützung mit dem Vater des Bräutigams zustande kam. Helga und ich hatten eine Hochzeitszeitung erstellt und Andres Vater lieferte einen einzigen spärlichen Beitrag auf einem Handzettel dazu. Erst als die gesamte Zeche für die Mittagsmahlzeit zu Buche stand, konnten wir uns in letzter Sekunde auf eine Kostenteilung mit Andres Vater auch für den Abend einigen. Nach der Mittagsmahlzeit fuhren wir in die Wohnung auf der Grundstraße um die Zeit zu überbrücken. Die Kinder hatten sich da einiges einfallen lassen was Unterhaltung und Bewirtung betraf. Eigentlich hätten sie das nicht so planen müssen, wenn nur eine vernünftige Kommunikation zwischen den jeweiligen Eltern hätte stattfinden können. Außer großen Sprüchen von der Gegenseite konnte ich gar nichts Substanzielles erreichen.

Die Hochzeit war für mich äußerst stressig, weil ich der Taxichauffeur für die Brautgäste war und viele Personen zu transportieren hatte. Außerdem stellte ich nachmittags meine JVC-Musikanlage zur Verfügung und bediente diese. Nachmittags hatte ich aber zum Fotografieren Rollfilme parat! Wir hatten den Eindruck unter Beobachtung zu stehen, was sicherlich der Fall war! Es war trotzdem eine gelungene Hochzeitsfeier und am Schluss hatte ich zuerst das Brautpaar heimgefahren und danach jede Menge weiterer Brautgäste. Heiner, der Gatte von Andrés Schwester, arbeitete nebenberuflich als Taxifahrer und hätte leicht behilflich sein können, dachte aber nur an sich und überließ sogar am Ende seine Schwiegereltern ihrem Schicksal. Lange, lange mussten sie warten bis auch ein Taxi für sie zur Verfügung stand. Leider war es in der DDR äußerst schwierig ein Taxi zu bekommen, weshalb ich diese Dienstleistung übernehmen musste, damit es nicht ein Desaster würde. Als ich meine JVC-Musikanlage einpacken wollte, war kaum noch etwas zu hören. Während meiner Taxifahrten hatte man das sogenannte Deutschlandlied „Guten Morgen Deutschland" so laut aufgedreht, dass die Anlage in die Knie ging. Durch nachträgliches Einlöten von 2 Widerständen konnte ich die Anlage später wieder flottmachen.

Am 11.Februar 1986 wurde ich mit der Medaille für treue Pflichterfüllung in der Zivilverteidigung der DDR in Bronze ausgezeichnet. Genau an diesem Tag hatte ich unseren Ausreiseantrag in den Briefkasten eingeworfen.

Ab Erhalt dieses Antrages waren wir zu Staatsfeinden geworden und dementsprechend behandelte man uns auch!

3.2 Bearbeitungszeiträume unseres Ausreiseantrags 1986-89

Noch im Februar 1986 wurden wir zur Abteilung Inneres in Dresden Blasewitz einbestellt. Zu unserem großen Erstaunen war auch mein Abteilungsleiter zugegen, jener Bauingenieur der früher bei der Waffen-SS war. Gleich zu Anfang stellte der Beamte fest, dass mein Abteilungsleiter, Herr S., ab sofort unser "Betreuer" sei. Was man in der DDR unter Betreuer zu verstehen hatte war sinngemäß genau das Gegenteil von dem was das Wort eigentlich beinhaltete. Wie immer in der DDR war das ein ausgeklügelter Etikettenschwindel. In Wahrheit bedeutete dies, dass der sogenannte Betreuer, staatlich eingesetzt, möglichst die Antragsteller zur Aufgabe ihres Anliegens bringen sollte und der Behörde Bericht zu erstatten hatte. Damit war mein Abteilungsleiter grundsätzlich für mich enttarnt. Wir wurden belehrt, dass ein DDR-Bürger nicht antragsberechtigt ist, wenn er das Ansinnen hat den Staat verlassen zu wollen. Das widerspricht zwar den auch von der DDR unterschriebenen internationalen Regeln der Genfer Konvention von 1966, wurde trotz unseres Hinweises darauf jedoch ignoriert. Da wir auf Familienzusammenführung plädierten und die vorangegangenen Schicksalsschläge offensichtlich bekannt waren, stellte man uns in Aussicht dem Ausreisebegehren gegebenenfalls Rechnung tragen zu wollen. Es könnte sein, dass zu damaliger Zeit von der Abteilung Inneres die Möglichkeit in Betracht gezogen wurde, dass ein Freikaufen durch die BRD im Hintergrund von uns über Tochter Karin initiiert wurde.
Auch Annett und André wurden ebenfalls belehrt, dass sie nicht antragsberechtigt sind und keinerlei Familienzusammenführung infrage komme.

Als wir im Mai 1986 von uns aus die Abteilung Inneres aufsuchten um höflich den Bearbeitungsstand abzufragen, war nun die Reaktion eine völlig andere. Harsch wurden wir wie lästige Bittsteller zurechtgewiesen. Unmissverständlich machte man uns klar, nicht antragsberechtigt zu sein und keine Bearbeitung unseres Ansinnens vorzunehmen.
Darauf entschloss ich mich meine Leitungsfunktion niederzulegen, um wertloser für das System zu werden. Mit Wirkung vom 01.06. 1986 wurde im Änderungs-Arbeitsvertrag vom 24. Juli 1986 bei gleichem Lohn eine Rückstufung als Leitprojektant vorgenommen. Natürlich beendete ich auch meine Mitgliedschaft in der Zivilverteidigung. Von da an begannen die nadelstichartigen Bösartigkeiten dieses Systems sich wirkungsvoll zu entfalten.
Insbesondere auf Helgas Arbeitsstelle wurde massiv gegen sie in gemeinster Weise vorgegangen, denn sie war das schwächste Glied unserer Familien, da sie durch die Todesfälle ihrer Söhne mental und gesundheitlich besonders angeschlagen war. Vor der Antragstellung wurde sie in der Gebäudeverwaltung als das beste Pferd im Stall bezeichnet, nach der Antragstellung definierte man genau das Gegenteil. Um Kosten zu sparen war es in den Firmen üblich, dass die Mitarbeiter ihre Räume selbst reinigten, natürlich außerhalb der Arbeitszeiten. Ihr wurde Drückebergerei und

Schluderei unterstellt, wobei sie diese Arbeiten nur unter Schmerzen ausführen konnte. Auch in meiner Arbeitsstelle galt diese Regelung, doch wir nutzen die Frühstückspause für diese Arbeiten und es gab keinerlei Probleme diesbezüglich in unserem Gruppenkollektiv. Solange ich noch nebenberuflich tätig und dem neuen Gruppenleiter bei der Einarbeitung behilflich war hielten sich in meinem Fall diese Gemeinheiten noch in engen Grenzen. Vermutlich gingen die DDR Behörden davon aus, dass der Initiator für diesen Antrag meine Frau sei, weil es ja eine Familienzusammenführung zu ihrer Tochter war. Vermutlich hoffte man, wenn man sie nervlich fertigmacht, dass ich sie dann zum Rückziehen des Antrags bewegen würde, da man einen wertvollen Mitarbeiter nicht verlieren wollte. Auf eine weitere Schilderung oder gar Aufzählung all dieser mobbingartigen Gemeinheiten insbesondere gegenüber meiner Frau möchte ich in diesem Buch verzichten, da man sich leicht ausmalen kann welche Möglichkeiten zu Gebote standen und heute noch bei Mobbing angewendet werden.

Da nach dem Tod von Thomas die Hausärztin eine Überweisung zu einer Psychiaterin vornahm, damit Helga ihren Seelenschmerz besser verarbeiten konnte, war sie dort längere Zeit in Behandlung. Genau an diesem Punkt setzte die Staatssicherheit an. Wahrscheinlich erhielt diese Ärztin von der Stasi eine definitive Aufforderung eine Einweisung in eine psychiatrische Klinik vorzunehmen. Von der Saunaschwester bekamen wir einen Wink, in diesem Punkt auf der Hut zu sein. Genau das wurde von der Ärztin befolgt und ich legte mein definitives Veto ein. Uns beiden war klar, wenn sie einmal in dieser Klinik landete, würde sie nie wieder herauskommen, denn dafür würden schon die staatlichen Organe sorgen! Die psychiatrische Behandlung brachen wir sofort ab. Nur so konnten wir verhindern, dass die Rechnung der Stasi aufging.

Regelmäßig sind wir in kurzen Zeitabständen zur Abteilung Inneres gegangen und machten immer wieder auf unseren Antrag aufmerksam und berichteten über die uns angetanen Gemeinheiten, die man sich anhörte, vermutlich intern als Bestätigungsbericht zur Kenntnis nahm und das war es. Es waren immer viele Familien, die dort im Warteraum saßen, deshalb lange warten mussten und genervt mit langen Gesichtern aus dem Besprechungsraum wieder herauskamen. Ihnen ging es wie uns, sie wurden hart attackiert und ergebnislos fortgeschickt, meist mit der Aussage, dass sie nie das Land verlassen dürften, um sie mürbe zu machen.

Inzwischen ergab sich ein engerer Kontakt mit der Familie (Rainer und Sieglinde), die uns bei der Treuhänderschaft geholfen hatte. Auch sie waren Antragsteller mit dem Ziel einer Familienzusammenführung. Siegis Mutter war Rentnerin, durfte offiziell einmal im Jahr in die BRD reisen und heiratete in Hannover einen Rentner, erwarb somit die BRD-Staatsbürgerschaft. Ab und an traf man sich, tauschte sich bezüglich der Reaktionen bei der Abteilung Inneres aus. Da Siegi sehr clever und geschäftstüchtig war, konnte sie uns beim Beschaffen von Mangel-Artikeln behilflich sein.

Nach und nach wurden wir mit der gesamten Familie und deren Freundeskreis bekannt.

So lernten wir auch eine Frau Dr. Sch., Kunsthistorikerin an der TU Dresden, kennen. Wie Sie in diesen Kreis hineingeraten ist, war und ist mir nicht bekannt. Helga kam mit ihr ins Gespräch. Dabei ergab sich, dass sie als Alleinerziehende ihre einzige Tochter vergötterte, selbst aber Angst vor einer Krebsdiagnose beim nächsten Arztbesuch hatte. Da Helga einmal bei einer Kartenlegerin war, eine ziemlich exakte Zukunftsorientierung erhielt, dabei gut aufpasste, wie diese Kartenlegerin vorgegangen war, hatte sie später sich selbst und mir die Karten gelegt. Nach über zwei Jahrzehnten muss ich feststellen, dass sowohl die Zukunftsaussagen der Kartenlegerin, als auch ihre eigenen nahezu 100 %ig eingetroffen sind. Trotzdem glaube ich grundsätzlich nicht an Kartenprophezeihungen, bin aber in diesem Punkt verwundert, welche Zufälligkeiten es manchmal so gibt.
Helga machte sich erbötig Frau Dr. Sch. diesbezüglich die Karten zu legen mit dem Ergebnis, dass keine positive Krebsdiagnose zu erwarten sei. Auch das traf ein! Zu diesem Zeitpunkt wussten wir nicht, dass diese Frau für die Staatssicherheit arbeitete und offensichtlich in Siegis Familie eingeschleust wurde.

Durch Siegi erhielten wir auch eine Adresse einer Familie in Pinnow in Mecklenburg, die ein Grundstück mit exzellentem Bungalow an einem kleinen See besaßen, den sie zu einem erschwinglichen Preis wochenweise vermieteten. So hatten wir die Möglichkeit in Ostseenähe Urlaub machen zu können.

Bezüglich der nebenberuflichen Tätigkeiten sah ich keinen Grund mehr mich für dieses DDR-Geld aufzureiben, da ich ja das Land verlassen wollte. Daher löste ich bei der Sparkasse in Dresden-Strießen das Konto total auf. Interessant war dabei die Reaktion der Sparkassenangestellten, die in einer zynischen Bemerkung gipfelte und mir klarmachte, dass auch hier die Stasi ihre Randbemerkungen schriftlich hinterlassen hatte. An weiteren Aufträgen hatte ich kein Interesse. Mehr Freizeit war das Resultat und ich nutzte sie zur Vorbereitung auf mein neues Leben.
Ein Besuch im Rechenzentrum wurde mir nicht mehr gestattet, um im Displayverfahren Anlagen-Bestandteile zu berechnen. Auch einen Computerkurs in der Volkshochschule verwehrte man mir.
Außerdem waren mir das Vervollkommnen meiner Englischkenntnisse und das Erlernen einer weiteren Fremdsprache wichtig. Auch hier bemerkte ich den negativen staatlichen Einfluss. In der Firma hatte ich noch vor der Antragstellung im Rahmen der Weiterbildung der sogenannten Führungskader einen Englischkurs belegt. Bei der obligatorischen Prüfung des Sprachenkenntnisstandes wurde mir eröffnet, dass ich erst ein Jahr später einsteigen sollte, damit in etwa der gleiche Level bei allen Teilnehmern vorhanden sei. Dagegen war nichts einzuwenden. Als ich nun nach meiner Antragstellung in den Kurs wieder einsteigen wollte, wurde mir das verwehrt, weil angeblich keine freien Plätze mehr vorhanden waren. Daraufhin

bewarb ich mich bei der Volkshochschule zum kostenpflichtigen Abendkurs in Englisch für Fortgeschrittene. Auch hier erhielt ich einen abschlägigen Bescheid mit der gleichen Begründung. Gerne hätte man mir auch noch den Spanischkurs für Anfänger verwehrt, da aber so wenige Kurs-Anträge vorlagen, musste man mich in den Anfängerkurs aufnehmen. Seit einiger Zeit wurden Vorhaben in der Firma auch für das sozialistische Kuba bearbeitet. Zu Fachkonsultationen und Vorort-Besichtigungen durften nur ausgewählte Genossen nach Kuba fliegen, denn in Kanada wurde in Genter zwischengelandet, wo man hätte um Asyl bitten können. Außerdem wollte ich mit den Kubanern bei Gegenbesuchen in der DDR spanisch sprechen, um zu testen welche Fortschritte ich in der Verständigung erreicht hatte. Erst nachdem ich massiv bei Inneres bezüglich dieser Englisch-Kurse intervenierte, wurde mir ein Jahr später der kostenpflichtige Abend-Schulkurs zugestanden.

Um zu entspannen nutzten wir erstmals den Bungalow in Pinnow. Die Vermieter waren sehr freundliche Leute und wir haben uns 1986 dort sehr wohl gefühlt und einen entspannten Urlaub verbracht, was dringend notwendig war.

Etwa ein reichliches Jahr nach unserer Antragstellung eröffnete uns bei einem Besuch der Abteilung Inneres ein älterer Mitarbeiter, dass es sein könne, dass wir das Weihnachtsfest gemeinsam mit unserer Tochter Karin noch im Jahr 1987 verbringen könnten. Natürlich waren wir danach sehr hoffnungsvoll.

Da ich etwa ein Jahr nach unserer Übersiedlung ein Verfahren gegen die Leiterin der Abteilung Inneres eröffnen wollte und einen Rechtsanwalt in Darmstadt einschaltete, der aber wenig Ahnung hatte und nur Geld kostete, wie sich später herausstellte. Ich wurde zur Kripo Darmstadt einbestellt und erhielt einige Unterlagen aus Dresden zur Einsicht, aus denen ersichtlich war, dass tatsächlich die Abteilung Inneres Dresden 1987 unserer Ausreise zugestimmt hatte, jedoch die übergeordnete Instanz in Berlin dies strikt ablehnte. Daher riet man mir in einer aussichtslosen Sache kein weiteres Geld zu investieren, was richtig war und von mir befolgt wurde.

Beim nächsten Besuch in der Abteilung Inneres wurden wir von zwei jungen Beamten regelrecht abgebügelt. Nie würden wir das Land verlassen dürfen! Eine Antragstellung gibt es nicht. Richten Sie sich darauf ein für immer in der DDR bleiben zu dürfen, wurde uns in harschen Worten gesagt. Wieder einmal kamen wir uns regelrecht verarscht vor, von den Hintergründen der Berliner Entscheidung konnten wir ja nichts ahnen.
Gesundheitsförderlich war diese ablehnende Entscheidung insbesondere für Helga keineswegs, zumal das Mobbing in ihrem Betrieb immer heftiger wurde. Ihr unmittelbarer Vorgesetzter namens Roland M., ein äußerst intelligenter TU-Absolvent, dessen Vater ehemals Fabrikbesitzer war, wurde aus anderen Gründen auch gemobbt und schließlich durch fiese Intrigen seines Postens enthoben.

Vorher hatten wir noch einen gemeinsamen Urlaub (er und seine Freundin, Helga und ich) in Stiege im Harz in einer betrieblichen Unterkunft recht harmonisch verlebt.

Diesen Mobbingdruck und seine unberechtigte Rückstufung vom Posten des Bereichsleiters konnte Roland M. nicht verkraften. Wir waren wie vor den Kopf geschlagen, als wir hörten, dass er sich das Leben genommen hatte. Der wahre Verursacher für diesen Suizid war der spätere Bereichsleiter G., der sich als ein Teufel in Menschengestalt entpuppte. Seitdem verstärkte sich der Druck auf Helga immens!

Jeden Abend machte ich eine größere Joggingtour bis nach Meusslitz oder Tschieren und zurück, um die Gemeinheiten des Tagesgeschäfts auch in meinem Betrieb abzuarbeiten und das innere Gleichgewicht zu behalten.

Das half mir immens bei der Stressbewältigung.

Interessant war die kurzfristige Bewilligung meines Telefonantrages. So schnell wie wir einen Telefonanschluss erhielten, musste das einen Hintergrund haben. Natürlich baute man uns in das Telefon eine Wanze ein und konnte so alles mithören, nicht nur während des Telefonats, sondern alles was in der Nähe des Telefons gesprochen wurde.

Einen Vorteil hatte es aber, wir konnten Kontakt mit Tochter Karin aufnehmen, wenn auch die Anmeldung des Gespräches nachts um 4:00 Uhr stattfinden musste, um etwa 4 Stunden später eine Verbindung zu bekommen. Beim Hörerabnehmen begrüßten wir immer erst die Herrschaften von der Staatssicherheit, ehe wir dann das Gespräch fortsetzten. Umgekehrt konnte uns Karin jederzeit anrufen. Jedes Gespräch wurde mit Sicherheit mitgeschnitten.

Im September 1987 musste Helga Ihr Arbeitsverhältnis kündigen. Sie war den Gemeinheiten in diesem Betrieb nicht mehr gewachsen, ein Schwerbehindertenausweis war ihr in der DDR aus Gesundheitsgründen ausgestellt worden, weshalb sie ihr Arbeitsverhältnis beenden konnte.

Beim nächsten Besuch in der Abteilung Inneres wäre Helga beinahe verhaftet worden, da sie ihre Nerven nicht mehr im Zaum halten konnte und einige bittere Wahrheiten offerierte. Die Beamtin griff unter die Theke und sagte: „noch ein Wort und ich lasse sie abführen!"

Inzwischen stellte auch unser Balkonnachbar Martin einen Ausreiseantrag. Seine Ehe war in die Brüche gegangen. Es hat gar nicht lange gedauert wurde ihm seine provokative Art zum Verhängnis und er gelangte in das Stasi-Gefängnis auf der Bautzener Straße (jetzt Gedenkstätte an der Angelikastraße). Was er hier alles erleiden musste berichtete er später, als wir uns in Siegen in der BRD trafen.

Bei Siegi lernten wir auch einen freundlichen jungen Mann und dessen Freundin kennen, an deren späterer Hochzeit wir auch teilnahmen. Herr B. etwas simpel, aber gutmütig, war bereit für Siegi und Rainer als Treuhänder nach der Übersiedelung zu fungieren. Siegi bat mich den Treuhänder nach Kräften zu unterstützen, weil sie wusste, dass er diese Unterstützung dringend nötig hatte. Da er an Wochenenden als Kellner auf einem Schaufelraddampfer zusätzlich Geld verdiente, nahmen wir seine Einladung doch mal mitzufahren an. So sind wir dann bis Usti nad labem (Aussig an der Elbe) gefahren und halfen beim Geschirrabräumen. Abends übernachteten wir in einem billigen Hotel wo uns die schlechte Luft, bedingt durch die umliegende Industrie, besonders unangenehm auffiel. Am folgenden Tag fuhren wir dann wieder nach Dresden zurück. Gekostet hat uns das keinen Pfennig. Unterwegs genossen wir noch einmal intensiv die schöne Landschaft. Interessanterweise war auch eine Gruppe Stasi-Mitarbeiter auf dem Schiff. Das war unschwer zu erkennen, prahlte doch einer von der Zeit als er im USA-Staat Oregon tätig war. Ein anderer versuchte sich im Schwyzer Deutsch. Das konnte ich nämlich beim Geschirrabräumen alles gut mitverfolgen.

Trotz der nervenden Ablehnungsargumente sind wir regelmäßig zur Abteilung Inneres gegangen um immer wieder klarzumachen, dass wir von unserem Ausreisebegehren nicht ablassen wollen.

Auch 1987 sind wir nach Pinnow in den Bungalow am See gefahren und nahmen Martins neue Flamme Elke mit. Annett und André besuchten uns dort an einem Wochenende mit ihrer Katze und wir hatten wieder eine schöne Zeit. Solche Höhepunkte braucht der Mensch um die Bosheiten der anderen verdauen zu können und wieder neue Kraft zu schöpfen. Auch der Vermieter zeigte sich von seiner besten Seite und spendierte uns drei Räucheraale. Welch ein himmelweiter Unterschied, wenn ich da an die Wirtsleute in Zingst denke!

Andre hatte vor der Antragstellung als Bäcker gearbeitet und wollte mal was Anderes kennenlernen und nahm eine Anstellung in einer Eisbar an, um den Eisschein zu erwerben. Parallel hierzu nahm er an einem Lehrgang teil, um sich zum Bäckermeister zu qualifizieren. Bis zur Antragstellung hatte er den A-Teil des Meisterlehrgangs erfolgreich absolviert. Nach der Antragstellung wurde die Weiterführung dieses Lehrgangs im B-Teil verwehrt, weil man in einen Menschen der das Land verlassen will kein Geld investieren wollte.
Um sich wertloser zu machen kündigte er nach einiger Zeit und war danach als Verkäufer in einem privaten Fischgeschäft tätig (Fische gab es kaum, außer manchmal Salzheringe aus dem Fass).
Annett wurde zu einem internen Gespräch in die Produktionsgenossenschaft des Friseurhandwerkes einbestellt. Ihr wurde die Wichtigkeit ihrer Arbeit für die Volkswirtschaft und der damit verbundenen Unmöglichkeit jemals eine Ausreise in die BRD genehmigt zu bekommen vor Augen geführt. Bei Annett saßen sehr oft

Stasi-Mitarbeiter zum Frisieren auf dem Stuhl und verwickelten sie in provokative Gespräche und verrieten sich oft durch ihre Detailkenntnisse in der Argumentation.

Um sich ebenfalls wertlos zu machen kündigte sie 1987 bei der Friseur-PGH und verdingte sich bei Andres Vater, der ein Lottogeschäft betrieb, als Verkäuferin. Ihre Arbeitskraft nahm er gern in Anspruch, einen Lohn gab es jedoch bei ihm nicht.

Deshalb verdingte sie sich als Fischköchin beim gleichen privaten Fischhändler, bei dem auch Andre tätig war. So erhielt sie wenigstens einen kleinen Arbeitslohn mit Versicherungsschutz. Obwohl es kaum Fisch gab, erstellte dieses privat geführte Fischgeschäft die leckersten Salate, die von Annett zubereitet wurden - lange Schlangen wartender Kunden sorgten für gute Umsätze des Geschäftes.

Helgas Schwester Ursula war mal mit einem in der EDV-Branche arbeitenden, sehr systemkonformen Mann verheiratet, der äußerst verbohrt in der DDR – Ideologie verhaftet war. War er mit zu Besuch, konnten wir bei Festlichkeiten meistenteils nur singen, weil Gespräche wegen seiner idiotischen Ansichten und der Anzeigemöglichkeit sinnlos und gefährlich waren. Da er häufig fremdgegangen war, trennte sich dann Helgas Schwester von ihm. Später lernte sie dann einen älteren Diplom-Ingenieur kennen, SED – Parteigenosse und Abteilungsleiter, der sich als informeller Mitarbeiter der Staatssicherheit entpuppte. Als die Ausreisewilligkeit der DDR-Bürger immer mehr zunahm wurde auch er ein „Betreuer" für Antragsteller wie mein Abteilungsleiter. Eines Tages wurden wir zu einem Besuch eingeladen, es gab gutes Bier und gesprächsweise gab er vor mit diesem System auch nicht einverstanden zu sein und gern nach Südafrika ausreisen zu wollen. All das war von seiner Seite eine Show um Informationen aus uns herauszukitzeln. Natürlich konnte er auch Westfernsehen schauen, da es in dieser Wohnlage möglich war. Helga und ich waren aber auf der Hut und haben da nichts Verwertbares preisgegeben.

Inzwischen gelangte ich in den Spanischkurs für Fortgeschrittene. Eine Chilenin (Muttersprachlerin) unterrichtete uns. Da ich sehr wissbegierig war und fleißig lernte, machte ich auch gute Fortschritte und erntete beim Abschluss Note 1.

Als die Kubaner wieder einmal in Dresden waren wollte ich nun meine Spanischkenntnisse anwenden. Kaum hatte ich ein paar spanische Worte mit den Gästen gewechselt wurde mir strikt verboten weiter Spanisch zu sprechen. Die Dolmetscherin versicherte, dass ich nichts Ungewöhnliches gesprochen hatte und es nur Höflichkeiten waren die ich austauschte. Daher musste ich den Raum nicht verlassen, zumal meine Fachkenntnisse gefragt waren. Gefreut hatte mich, dass ich sehr gut verstanden wurde. Über die Kleinlichkeit dieser verunsicherten Funktionäre wunderte ich mich dagegen nicht!

Inzwischen begann mein Englischkurs für Fortgeschrittene. Viele „ROTE Socken" saßen um mich herum. Verwundert war ich, als der Lektor in der ersten

Unterrichtsstunde eine russische Zeitung vor der Nase (Komsomolskaja Prawda), uns in perfektem Russisch vorlas. Nach etwa 5 Minuten las er weiter, aber nun im fließenden Englisch. Da war mir klar, hier ist wieder ein „Showmaker" zugange. Dieser Mann war beim Auslands-Geheimdienst tätig gewesen und in seinem Fach brillant. Natürlich wusste er ganz genau wer ich bin und was es mit mir auf sich hat. Nach meiner Einschätzung war er ein Vertreter der Perestroika und glühender Anhänger von Gorbatschow. Mir gegenüber hat er sich stets fair verhalten und bei ihm habe ich auch eine Menge gelernt. So konnte man Themen frei wählen und in Englisch zum Beispiel über Umweltschutz oder anderes Aufsätze schreiben. Irgendwann hatte ich im Rahmen einer schriftlichen Englischarbeit ihm mitgeteilt, dass ich ihn enttarnte und wisse mit wem ich es zu tun habe. Zu meinem großen Erstaunen kamen wir in einer Pause etwas abseits in ein sehr vertrautes Gespräch und von ihm erfuhr ich, dass große Umwälzungen im Gange seien, was ich ihm aber nicht glauben wollte. Nach meiner damaligen Meinung unterstellte ich ihm, dass er mich umdrehen wollte. Am Ende des Semesters schloss ich auch mit einer glatten Note 1 ab.

1988 wurde Martin direkt in die BRD abgeschoben. Seinen bei der Mutter wohnenden ältesten Sohn Mario unterstützten wir, da er unbedingt auch zu seinem Vater wollte. Gedankt hat er uns das nie.

Auch mein Studienkamerad Dietmar hatte einen Antrag auf Familienzusammenführung gestellt (er wollte zu seinem in der BRD lebenden Vater). Auch er durfte mit seiner Familie 1988 das Land verlassen. Brieflich waren wir noch in Kontakt und er teilte mir mit, dass er wegen seiner Überqualifizierung (er hatte seine Promovierung beim VEB Luft und Kältetechnik absolvieren können) Schwierigkeiten bei der Jobsuche hatte.

Das Mobbing gegen uns Ausreisewillige ging munter weiter. Man hatte das Gefühl „vogelfrei" für jedermann zu sein. Ein Mann in der Nachbarschaft beschimpfte mich als Nazi. Bei jeder Provokation musste man aufpassen, dass daraus nicht eine weitere Verlängerung unserer Wartezeit durch beispielsweise eine gerichtliche Untersuchung die Folge wäre. Außerdem war klar, wer in diesem System dann recht bekäme.

Mit Siegi sind wir mehrere Male in die CSSR gefahren, vorzugsweise nach Most (ehemals Brüx), weil es dort ein Hallenbad mit Freischwimm-Becken gab und wegen der Luftverschmutzung das Warenangebot besonders gut war, insbesondere was das Obst betraf. Dort hatte ich zum ersten Mal Kiwis gesehen und kaufen können. Unangenehm waren immer die Grenzkontrollen, natürlich auf der DDR-Seite.

Noch einmal sind Helga und ich 1988 nach Sliač in den Urlaub gefahren und wurden wie immer freundlich aufgenommen. Wir sind viel in das Freibad gefahren, denn Erholung unserer Nerven war oberstes Gebot. Es war schon etwas eigenartig, wenn ich im Bad Spanisch lernte und parallel im Russisch/Slowakischen-Mischmasch mich mit meiner Umwelt verständigte.

Eines Abends kam ich mit unserem Wirt, der kein Wort Deutsch verstand, in ein längeres Gespräch. Bei dieser Gelegenheit erfuhr ich eine Menge über die russische Politik und über Breschnew und seinen Clan. Bei dieser Gelegenheit teilte er mir mit, dass es ganz in der Nähe einen Ort namens Nemecka gibt in dem 1944 eine Menge slowakischer Partisanen lebendigen Leibes in Kalköfen geworfen worden sind. Diese Untat wurde natürlich der SS zugeordnet. Er jedoch als Augenzeuge versicherte mir, dass keineswegs die SS dort zugange war, sondern slowakische Faschisten für dieses Verbrechen verantwortlich sind.
Öfters besuchten ihn sowjetische Offiziere mit denen er uns bekannt machte. Das hatte für uns dann den Vorteil, dass wir im Russenmagazin einkaufen durften. Da gab es Raritäten an Südfrüchten und ähnlichem, die man auch für tschechische Kronen kaufen konnte.

Auch nach Brusno-kupele sind wir besuchsweise gefahren und erlebten auch dort eine äußerst großzügige Gastfreundschaft. Als wir eröffneten, dass wir in absehbarer Zeit in die BRD übersiedeln werden, meinte der Gastgeber, dass wir uns wohl nie wiedersehen werden, was ich aber verneinte.
Recht hat er behalten, denn ab da stand uns die Welt offen.

Da der Schwarzmarktkurs der DDR-Mark zur D-Mark immer ungünstiger wurde und man auch nie wusste, ob man ein Ausländer-Devisenkonto nach Abgabe der DDR-Staatsbürgerschaft aus Zeitgründen im Staatenlosen Zustand einrichten konnte, wurde geraten doch auch in Sachwerte zu investieren, um sie dann in der BRD wieder zu verkaufen.
Hätte ich nur nicht auf diese Ratschläge gehört!
Die Kunstexpertin, Frau Dr. Sch., bot mir ein Meißner Kaffeeservice zum Preis von 10.000 DDR-Mark an. Da sie ja Expertin war und sich in dieser Familie bewegte, argwöhnte ich nichts Böses und vertraute ihrem Kunstverstand. Vorsichtshalber gab ich einem anderen Experten nach dem Kauf die Gelegenheit diese Ware einzuschätzen. Was ich da zu hören bekam war eindeutig Betrug. Sie hatte mir vierte Wahl angedreht und nicht einmal alles passte zueinander. Danach war es äußerst schwierig mit ihr überhaupt noch in Kontakt zu kommen. Sie verarschte mich nach allen Regeln der Kunst und ich hatte den Eindruck, dass sie sich nicht nur selbst bereichert hatte, sondern auch in Absprache mit der Stasi handelte. Dieser Eindruck war 100 % richtig. Was habe ich nicht an Nerven zugesetzt diesen Kauf rückgängig zu machen. Natürlich weihte ich Rainer und Sieglinde ein. Erst dann wurde es Ihnen klar, mit wem sie es da zu tun gehabt hatten. Erst als ich zum Äußersten bereit war und dieser Frau Dr. sagte, dass ich ihr das Liebste was sie hat, nämlich ihre Tochter, nehmen werde und mir alles egal sei, lenkte sie ein. Offensichtlich traute sie mir einen Mord zu, denn ich hatte keinen Zweifel mehr daran gelassen. Nur konnte sie diese Morddrohung nicht nachweisen. Bei der Geldübergabe und Rückgabe ihres

tollen Porzellans nahm ich das Bündel Geldscheine ohne zu zählen. Sie hatte dann noch die Frechheit zu sagen, wie dämlich ich sei, dass ich doch dieses Porzellan überhaupt gekauft hätte, da doch vieles so offensichtlich zu sehen gewesen wäre. Wenn Sie gewusst hätte, dass ich nicht nachzähle, hätte sie den Betrag kleiner gehalten. Da habe ich sie nur angeschaut und ihr gesagt wie erbärmlich sie sei.

In dieser Zeit floss der Golfstrom durch die DDR, d. h. aus der BRD wurden Golf-PKWs und einige andere West-Autotypen in die DDR exportiert. Funktionäre, verdiente Genossen, informelle Mitarbeiter der Stasi, gut Verdienende, wie zum Beispiel unser Fleischermeister bei dem Thomas sich zu Tode gearbeitet hatte, durften sich diese Importwagen kaufen. Siehe da, auch Frau Dr. Sch. durfte sich später einen VW Golf kaufen.

Rainer und Siggi wollten ihre Kinder taufen lassen und fragten, ob wir Pate sein wollen. Das setzt aber voraus, dass wir Kirchenmitglieder sind. Daher bin ich nach Laubegast zu einem Kirchengewaltigen gegangen und wollte wissen, inwieweit es möglich wäre als Pate zu fungieren. Was dieser „fromme Kirchenbeamte" erläuterte, war ein einziger Skandal. Es ging nur ums Geld. Für viele Jahre sollte ich nachzahlen ohne Wenn und Aber. Irgendwann bin ich auch auf das Thema christliche Nächstenliebe gekommen und habe ihm gesagt, dass ich auch jahrelang von der Kirche keine Gegenleistung erhalten habe und warum ich denn für eine Nullleistung bezahlen soll. Mein Angebot war der Wiedereintritt und ab da die Zahlung der Kirchensteuer. Da ging aber kein Weg rein. Als ich merkte, dass er nur auf die hohe Geldnachzahlung aus war und mein Patenamt ihn überhaupt nicht interessierte, sagte ich ihm, dass ich als Atheist mehr christliche Nächstenliebe in mir habe als er und dass er sich schämen sollte. Dann musste ich gehen, sonst hätte ich mich vergessen.

Sieglindes Mutter war natürlich zur Kindtaufe auch da. Bei dieser Gelegenheit übergab ich ihr mein gesamtes inzwischen zum Schwarzmarkt-Kurs von eins zu sechs und eins zu acht umgetauschtes Westgeld mit der Bitte in der BRD ein Sparbuch für mich anzulegen.

Im Oktober teilte Annett uns mit, dass sie schwanger sei.

Nachdem die staatlichen Organe von diesem Zustand wussten, mussten Andre und Annett bei der Abteilung Inneres sehr vorsichtig sein, denn allzu gern wollte man Neugeborene von den Eltern trennen um sie in die Hände kinderloser, linientreuer Genossen zu übergeben, um es damit einer sozialistischen Erziehung zuzuführen, nachdem man die Eltern so lange provozierte, bis man sie wegen Staatsverleumdung oder ähnlicher Delikte ins Gefängnis stecken konnte.

Irgendwann im Jahr 1988 durfte auch die Familie von Rainer und Siegi in die BRD übersiedeln. Am Hauptbahnhof verabschiedeten wir uns noch herzlich und haben sie seitdem nie wiedergesehen. Es war halt wie so oft in der DDR nur eine Zweckgemeinschaft.

Danach begann dann zusammen mit Herrn B. die mühsame Zusammenstellung des Umzugsgutes. Doch im Gegensatz zu Karin und Gerd hatten die Beiden schon eine Menge vorgearbeitet, was unserer Arbeit erleichterte. Irgendwann schafften wir mit meiner Hilfe auch diese Hürde und das Umzugsgut erreichte später seine Empfänger in Hannover. Ich hatte Wort gehalten, erwartete dasselbe von der anderen Seite und wurde später nicht enttäuscht.

Karin und Gerd waren vom Aufnahmelager Gießen nach Darmstadt-Eberstadt gezogen. Lange ging das leider nicht gut, denn Gerd trennte sich von Karin. Danach zog sie nach Seeheim-Jugenheim in ein neugebautes Haus als Mieterin ein und hatte die Vorstellung diese Wohnung später als Eigentum zu erwerben. Im gleichen Ort fand sie im dortigen Krankenhaus eine Anstellung als Schwester in der Gynäkologie. Aller Anfang ist schwer und es blieb ihr nichts Anderes übrig, immer in den roten Zahlen zu sein, zumal sie das effektive Wirtschaften nicht beherrschte. Gerd baute noch eigenmächtig für seine Tochter eine Zwischenwand in die Wohnung ein, damit sie ein separates Zimmer hatte. Diese Wohnung war mit einer elektrischen Fußbodenheizung ausgestattet. Da sind die Heizkosten besonders hoch!
Gerd ereilte ein schwerer Unfall, was ich schon früher beschrieb und es kam zur Scheidung. Danach lernte Karin einen etwa elf Jahre älteren Rechtsanwaltgehilfen kennen, der ein Haus in Bickenbach besitzt.
1988 beschlossen wir uns in Tschechien in Franzensbad zu treffen, damit auch ihr neuer Freund uns kennenlernen konnte.
Auf dem Weg nach Franzensbad schleuderte mir ein entgegenkommender Lkw einen Stein in die Frontscheibe und in Sekundenschnelle sah die Scheibe wie Kandiszucker aus und war undurchsichtig. Vorsichtig brachte ich das Auto zum Stehen und entfernte die vielen Kandiszucker-Teilchen des Sicherheitsglases so gut es eben ging. Vorsorglich hatte ich immer eine Plastikbehelfs-Scheibe bei mir. Nur so war es möglich bei dem nun einsetzenden leichten Regen weiterzufahren. An eine Ersatzscheibe in einer Reparaturwerkstatt in Tschechien war nicht zu denken, sowas hatte dort niemand auf Lager. Wir wollten in Franzensbad auf dem Zeltplatz nächtigen. Als wir in Franzensbad ankamen hatten wir uns in einer Gaststätte verabredet, um dann gemeinsam nach dem Essen zum Zeltplatz zu fahren. Leider war zur vereinbarten Zeit von Karin und ihrem Freund nichts zu sehen. Fast 2 Stunden später sind dann angekommen und es stellte sich heraus, dass sie an der Grenze einerseits wegen der Breitreifen des Golfs und andererseits wegen einer defekten Wasserpumpe viel Zeit verloren hatten. Beide Fahrzeuge waren nun "gehandicapt".
Es war schön sich endlich mal wieder zu sehen, zumal auch Yvonne mit von der Partie war. Es war ein recht harmonisches Zusammensein, wenngleich mir Karins neuer Freund schon damals nicht ganz geheuer war.

Froh war ich, als endlich in Dresden wieder eine neue Frontscheibe eingebaut war. So konnte man die Scheibenwischer betätigen und hatte wieder klare Sicht. Die kandiszuckerartigen Scheibenreste bin ich im Wageninneren nur schwer wieder losgeworden.

Noch im Jahr 1988 trafen wir auch Martin in Tschechien wieder. Seinen ältesten Sohn Mario hatten wir mitgenommen. Als wir ankamen war seine neue Freundin Elke, die er später heiratete, schon bei ihm. Er wusste, was DDR-Bürger benötigen und wie man uns mit wenig Aufwand beim ALDI-Einkauf Freude bereiten kann. Stolz zeigte er uns seinen Peugeot, der auch mitteilte, wenn eine Tür nicht richtig geschlossen wurde oder der Tank bald leer ist. Sowas kannten wir in der DDR noch nicht. Es war ein harmonisches und schönes Wiedersehen.

Anfang 1989 bekam ich einen Brief meines Bruders, in dem er mich zur Konfirmation seiner Tochter Andrea einlud.
Diesen Brief nahm ich zum nächsten Besuch bei der Abteilung Inneres mit. Da wir Antragsteller seien betonte ich, dass es für uns keinen Sinn habe einen Antrag auf besuchsweisen Aufenthalt in der BRD zu stellen, da der ja sowieso abgelehnt würde. Da erhielten wir die Belehrung, dass wir bezüglich unseres Ausreisebegehrens nicht antragsberechtigt sind, als DDR-Bürger jedoch in Fällen wie diesem antragsberechtigt sind. Beantragen sie diesen besuchsweisen Aufenthalt und wir werden das prüfen! Tatsächlich wurde ich drei Wochen später auf die Schießgasse zur Abteilung Inneres eingeladen.
Ganze drei Stunden wurde ich examiniert und belehrt, was das Zeug hält! Explizit machte man mir klar, dass meine Entscheidung in der BRD zu bleiben Sippenhaft nach sich zieht und niemals mehr eine Familienzusammenführung zustande kommen wird. Natürlich hat man diesen Begriff nicht genannt, aber inhaltlich war das nichts anderes und eindeutig als Drohung zu verstehen. Nachdem ich versicherte wiederkommen zu wollen und meine Familie nicht im Stich zu lassen, teilte man mir mit diesem Antrag stattgeben zu wollen.

Am 15. April wurde unser Enkelchen Melanie geboren. Strenge Sitten herrschten im Krankenhaus bezüglich der Besuchserlaubnis nach der Geburt. Melanie war auch ein kleiner Sonnenschein, deren Leben nun in einer Bruchbude unter bescheidenen Randbedingungen begann.

Meinem ach so freundlichen Kollegen, Herrn K., den ich ja damals noch nicht enttarnt hatte, berichtete ich von der geplanten und genehmigten Reise in die BRD. Er gab mir eine Summe in D-Mark mit der Bitte bestimmte Artikel dort einzukaufen und für ihn mitzubringen. Nochmals gelang es ihm meine Hilfsbereitschaft schamlos auszunutzen, zumal ich dieses Westgeld ja gut verstecken musste.

Am 17. März 1989 konnte ich meinen DDR Reisepass in Empfang nehmen und 5 Mark der DDR 1:1 in ein 5 D-Mark-Stück umtauschen. Diese fünf Mark war die Höchstsumme die man umtauschen durfte!

Meinem Bruder teilte ich diese Entscheidung mit und vereinbarte mit ihm, nachdem ich wusste mit welchem Zug ich fahren würde, dass er mich am Kölner Hauptbahnhof abholen möchte.

Eine Platzkarte für die Hin- und Rückreise in der zweiten Klasse kaufte ich zusammen mit meinen Fahrkarten. Offensichtlich wusste auch die Staatssicherheit, welche Platzkarte ich hatte.

Einen Tag nach Helgas Geburtstag konnte ich am 21. April 1989 morgens in den Interzonenzug nach Köln einsteigen.

Das Zugabteil war voll besetzt. Rechts neben mir saß ein älterer Mann, ihm gegenüber ein jüngerer mit fieser Visage. Es dauerte nicht lange, dass während der Fahrt diese beiden ein äußerst provokatives Gespräch begannen. Ziel dieses Gesprächs war es mich herauszulocken, was ich sofort erkannte. Da ich längere Zeit nicht reagierte und die anderen Fahrgäste scheinbar ihre Ruhe haben wollten, wurde ich von dem neben mir Sitzenden direkt angesprochen. Diese beiden waren offensichtlich psychologisch gut geschult und mit allen Wassern gewaschen. Mir war klar, dass die Zielrichtung dieser Subjekte nur sein konnte mich zu provozieren, um eine Handhabe zu haben mich festnehmen zu lassen. Langsam wurde mir klar, dass hier alle im Abteil Sitzenden keine neutralen Fahrgäste waren, da in diesem Rahmen Dinge gesagt wurden, die schon fast an Landesverrat grenzten. Offensichtlich wartete man nur darauf, dass ich in diesen Tenor einstimme um dann zuschlagen zu können. An der letzten DDR-Station vor der Grenze stiegen alle im Abteil Sitzenden bis auf meinen rechten Sitzbank-Nachbar aus. Danach lernte ich dann am Grenzübergang Oebisfelde die peniblen Durchsuchungen der DDR-Grenzer vor dem Grenzübertritt des Zuges kennen. Alle Personen mussten aussteigen, dann wurde der Zug gründlich durchforstet. Danach durfte wieder eingestiegen werden und die Formalitäten im Zug wurden durchgeführt. Endlich durfte sich dann der Interzonenzug in Bewegung setzen. Durch das Fenster konnte ich die schwer bewaffnete Grenzsicherung mit Maschinengewehren, Panzern und ähnlichem Militärgerät als Momentaufnahme erhaschen. Neben mir saß immer noch der ältere Provokateur. Nachdem wir die Grenze passiert hatten kam dann auch der bundesdeutsche Kontrolleur, um die Fahrkarten zu überprüfen. Da wir zwei nun allein im Abteil waren und der Zug bis Köln auch nur mäßig besetzt, knöpfte ich mir meinen Banknachbar mal vor um ihm meine Meinung zu sagen. Dass er ein mieses Arschloch sei, der seine Seele verkauft habe und er das ruhig bei seiner Rückkehr der Stasi melden darf. Dass ich sein abgekartetes Spiel von Anfang an durchschaut hatte und er mich jetzt nicht mehr unter Druck setzen kann. Dass ich nach all den Widerwärtigkeiten in der DDR meine Familie nicht der uneingeschränkten Staatswillkür preisgeben will, wenn ich nicht zurückkommen würde und weiter am Ausreisebegehren festhalten werde solange ich lebe. Auch das solle er seinen Auftraggebern sagen. Ich musste mich äußerst zurücknehmen, da ich ja in dieses verfluchte System wieder zurückmusste. Dieses Subjekt blieb von meinem Ausbruch völlig ungerührt und sagte Garnichts dazu.

Mein Bruder hielt Wort und holte mich zusammen mit seiner Frau am Kölner Hauptbahnhof ab. Die Begrüßung war recht herzlich, wir stiegen in seinen Opel ein und fuhren nach Leverkusen in seine Mietwohnung. Natürlich gab es beiderseits viel zu erzählen. Auch Marco und Andrea begrüßten mich und waren offensichtlich sehr gerührt. Meinem Bruder erklärte ich gleich am Anfang, dass ich nur die Hälfte der Reisezeit von zehn Tagen bei ihm bleiben würde, weil ich den Rest der Zeit bei Karin und Yvonne verbringen wollte. Natürlich war er damit einverstanden und auch bereit mich von Leverkusen nach Seeheim-Jugenheim zunächst hinzufahren und am Abreisetag wieder abzuholen, da ich ja von Köln aus wieder zurück zu fahren hatte. So konnte er bei dieser Gelegenheit auch Karin mal wiedersehen.

Marco zeigte mir stolz seinen Commodore-PC und wollte mit mir an diesem Computer Schach spielen. Natürlich machte ich ihm die Freude und er meinte sogar während des Spiels mich bei seinen Angriffs-Operationen noch warnen zu müssen. Er wusste nicht wie intensiv ich schon vorher Schach gespielt hatte und ihm haushoch überlegen war. Denn es dauerte gar nicht lange war er schachmatt. Nun wollte er eine Revancheparty, aber das lehnte ich ab, weil er sicher betrübt wäre dauernd zu verlieren.

Andreas Konfirmation wurde im Kreis vieler Gäste gefeiert. Nach der kirchlichen Feier nahmen wir in einer Gaststätte das Mittagessen ein. Welch ein Unterschied zur Speisen-Auswahl und DDR-Gaststättenkultur!

Interessant war für mich die Reaktion der Gäste, die wussten, dass ich aus der DDR zu Besuch gekommen war. Da waren Klugschwätzer dabei, die irgendwelche Verwandte in der DDR hatten und teilweise alles besser wussten als ich, der ich dort leben musste. Offensichtlich waren deren Verwandten in der DDR „Privilegierte"! Aus Höflichkeit vermied ich einen Streit. Viele der Gäste waren im Besitz einer Videokamera und verblüfften mich mit ihren aktuellen Aufnahmen, die ich sogleich im Fernsehgerät sehen konnte. Gottfried sagte mir, dass ich ein Begrüßungsgeld erhalten kann. Gemeinsam fuhren wir zum Amt und tatsächlich wurden mir D-Mark ausgehändigt, über die ich mich riesig gefreut habe. Konnte ich doch bei unserem ersten geplanten Besuch beim Discounter dafür auch etwas kaufen.

Meine Erinnerungen an den KadeWe-Besuch in West-Berlin vor vielen Jahren wurden bei weitem übertroffen, als wir in das Discounter-Gebäude eintraten. Ich schäme mich nicht, aber dort kamen mir die Tränen in die Augen, als ich die leeren Regale in den DDR-Geschäften mit dieser Fülle an Auswahl in bester Qualität verglich. Für Christine und Gottfried war das alles so selbstverständlich, mir kam es damals fast wie das Paradies vor.

Dort kaufte ich für den "netten Kollegen" die gewünschten Waren und für mich einen tragbaren Radio-/Kassettenspieler, den Helga später zur Kur oder im Krankenhaus ausgiebig nutzte. Auch Christine tätigte ihren Einkauf und hatte da auch einige Produkte wie zum Beispiel Kaffee und Schokolade für mich als Mitbringsel vorgesehen.

Die nähere Umgebung erkundeten wir in Spaziergängen. Gottfried zeigte mir welche Umweltschutz-Maßnahmen bei den Bayer-Werken zu einer sauberen Atmosphäre in der Umgebung geführt haben. Wenn ich an das Dresdener Kraftwerk dachte, was für Dreckwolken da herausgeschleudert wurden, welche die Atmosphäre in ganz Dresden verunreinigten und dadurch alle geparkten Autos zugemüllt wurden, zeigte sich wieder das Unvermögen dieses sozialistischen Systems. Die wenigen Tage bei Gottfried waren wie im Flug vergangen und schon hieß es Abschied nehmen von Leverkusen.

Schon nach 4 Stunden Fahrt erreichten wir am 25.04.89 Seeheim-Jugenheim und die Wiedersehensfreude war groß als wir bei Karin eintrafen. Nach einem kurzen Kaffeetrinken und dem Versprechen mich am 30.04.89 wieder abzuholen um mich zum Kölner Hauptbahnhof zu fahren, verabschiedeten wir Gottfried.

Natürlich gab es auch bei Karin viel zu berichten, denn alles konnte man sich ja wegen der Stasi-Mithörer gar nicht am Telefon erlauben zu sagen. Da sie ja selber die Behandlung bei der Abteilung Inneres im Rahmen ihrer Antragstellung jahrelang miterleben musste, ebenfalls überall gemobbt worden war, setzte ich ein entsprechendes Verständnis unserer Lage bei ihr voraus und hatte auch den Eindruck, dass ich verstanden wurde.

Daher sind wir an einem Abend in die Gaststätte „Kaltwasser" in Auerbach auf die Bachgasse gefahren und trafen dort einen Herrn Dr. K., der bei der Firma LURGI eine Führungsposition hatte. Auch einer von Dietmars (biologischer Vater von Thomas) Halbbrüdern, der mit ihm von Bulgarien in die BRD flüchtete, war dort zufällig anwesend. Herrn Dr. K. schilderte ich meinen beruflichen Werdegang, insbesondere als Verfahrenstechniker in der Forschung. Er wolle sich für mich verwenden und mir eine Stelle bei der LURGI vermitteln, sobald ich meine Ausreise erwirkt hätte. Das stimmte mich sehr hoffnungsvoll bezüglich meiner Zukunftsaussichten. Einen schönen Ausflug mit Siegberts Auto wurde mir in Aussicht gestellt und ich solle wählen, ob ich den lieblichen Odenwald oder den etwas dunkleren Schwarzwald kennenlernen möchte. Ich entschied mich für den Odenwald und lernte unter anderem Amorbach und Michelstadt mit ihren Sehenswürdigkeiten kennen. Da auch das Wetter mitspielte war das ein gelungener Ausflug in harmonischer Atmosphäre. Natürlich gab es auch mit Ivonne ein herzliches Wiedersehen und ich lernte ihren Freund Sven kennen. Mit Karin bin ich in Seeheim ebenfalls bei einem Discounter gewesen und wieder kamen mir fast die Tränen beim Anblick dieses Warenangebots. Obwohl Karin ziemlich klamm bei Kasse war, hatte sie mir doch eine Menge Mitbringsel übergeben. Am Abend vor meiner Abreise fand sich auch noch mein ehemaliger Studienkamerad Dietmar mit Ehefrau Gertraude bei Karin ein, der ja inzwischen mit seiner Familie 1988 übergesiedelt war. Auch er brachte noch ein Mitbringsel für uns mit. Es war ein bewegender Abschiedsabend und alle sprachen mir Mut zu. Pünktlich holte mein Bruder mich wieder ab und half mir beim Tragen des vielen Gepäcks ins Zugabteil. Noch vor der Zonengrenze konnte ich ein Gespräch zwischen zwei DDR-Funktionären verfolgen, die auf einer Messe in der BRD gewesen waren. Da ging es um Werbegeschenke, die sie eingesackt hatten und ihre gezwungene Teilnahme an der Maiparade am nächsten Tag in der DDR. Die Rückfahrt war ziemlich unspektakulär, auch an der Zonengrenze. Nur gut, dass mich André am Bahnhof abholte, weil ich allein die vielen Gepäckstücke nur noch abschnittsweise tragen konnte.

Ab Mai 1989 ließ sich Helga wie einst Annett als Verkäuferin im Lottoladen von Andres Vater beschäftigen, damit sie nicht als arbeitslose Übersiedlern in der Bundesrepublik Deutschland ankommen sollte. Auch hier das gleiche Spiel wie bei Annett: Arbeiten lassen ja, Entlohnung null.

Am 07.05.1989 fanden in der DDR die sogenannten Kommunalwahlen statt. Als Antragsteller sind wir zu diesen sogenannten Wahlen natürlich nicht hingegangen, da jede Wahl bisher gefälscht war. Ich kann mich noch deutlich daran erinnern, wie nach Bekanntgabe des Wahlergebnisses in unserer Sportgruppe die Reaktion derjenigen war, die ihrer Heimat treu bleiben wollten und weniger Verständnis für unseren Antrag zeigten. Diesmal nämlich hatte ein Aktionsbündnis dazu aufgerufen die Stimmauszählung mit zu überwachen, trotz der Stasi-Beobachtung im Hintergrund. Als dann auch die offizielle Auszählung für die Stimmbezirke veröffentlicht wurde brach das Lügengebäude zusammen, denn die dort gezeigten Zahlen und die bei der Auszählung notierten Stimmabgaben passten überhaupt nicht überein. Da war ein Grollen und Murren zu hören und ich sagte daraufhin: Versteht ihr nun warum ich hier nicht bleiben will!

Seit dieser Wahlfälschung formierte sich ein immer breiterer Widerstand in der DDR-Bevölkerung gegen dieses System, der später nach unserer Ausreise in den sogenannten Montagsdemonstrationen gipfelte und schließlich trotz Stasi- Terror dank Gorbatschows Perestroika und fehlender Unterstützung durch die UdSSR zum Untergang der DDR führte. Diese schnelle Entwicklung war aber weder vorhersehbar noch selbstverständlich, sondern hätte auch in einem grausamen Blutbad enden können!

Ab jetzt begannen wir uns intensiv auf unserer Ausreise vorzubereiten, in dem wir unsere Möbel und andere Dinge, die wir nicht behalten wollten, zum Verkauf anboten.
Beim nächsten Besuch in der Abteilung Inneres stellten wir fest, dass es immer mehr Antragsteller gab, weil die Situation im Lande sich immer weiter verschlechterte und die Leute in der Ausreise den einzigen Sinn für ihre Zukunft sahen. Sehr lange Wartezeiten mussten jetzt in Kauf genommen werden, um auch mal aufgerufen zu werden. Die Stimmung war äußerst gereizt! Auch am Tresen.
Ständig waren bei unseren Verkäufen Stasi -Subjekte zugange, die uns das Leben schwermachten, in dem sie Waren zum Spottpreis kauften, kurz danach bemängelten, um noch weniger bezahlen zu müssen. Jedes Mal gab ich diesen Leuten das Geld wieder zurück und nahm die Ware entgegen, die aber schon teils mutwillig beschädigt war.

Karin teilte uns telefonisch mit, dass sie mit ihren Freund gesprochen habe und wir Ihre Wohnung zur Verfügung gestellt bekommen, wenn wir die Erlaubnis zur Übersiedelung erhalten haben. Das war natürlich für uns eine große Erleichterung nicht gleich nach Gießen ins Lager fahren zu müssen, sondern unsere mitgebrachten Habseligkeiten gesichert abstellen zu können.

So ganz selbstlos war dieses Angebot aber nicht. Bei dieser Situation wurde es Karin möglich in das Haus ihres Freundes einziehen zu können, was ja schließlich ihr Ziel war. Wäre diese Situation nicht entstanden, so hätte er niemals Anstalten gemacht Karin zu sich ziehen zu lassen, da er schon einmal geschieden war und keinerlei Verpflichtungen eingehen wollte. Egal wie ihre Zukunft mit ihm sich gestaltet hätte, wäre sie doch die Mietzahlung losgewesen. Ivonne jedenfalls war keinesfalls begeistert von diesem Umzug, da sie diesen Mann und seine Ansichten nicht mochte. Daher versuchte sie später mit allen ihr zu Gebote stehenden Mitteln den Plan ihrer Mutter zu vereiteln.

Eines Tages teilte uns Annett mit, dass ein in ihrer Bruchbude wohnender Mieter sich zur Prager Botschaft begeben hatte und dadurch relativ schnell seine Ausreise erreichte. Das war für Helga und mich ein Signal dies auch einmal zu versuchen. Jedes Mal, wenn wir bei der Abt. Inneres waren fertigte ich eine Aktennotiz an und übersandte sie an diese Institution. All diese Unterlagen verstecken wir am Körper und fuhren nach Prag. Natürlich waren wir sehr aufgeregt als wir die deutsche Botschaft fanden und bemerkten, dass da tschechische Geheimdienstler die Gegend unsicher machten. Da wir uns aber wie Bundesbürger kleideten und zielgerichtet auf die Botschaft zugingen, wurden wir nicht angehalten. Wir meldeten uns am Eingang und teilten mit, dass wir DDR-Bürger sind, die ein Gespräch mit einem Botschaftsangehörigen führen möchten. Was wir zu diesem Zeitpunkt nicht wussten war die Tatsache, dass bereits einige DDR-Bürger in dieser Botschaft sich für dauernd niedergelassen hatten um ihre Ausreise zu erzwingen. Auf sehr höfliche Art wurden wir eingelassen und konnten dann mit einem kompetenten Botschaftsangehörigen sprechen und unsere Situation schildern. Auch die mitgeführten Unterlagen legten wir vor. Der Botschaftsangehörige empfahl uns ein Gesuch an die Familienministerin Wilms zu richten und alle Fakten darzustellen. Alles Nötige wurde mir zur Verfügung gestellt und ich hatte genügend Zeit unsere Anliegen zu formulieren, wobei ich auch auf meine Qualifikationen und die meiner Frau hinwies. Auch die Berufe von André und Annett habe ich angeführt, sowie ihr Anliegen für eine Gesamt-Familienzusammenführung brachte ich zu Papier. Insgesamt etwa 3 Stunden waren wir in der Botschaft und es wurde uns versichert, dass dieses Schreiben mit Kurier-Post an die Ministerin übermittelt wird. Sehr erleichtert sind wir dann ohne weitere Kontrollen oder Leibes-Visitationen wieder nach Dresden zurückgekehrt.

Nun forcierten wir unsere Verkäufe und begannen aus Pappkartons Möbelstücke zu kreieren. Die Frau unseres Balkon- Nachbars Martin wohnte ja noch in dieser AWG

Wohnung. Zu ihr hatten wir immer ein sehr gutes Verhältnis. Daher schenkten wir ihr viele Stücke aus unserer Wohnung. Ihren Keller entrümpelte ich komplett und fragte sie, ob sie bereit wäre uns diesen 11qm Keller bis zu unserer Ausreise zur Auslagerung der für die Übersendung in die BRD vorgesehenen Stücke zur Verfügung zu stellen. Denn nur so hatten wir eine Chance überhaupt etwas nachliefern lassen zu können, da es keine Zwischenlagerungsmöglichkeiten für Ausreisewillige gab. Wir besorgten uns jede Menge Teekisten um darin die Kleinteile wie Geschirr und ähnliches unterzubringen. So vollführten wir eine Art Abschiedssinfonie, in dem wir immer mehr Dinge des täglichen Lebens im Nachbarkeller deponierten, die wir für Überführens werthielten, um dann später in der BRD Kosten zu sparen.

Auch Andres Vater nutzte die Gunst der Stunde und half nicht gerade uneigennützig beim Kauf von Kunst-Artikeln wie etwa einer Zinnspinne, angepriesen mit dreimal gepunzt (entpuppte sich später als Betrugsobjekt, da nur dieses mit Punzzeichen versehene Teil historisch echt war, der Rest nachgebauter Plunder, dafür aber richtig teuer) und ein mehrteiliges aus Kanne und Becher bestehendes Zinngeschirr, auch total überteuert, als Vermittler mit sicher einer guten Provision (diese Teile besitze ich heute noch, weil unverkäuflich). In dieser Zeit nutzten offensichtlich viele DDR-Bürger die Ausreisewelle, um sich persönlich zu bereichern, durch Betrug oder Schnäppchenjägerei.

Die Abteilung Inneres suchten wir erst einmal nicht wieder auf, da wir eine Reaktion auf unser Schreiben an die Familienministerin abwarten wollten.

Ein Bekannter von André war an der TU Dresden tätig und hatte Zugriff auf eine Videokamera. Dieses mordsschwere Gerät brachte er eines Tages mit und filmte die Bruchbude auf der Grundstraße, sowie unser Enkelchen beim Baden und Fläschchen nehmen. Anschließend fuhren wir zu uns nach Laubegast und filmten den Ist-Zustand unserer in Auflösung begriffenen Wohnung.

Inzwischen wollte ich mein auf dem Pachtland des Gartenvereins errichtetes Eigentum verkaufen und hatte auch einen Interessenten, der mir eine angemessene Summe bot. Doch der Vorsitzende dieses Gartenvereins, eine rote Socke sondergleichen, teilte mir mit, dass mir der Käufer vorgegeben wird ohne Wenn und Aber. Dass dort mittlerweile ein gewisser Herr Sch., der für die Stasi arbeitete und dessen Söhne Direktangestellte bei der Stasi waren, nichts unversucht ließ mich auszuräuchern und mir das Leben zur Hölle zu machen, sei nur am Rande vermerkt. Der vorgegebene Käufer, ein verdienter, jüngerer SED-Genosse setzte alles daran mein Eigentum für einen Apfel und ein Ei zu bekommen. Kippfenster brauchte er nicht und überhaupt war ihm alles zu luxuriös, ich solle alles ausbauen, wohl wissend, dass das für mich keinen Sinn hatte. Einmal bin ich dann ausgerastet und sagte, ich werde eine Sprengladung hier einsetzen, dann haben beide nichts davon. Da wurde er ganz direkt und meinte, ich solle mich sehr in der Wortwahl mäßigen, sonst hätte das entsprechende Konsequenzen. Das Ende vom Lied war, dass ich bei weitem nicht einmal annähernd die Materialkosten erlösen konnte. Irgendwann stumpft man ab und nimmt es hin.

Auch beim Verkauf der Garagen erlebte ich ein ähnliches Spiel, da ja auf Pachtland gebaut worden war und der Verpächter festlegt, wer hier Käufer wird. Wie gewonnen so zerronnen!

Nun galt es noch einen Treuhänder zu finden, denn nach dem Prinzip der engsten Kugelpackung hatte ich so viel wie nur ging an Umzugsgut in den Keller der Nachbarin eingebracht.

Die über uns wohnende Familie, mit der wir guten Kontakt hatten und öfters gemeinsam Kulturveranstaltungen besuchten, wurde von uns geködert, in dem ein fast neuer Tiefkühlschrank den Besitzer wechselte und sonstige Geschenke gemacht wurden, wobei immer geäugt wurde, ob es nicht vielleicht was aus dem Westen war. Schließlich konnte ich sie dazu bewegen für uns als Treuhänder zu wirken, da ja räumlich alles nahebei war. Außerdem war er als Genosse inzwischen derartig mit dem System unzufrieden, dass ich es wagte ihn anzusprechen. Unsere Balkon-Nachbarin konnten wir nicht bitten, weil sie damit überfordert gewesen wäre.

Als wir im August 1989 gerade von André und Annett von der Grundstraße kommend in Richtung Schillerplatz fuhren, meinte meine Frau, ob wir nicht mal zu Inneres nachfragen gehen sollten. Das haben wir dann auch gemacht. Wir waren kaum angekommen, wurden wir auch schon aufgerufen. Wir waren erstaunt mit welcher „objektiven Freundlichkeit" wir begrüßt wurden und man uns mitteilte, dass unserem Ausreisebegehren jetzt stattgegeben wird und dies auch für unsere Kinder gelte. Sie dürfen gemeinsam ausreisen teilte man uns mit und übergab uns die sogenannten Laufzettel, um sich bei Sparkasse, Behörden, Büchereien etc. abzumelden und nachzuweisen, dass alles in Ordnung ist. Auf unsere Frage ob wir mit unserem Auto ausreisen dürfen, da Helga schwerbeschädigt ist, bekamen wir eine positive Antwort und zugleich wurde mitgeteilt, dass unsere Kinder wegen des Babys auch mit ihrem Auto ausreisen dürfen. Eine Aussage für wann die Ausreise terminiert ist bekamen wir nicht. Bekanntlich wurde dieser Termin immer äußerst kurzfristig vergeben.

Sofort sind wir noch mal zurückgefahren und haben die frohe Botschaft unseren Kindern auf der Grundstraße verkündet.

Ganz offensichtlich hatte unsere Intervention in der Prager Botschaft Früchte getragen.

Bezüglich unserer AWG Wohnung (eigentlich eine genossenschaftliche Eigentumswohnung) gab es keinerlei Entschädigung für die geleisteten Einlagen oder Werterhöhungen wie beispielsweise die Gasheizungen. Es wurde gefordert, die Wohnung bei ordnungsgemäßer Abnahme besenrein zu übergeben.

Die Abnahme der besenreinen AWG Wohnung wurde für den 14. September 1989 festgelegt, bei der Gelegenheit mussten auch die Schlüssel abgegeben werden. Neue Wohnungsinhaberin wurde die Tochter eines Edelgenossen!

Nun waren wir obdachlos, doch die Ausreise war für den 15.09.1989 festgeschrieben worden. Unsere Balkonnachbarin war so freundlich uns für die Nacht aufzunehmen.

3.3 Übersiedelung in die BRD im September 1989

Unseren "Wartburgtourist" hatte ich „bis zum Sinken überladen" mit allen mitnehmenswerten Artikeln vollgepackt. Rechtzeitig sind wir gestartet um pünktlich auf der Schießgasse in Dresden zu den Ausreiseformalitäten anzukommen. Auch unsere Kinder und Töchterchen Melanie waren mit ihrem Saporoshez pünktlich zur Stelle. Sogar ihre Katze „Stiene" war mit an Bord.

Gemeinsam sind wir dann hineingegangen, gaben dort unsere Personalausweise ab und erhielten ein Schriftstück, in dem wir als staatenlos deklariert wurden. Bis spätestens 24:00 Uhr hatten wir die Staatsgrenze der DDR zu überqueren.

Nun war es möglich ein Ausländer-Devisenkonto einzurichten. Bis auf einen kleinen Betrag zum Nachtanken hatte ich all mein verbliebenes Bargeld von etwa 10.000 Mark der DDR auf dieses Konto eingezahlt. Damals galt die Regel, dass man als Rentner jährlich einmal einen kleineren Betrag von diesem Konto abheben konnte. Da Helga eher in die Rente kam als ich mit meinen damals fast 49 Jahren machte das für uns Sinn.

Erst nachmittags konnten wir endlich in Richtung BRD starten. Das Wetter war stürmisch und regnerisch. André ließ ich mit seinem Saporoshez vorausfahren, da er das langsamere Fahrzeug hatte und unter der Last die Hinterräder schon etwas schräg nach außen standen. Daher wollte ich das immer im Blick haben und hatte große Bedenken wenigstens noch über die Staatsgrenze mit diesem Gefährt zu kommen. Wir hatten vereinbart in der Nähe von Eisenach noch einmal zu tanken, um reibungslos das Ziel zu erreichen. Irgendwie hatte Andre eine Karte, auf der eine Tankstelle eingezeichnet war, die es zu dieser Zeit nicht mehr gab, weil sie zu nahe an der Zonengrenze gelegen war. Statt Tanken zu können mussten wir direkt bis zur Grenzstation durchfahren. Etwa gegen 21:00 Uhr erreichten wir die Zonengrenze. Hier wurde noch mal Erich Honeckers letzte Rache wirksam. Genau bis 0:00 Uhr dauerte die penible Durchsuchung beider Autos. Alles musste ausgeladen werden. Mit Spiegeln wurde alles begutachtet. Meine mitgeführten D-Mark hatte ich am Körper versteckt, das Ostgeld aber im Handschuhfach deponiert. Natürlich wurde es dort gefunden. Gleich erfolgte die Belehrung, dass es verboten ist gültige DDR-Zahlungsmittel außer Landes zu schaffen. Hätte ich nicht mein Geld auf das Devisenkonto einzahlen können und wäre mit dieser Summe erwischt worden, wäre hier die Fahrt zu Ende gewesen und eine sofortige Verhaftung die Folge. Bei dieser geringen Summe jedoch und der Erklärung, dass dieses Geld für das Tanken gedacht war, was wegen der nicht mehr vorhandenen Tankstelle in der DDR nicht ausgegeben werden konnte, sagte ich zum Zöllner, dass er dieses Geld einbehalten kann, da es mir nichts nützt. Er jedoch meinte ich solle es behalten und damit glücklich werden. Inzwischen hatte Melanie ihre Windeln vollgemacht und auch diese Angelegenheit musste bereinigt werden. Akkurat 24:00 Uhr baute sich der Zöllner vor uns auf und sagte: Fahren Sie sofort los, denn bis 0:00 Uhr müssen Sie die Grenze passiert haben, das wussten sie doch! Daraufhin erwiderte ich, dass ich kein Bürger der DDR, sondern ein Staatenloser bin, dass dies hier die letzte Gemeinheit war und wir jetzt in aller Ruhe alles wieder einpacken und dann erst losfahren werden. Schließlich hatte ja diese Verzögerung die DDR verschuldet und nicht wir! Mit leichtem Murren entfernte sich der Zöllner und meinte: Machen sie, dass sie so schnell wie möglich fortkommen! Ihm war klar, dass er nun keinerlei Handhabe mehr gegen uns hatte. So schnell es ging packten wir alles wieder ein was bei den vielen Gegenständen gar nicht so einfach war und konnten nun endlich losfahren. Diesmal fuhr ich voraus, weil ich unbedingt ein Telefonat mit Karin führen wollte, damit sie Bescheid weiß wegen dieser Verzögerungen. An diesem Grenzübergang war ein ganzes Stück Niemandsland zu bewältigen.

Bald erreichten wir einen Posten des Bundesgrenzschutzes. Sofort hielt ich an und fragte ob wir ein kurzes Telefonat führen könnten. Die Antwort lautete: Haben Sie D-Mark, umsonst ist der Tod. Wieso sollte ich D-Mark haben, wenn wir gerade frisch aus der DDR als Übersiedler kommen, erwiderte ich. Der Grenzer ließ sich nicht erweichen und wir mussten unverrichteter Dinge weiterfahren. Eine tolle Willkommenskultur in einem so reichen Land wie der BRD!

Natürlich mussten wir kurz danach tanken und meine wenigen D-Mark Bestände mussten dafür herhalten. Auch André hatte etwas an D-Mark mitgebracht und konnte seine Rechnung auch begleichen. Der Pächter dieser Tankstelle war ein netter Mensch und erlaubte uns kostenfrei zu telefonieren.

Karin teilte ich mit, dass wir jetzt erst kurz hinter der Grenze in der Nähe von Herleshausen sind. Ihre Reaktion war nicht gerade begeistert, aber ich musste mich kurzfassen. Nun war André wieder im Führungsfahrzeug und ich hoffte sehr, dass wir es noch bis Jugenheim mit diesem Fahrzeug schaffen.

Nachts um 4:00 Uhr etwa klingelten wir bei Karin an der Haustür. Was dann geschah können wir alle nicht mehr vergessen, so absurd war das. Statt sich zu freuen wurden wir von Karin mit Vorwürfen überhäuft, warum wir erst jetzt ankommen. Sie habe sich extra einen Tag frei genommen, völlig umsonst. Wir waren wie vor den Kopf geschlagen! Sie hätte doch wissen müssen, dass das Schuld der DDR-Organe und nicht unsere war. Helga sagte laut und spontan zu mir: Heinz wir fahren sofort zurück! Auf diesen Ausspruch hin beruhigte sich Karin und hieß uns nun willkommen. Offensichtlich war sie nicht begeistert, dass auch André und Annett mit von der Partie waren. Miez „Stiene" musste im Auto bleiben, da Karin selbst eine Katze hatte, was verständlich war. Dementsprechend roch es dann auch im Saporoshez am nächsten Tag.

Endlich waren wir in der Bundesrepublik Deutschland und damit in einem freien, demokratischen Deutschland angekommen!

Welche Willkommenskultur uns hier erwartete und wie der weitere Lebensweg verlief wird im zweiten Teil dieses Buches erzählt.

Nachwort

Geschichtliche Fakten wurden grundsätzlich Wikipedia entnommen, weshalb keine Fußnoten bezüglich der Quellen notwendig waren.

Im ersten Buchteil beschreibe ich wahrheitsgemäß die in Erinnerung gebliebenen Erlebnisse aus meiner frühen Kindheit, wobei sich mir besonders die miterlebten Bombenangriffe auf die Kunst- und Kulturstadt Dresden ins Hirn eingebrannt haben. Weiterhin wird die harte Nachkriegszeit als Vollwaise, in der ich fast verhungert wäre, wie auch die weitere Kindheit und Jugend bei Pflegeeltern im Rahmen des Neuaufbaus meiner Heimatstadt aus meiner Sicht abgebildet.
Die Studienjahre mit Begebenheiten aus meinem Nebenjob bei den Dresdner Verkehrsbetrieben und der Einstieg in die Berufswelt einschließlich der familiären Entwicklung zeigen die Möglichkeiten einer persönlichen Entwicklung in der Zeit der 1960iger Jahre in der DDR auf.
Die immer stärkere Wandlung dieses Staates in ein totalitäres System und zum Mangelverwalter, deren restriktive persönliche Auswirkungen immer deutlicher wurden, und viele Schicksalsschläge prägten mein Handeln in den 1970er bis Anfang der 1980er Jahre.
Unser Ausreisebegehren im Jahr 1986, die Reaktionen des Staates und seiner Spitzel, unser unermüdliches Bestreben aus der Staatsbürgerschaft der DDR entlassen zu werden, wird im Zeitabschnitt 1986 bis 1989 dargelegt.
Das erste Buch endet mit der Schilderung unserer Übersiedelung in die BRD am 15.09.1989.
In der Hoffnung vor allem jüngere Leser und Leserinnen zu erreichen und ihnen anhand meiner in die Zeitabläufe eingebetteten Biografie zu berichten, wie sich Verhaltensregeln und zwischenmenschliche Beziehungen in unterschiedlichen Gesellschaftsordnungen gestalteten und welcher Geburtswehen sich die Wiedervereinigung Deutschlands zu stellen hatte, möchte ich zugleich auch ein Zeichen gegen die wieder in Mode gekommenen Neonazis setzen, die keine Ahnung vom lebensfeindlichen Wirken des sogenannten Nationalsozialismus haben, da schon dieser Begriff ein einziger Etikettenschwindel ist. Eine Verherrlichung des Führerkults ist für mich nicht nachvollziehbar, wenn man die gelebte Wirklichkeit kennt.
Auf deutsche Tugenden wie Kreativität, Fleiß und Pünktlichkeit kann man stolz sein, darf aber Menschen aus anderen Ländern diese Eigenschaften nicht absprechen, da die jeweiligen gesellschaftlichen Verhältnisse und natürlich auch die Traditionen hierbei eine große Rolle spielen.
Am Beispiel der DDR wird deutlich, wie derartige Eigenschaften durch gesellschaftliche Demotivation teilweise verloren gehen können.
Anhand meiner Ausführungen ist ersichtlich, welch negative Einflüsse Diktaturen jeglicher Couleur auf jeden einzelnen Bürger haben und wie verheerend Kriege

waren und sind, wie die aktuellen Beispiele im Jahr 2016 von Syrien (Aleppo), Darfur im Tschad, der Ostukraine oder Afghanistan mit all ihren Grausamkeiten zeigen; wie Menschen zur Massenflucht aus ihrer Heimat gezwungen werden und welche Traumata sie anschließend zu verarbeiten haben.

Der zweite Teil dieses Buches beinhaltet wieder eingebettet in den geschichtlichen Kontext meine weitere Biografie in der Bundesrepublik Deutschland.

Anhang:

Frau

Margarethe Hoffmann,

D r e s d e n A 1

Amonstrasse 22 IV.

Sehr geehrte Frau Hoffmann !.

Ich bedauere, Ihnen die schmerzliche Nachricht übermitteln zu müssen, dass Ihr Gatte, Gefreiter Herbert Hoffmann, geboren am 14.7.12 an den Folgen seiner erlittenen Verwundung am 2. Dezember 1943, 8.30 Uhr im hiesigen Lazarett verstorben ist.

Ihr Gatte wurde am 25. November 1943 durch Granatsplitter am rechten Oberschenkel und Hüftgelenk verwundet. Nachdem ihm auf einem Hauptverbandplatz die erste Hilfe zuteil geworden war, kam er mit Lazarettzug nach rückwärts. Am 29. November 1943 erfolgte die Aufnahme im hiesigen Kriegslazarett. Die Schussverletzung hatte einen Bruch des rechten Oberschenkels zur Folge. Sein Befinden war nicht gut. Besonders die Kreislaufverhältnisse waren bedrohlich. Er erhielt reichlich Herzmittel. Trotzdem konnte leider nicht erreicht werden, ihn am Leben zu erhalten. Er entschlief still infolge Versagen von Herz und Kreislauf. Alle ärztlichen Massnahmen waren vergeblich, der Tod war stärker wie das Leben.

Die Beisetzung fand mit militärischen Ehren auf dem Heldenfriedhof in Winniza (Ukraine) statt.

Empfangen Sie zu dem schweren Verlust, den Sie durch den Heldentod Ihres lieben Mannes erlitten haben, mein herzlichstes Beileid. Er gab sein Leben für Führer, Volk und Vaterland.

Heil Hitler !.

Hauermann

Oberstabsarzt und Chefarzt.